그리스도인의 땅밟기 기도

당신이 하나님을 더 깊이 알아가고 더 널리 알리는 사람이 되는 것, 이 책에 담겨진 예수전도단의 마음입니다. 말씀을 통해 저자가 깨닫고, 원고를 통해 저희가 누릴 수 있었던 그 감동이 책을 통해 당신에게도 전해지기 원합니다. 그리고 당신을 통해 그 기쁨과 은혜가 더 많은 이들에게 계속해서 흘러가기를 기도하겠습니다. 이 책을 통해 당신이 받은 은혜를 다른 분들에게도 나눠 주십시오. 사랑하고 축복합니다.

Copyright ⓒ 1993 by Graham Kendrick and Steve Hawthorne
Originally published in English under the title
**Prayerwalking**
Published by Charisma House, a division of Strang Company
600 Rinehart Rd Lake Mary, FL 32746, USA
All rights reserved.

Korean Copyright ⓒ 2008 by YWAM Publishing Korea

# 땅밟기 기도

## 그리스도인의 땅밟기 기도

우리가 걸을 때 일하시는 하나님의 법칙

스티브 호돈 & 그래함 켄드릭 지음
최요한 옮김

예수전도단

《그리스도인의 땅밟기 기도》에서 설명하는 역동적인 방식으로 기도의 씨앗을 뿌리면 잃어버린 영혼들을 풍성하게 거둘 수 있다. 이 책에는 중보기도를 즐겁고 힘차게 할 수 있는 실제적인 방법들이 담겨 있다. 말씀에서 뽑아낸 탄탄한 원리를 기반으로 삼으며 사례도 풍부해서, 다음과 같은 감탄과 기대가 절로 나온다. "하나님은 어떤 일을 하려고 하실까? 또 내가 할 수 있는 일은 무엇일까?"

국제복음교회 대표, 킹스(The King's)신학교 설립자 **잭 헤이포드**

《그리스도인의 땅밟기 기도》는 가장 흥미진진한 모험 기도에 필요한 눈과 발, 그리고 마음을 선사한다. 이 기도는 매우 전략적인 기도 운동이 교회사의 정점에 달했을 때 등장하여 창의적이고 탁월한 방식으로 기도합주의 개념을 한 차원 높여 주었다. 이처럼 하나님나라를 중심에 둔 참신하고 성경적인 기도는 처음이다! 직접 책장을 넘기면서 확인해 보라.

국제 기도합주회 설립자·대표 **데이비드 브라이언트**

나는 이 책이 전세계에 그리스도의 교회가 세워지기를 소망하며 그리스도인들이 전략적으로 기도할 때, 가장 중요한 책이 될 것이라고 믿는다.

미국 선교연합 회장 **폴 시다**

저자들은 땅밟기 기도의 성경적 기반, 실용적인 지침, 감동적인 예화를 들려준다. 이 책은 우리에게 힘과 용기를 주어 복음 전파와 교회 개척을 준비하는 땅밟기 기도에 나서게 한다.

런던 익투스 크리스천 펠로우십 대표 **로저 포스터**

## 감사의 글

수많은 사람들이 이 책의 출간을 도왔다. 지면 관계로 이름을 전부 나열할 수는 없지만 모두에게 감사한다. 검증된 지혜를 기꺼이 나눠 준 20명의 땅밟기 기도 동역자들에게도 고마움을 전한다. 또한 호프 채플과 익투스 크리스천 펠로우십 교우들에게 은혜를 더하신 하나님께 감사드린다. 이 두 교회는 성장과 비전의 든든한 원천이다.

실용적인 안내서에는 상세한 주를 달기가 쉽지 않아 일반 학술 형식의 주는 달지 않았다. 우리의 생각을 다듬고 논지를 명확하게 손질해준 훌륭한 시노자와 작가 수십 명에게 큰 빚을 졌다. 이 책이 나오는 데 많은 사람들이 도움을 주었다.

탁월한 조력자 제임스 포먼, 마이크 오퀸, 로즈메리 필립스에게 진심 어린 고마움을 전한다. 또한 데보라 폴리온, 월터 워커, 또 크리에이션 하우스의 여러 사람들에게도 감사한다. 영국과 미국에서 예수 행진 운동을 섬기는 단원들이 큰 도움을 주었다. 취재하고 집필했던 몇 달 동안 우리를 위해 중보해 준 이들에게 특별히 감사를 전한다.

이 책을 어렵게 완성하는 동안 우리 곁을 지켜준 아내와 딸들이 있다. 이들을 향한 우리의 감사와 기쁨은 말로 표현할 수 없다.

텍사스 주 오스틴에서 스티브 호돈
영국 런던에서 그래함 켄드릭

**차 례**

서문

**1부**
**땅밟기 기도의 방법**

**1장** 현장에서 통찰하라 • 12
**2장** 땅밟기 기도의 기초 • 31

**2부**
**땅밟기 기도의 목적**

**3장** 기도는 기술이 아니다 • 50
**4장** 땅밟기 기도의 선구자 아브라함 • 61
**5장** 기도의 용사 여호수아 • 76
**6장** 기도로 주님의 길을 예비하라 • 110

## 3부
## 땅밟기 기도의 실제

7장 중보 기도 지침 • 134

8장 땅밟기 기도 방법 • 145

9장 땅밟기 기도터 열 곳 • 157

10장 기도의 세 가지 차원 • 180

## 4부
## 땅밟기 기도의 전략

11장 도시 땅밟기 기도 • 210

12장 먼 도시를 향해 나아가는 기도 여행 • 227

13장 영토를 가로지르는 원정 기도 • 251

14장 "모든 곳에서 기도하기를" • 262

부록 1: 땅밟기 기도 속성 과정

부록 2: 기도와 영적 전쟁 분야 추천 도서

부록 3: 땅밟기 기도와 예수 행진

## 서 문

책이 출간되기도 전에 내가 이처럼 적극적으로 권하는 경우는 드물다. 이 책이 꼭 필요한 책이기 때문이다. 나는 원고가 완성되는 과정을 보며 더욱 기대가 커졌다. 이 책이 소개하는 전략은 획기적이면서도 무척 간단하다.

나는 여러 도시의 목회자들에게 말씀을 전하러 다니면서 전세계 교회 안에 다음과 같은 네 가지 활동이 역동적으로 일어나는 것을 보았다. 따로따로 보면 간단해 보이지만 그 안에는 깊은 의미가 있다. 이 활동들은 서로 보완하면서 부흥의 물결을 일으킨다.

첫 번째는 전세계에 퍼진 예수 행진 March for Jesus과 같은 '공개 예배'다.

두 번째는 죄를 고백하고 회개하는 '합동 집회'다. 점차 도시 곳곳에서 열리는 추세이며, 때로는 인종과 문화 집단 사이의 벽을 허무는 계기가 되기도 한다.

세 번째는 '목회자 연합 기도회'다. 실례로 로스앤젤레스에서 일흔 개 교단의 목회자 600명이 모여 오전 내내 기도했으며, 포틀랜드 목회자 서른 명이 3일 동안 수양회를 열기도 했다. 교계 지도자들은 서로를 향한 존경심과 감사를 잃지 않으면서 복음의 정수를 중심으로 연합했다. 초대교회 이후로 교회가 이처럼 강력한 연합을 이루었던 적은 없었다.

네 번째는 이 책이 다룰 땅밟기 기도다. 이는 한 개인이 동네를 산책하며 기도하는 것처럼 간단할 수도 있고, 한 도시의 목사들이 연합하여 교회를 중심으로 구역을 정해 1년 동안 모든 거리를 빠짐없이 걸으며 기도하는 대규모 운동처럼 복잡할 수도 있다.

땅밟기 기도는 활동적인 이 시대의 문화와 일치한다. 생각해 보라. '골방'에서 머리만 써서는, 도시를 위해 효과적으로 기도하기 어렵다. 우리는 땅을 밟고 실제로 그곳에서 무슨 일이 일어나는지 살펴야 한다. 그렇다면, 이제 밖으로 나가보자!

그래함과 스티브는 이 네 가지 전략을 능숙하게 다룬다. 이 책에는 땅밟기 기도를 실천할 수 있도록 돕는 지혜와 영감이 가득 담겨 있다. 무엇보다도 '실제적'이기 때문에 더욱 강력하다. 이 책은 큰 그림을 보여 주는 동시에 일상에서 일어날 수 있는 일들을 단 하나도 놓치지 않는다. 모든 삶은 모험이 될 수 있다!

결국 가장 중요한 것은 어떤 꿈이나 여정이 아니다. 바로 누구와 함께 그 길을 걷는가다. 예수님은 지금 우리를 부르고 계신다. 자, 이제 그를 따르자!

예수전도단(YWAM) 총재
존 도우슨

PRAYER
WALKING

1부

# 땅밟기 기도의 방법

# 1 현장에서 통찰하라

▌ 전세계의 평범한 신자들은 도시를 구석구석 밟으며 꾸준히 기도한다. 이러한 기도를 할 때 어떤 신자는 계획을 세우고, 어떤 신자는 성령의 인도를 받는다. 이들의 기도는 고귀한 탄원에서부터 사소한 소원에 이르기까지 광범위하다. 이들은 가족의 울타리를 넘어서 이웃을 품는다. 또한 이들 대다수는 학교나 도시, 나라를 위해 기도한다. 이들은 미봉책에는 관심이 없다. 하나님의 역사하심을 더욱더 기대하며 나아간다. 이 기도자들은 자신들이 희미한 촛불을 들고 짙은 어둠을 향해 무모하게 걸어간다고 생각하지 않는다. 오히려 하나님의 사랑이 폭발할 긴 도화선이 타들어 간다고 생각한다. 믿음의 사람들은 이웃을 위해 매일 기도한다.

처음 이사 왔을 때, 남편과 나는 매일 마을을 걸으면서 스물여덟 가정을 위해 기도했다. 우리는 각 가정을 위해 기도하며 이웃의 이름을 익히고 이들의 고민에 귀를 기울였다. 채 6개월이 못 되어 우리는 기도했던 사람들과 함께 우리 집에서 성경공부 모임을 시작했다. 얼마 지나지 않아 이들 중 네 사람이 주님께 헌신했다. 어떤 이들은 땅밟기 기도에 동참하기도 했다. 우리 마을은 이웃끼리 사이가 좋기로 소문이 자자하다. 새로 이사 온 가정은 신자 네다섯 명이 맞이하고 섬긴다. 우리의 새 이웃은 알 리가 없겠지만, 그들은 우리가 오래전부터 기도해 온 사람들이다.

**신시아 롱**, 텍사스 주 시더 파크의 힐 컨트리 바이블 교회(Hill Country Bible Church) 성도이자 세 자녀를 둔 주부. 롱 부부가 4년 전에 땅밟기 기도를 한 뒤로 세 가정에서 30명이 모이는 성경공부 모임이 일어났다.

## 교회는 다양한 지역에서 연합하고 흩어진다.

우리가 처음 땅밟기 기도를 할 때 도시 북쪽에 있는 교회는 북쪽 거점에서, 남쪽에 있는 교회는 남쪽 거점에서 출발해 시청으로 향했다. 양쪽이 만났을 때에는 가슴이 벅찼다. 우리는 시청으로 방향을 틀었다.

**밥 갈**, 캐나다 앨버타 주 캘거리의 퍼스트 어셈블리 교회(First Assembly Church) 목사. 오륙천 명의 사람들이 시청 앞에 모였을 때 현지 교회 지도자들은 교인들과 함께 가족, 교회, 도시, 주(州), 나라를 위해 기도했다.

## 고등학생과 대학생들은 소용히 교정을 행진하며 기도한다.

1989년에 여러 교회의 고등부 학생들이 찬양과 기도 행진을 요청해서 우리는 모임을 열었다. 어느 토요일 아침, 80여 명이 한 고등학교에 모여 찬양을 부르며 학교 주위를 행진했다. 행진을 마치고 우리는 네다섯 명씩 조를 나누어 그 학교를 위해 기도했다. 바로 그날 밤, 누군가가 행진에 참석했던 고등부 목사의 집 대문을 두드렸다. 그 고등학교에 악마주의 사교를 만들어 40여 명의 추종자를 거느리고 있는 학생이었다. 그 학생은 그날 저녁 집에 불이 났다며, 이제 악마숭배를 그만두고 싶다고 말했다. 그 학생은 곧 그리스도를 영접했고 자신이 악마주의에 끌어들인 많은 친구들을 기독교로 전향시켰다.

**톰 펠튼**, 텍사스 주 오스틴 본부 예수 행진 미국 대표. 톰은 이 땅밟기 기도 이후 6개월 동안 오스틴의 모든 고등학교에서 기도와 찬양 행진 운동을 전개했다. 악마주의에서 돌이킨 그 학생은 오스틴에서 예수 행진이 열릴 때, 나무 십자가를 지고 걸으며 공개된 장소에서 신앙을 고백했다.

중보 기도자들은 전세계를 넘나들며, 국가뿐 아니라 대륙 전체를 위해 기도한다.

우리는 면밀히 경로를 짜서 런던에서 프랑스 북부와 벨기에를 지나 약 1,300km를 걸어서 5주 뒤 베를린에 도착했다. 우리 팀은 하루에 6시간에서 8시간 정도 걸으며, 매걸음에 기도를 실었다. 핵심 구성원인 남녀 여덟 명은 처음부터 끝까지 걸었고, 나머지 수십 명은 우리와 함께 일정 구간을 1-2주에 걸쳐 걸었다. 핵심 구성원에는 영국 군으로 복무한 70세와 78세의 노장 두 사람이 있었다. 한 사람은 공군으로 복무했고, 다른 한 사람은 됭케르크에서 많은 전우를 잃었다. 이 두 사람은 영국과 독일이 화해하는 일에 촉매제가 되었다. 이 두 나라 사이에는 역사적으로 해결되지 않은 문제가 있었다. 나는 이 땅밟기 기도가 두 나라의 과거를 직면하고 참혹한 전쟁을 회개하는 통로가 된다고 믿었다. 우리는 걸으며 두 나라를 잇는 미래의 연결 고리를 만들었다.

**존 프레스디**, 1992년 5월 23일에 마친 특별기도 여행에 관해 말하는 런던 익투스 크리스천 펠로우십(Ichthus Christian Fellowship)의 성도. 마지막 날 영국 기도팀은 독일 예수 행진에 참여한, 6000명의 독일 신자들 가운데 합류했다.

## 새로운 단어: 땅밟기 기도

최근 도시에서 봇물 터지듯 일어나는 중보 기도를 설명하기 위해 사람들은 새로운 단어를 쓰기 시작했다. 땅을 밟으며 기도하는 방법이 늘

하던 기도 방법과 다르기는 하지만, 완전히 새로운 것은 아니다. 이 기도에 대한 관심이 워낙 지대해서 '땅밟기 기도'라는 새로운 단어가 생겼다. 이 단어의 의미는 간단히 말해 '현장에서 통찰하는 기도'다.

## 땅밟기 기도의 유익은 무엇인가?

현장에서 통찰하는 기도를 배우면 다음 네 가지 면에서 유익하다.

**이웃의 반감을 없앤다.** 대다수 그리스도인들은 이웃을 진심으로 섬기려고 한다. 하지만 대부분 이웃에게 복음을 전하거나 섬길 때, 이웃이 불쾌해할지도 모른다는 두려움에 선뜻 나서지 못한다. 그러나 땅밟기 기도는 서서히 이웃을 이해하고 사랑하며 조용히 섬길 수 있는 방법이 된다. 꾸준히 기도할 때, 우정이 돈독해진다. 무엇보다 기도로 열린 마음은 하나님의 손길이 닿을 때 치유된다.

**도시의 우범지대를 겁내지 않는다.** 대다수 그리스도인들은 자신이 사는 도시를 진심으로 걱정하면서도, 도시와 자신이 동떨어졌다고 여기며 두려워한다. 도시에 마음을 쏟지 못해 불안한 마음이 있는가? 어째서 행동하지 않는다는 자책감을 지니고 있는가? 도시와 자신을 분리하면 하나님이 우리 자신을 통해 도시의 상처를 치유하실 수 없다는 것을 알면서도 어쩔 줄 몰라 한다. 땅밟기 기도를 할 때 비로소 경건한 자신감으로 도시를 다시 품는다. 이때 땅밟기 기도자는 자신이 기도하는 곳에 자신이 소속됨을 배운다.

나는 그곳을 지나갈 때마다 그곳에서 친구들과 함께 무릎을 꿇고 기도했던 순간을 기억하게 된다. 그 이후로 도시를 보는 시각이 달라졌다. 대단한 경험이었다. 도심에 사는 것이 두려워 14년 동안 교외에 살았는데, 어느 날 두려움이 말끔히 사라졌다.

보스턴에 사는 이 여성은 1992년 '보스턴 기도의 날'에 참석하여 수백 명의 그리스도인들과 함께 보스턴 도심 지대의 정해진 길을 따라 걸으며 기도했다.

**악에 맞선다.** 그리스도인들은 흔히 자신이 악에게 포위당했다고 느낀다. 영적인 죄악이 만연하여 범죄가 늘고 반기독교적인 정서가 불거지는 것만 같다. 땅밟기 기도는 땅을 딛고 영적 전쟁을 할 수 있는 방법이다. 우리는 소극적이고 수비적인 태도를 버리고, 하나님이 구원하시고자 하는 사람들에게 다가가는 성경적인 태도를 지녀야 한다.

**기도생활이 향상된다.** 대다수의 그리스도인들은 기도를 더 많이 하고 싶어 한다. 하지만 꾸준한 기도생활이 쉽지 않다는 것은 누구나 다 아는 사실이다. 분투하는 중보 기도자는 땅밟기 기도를 통해 기도생활을 향상시킬 수 있다. 수십 명의 그리스도인 청년들과 정기적으로 땅밟기 기도를 하는 한 지도자는 이렇게 말했다. "땅밟기 기도는 사람들이 골방에서 혼자 기도할 때 느끼는 지루함을 없애기에 아주 좋은 드문 방법이다. 땅밟기 기도를 조금이나마 하고 나면 어떤 기도든 하고 싶은 마음이 생긴다."

땅밟기 기도는 말 그대로 땅을 밟으며 하는 기도다. 걷는 방식과 종류가 다양하기 때문에, 땅밟기 기도를 좀 더 명확하고 구체적으로 정의하는 것이 좋을 듯하다. 1장에서는 땅밟기 기도자들의 체험을 바탕으로, 땅밟기 기도의 정의를 내려 보자.

## 하나님의 놀라운 역사

우리는 땅밟기 기도가 지난 20년 동안 폭발적으로 일어났다는 놀라운 사실을 알게 되었다. 비공식적으로 모든 대륙에서 다양한 동향에 따라 일어난 땅밟기 기도를 연구 조사했다. 학술적이진 않지만 다음의 두드러진 세 가지 결론을 발견했다.

**1. 개인 차원의 시도**

개인이 독자적으로 이 기도를 시작한 경우는 수백 가지에 달했다. 이 운동에는 창시자가 따로 없었다. 땅밟기 기도를 처음 시작한 사람을 찾을 확률은 희박하다. 이 기도는 다양한 생각을 바탕으로 견고하게 발전했으나 처음 땅밟기 기도를 시작한 사람들의 마음에 이 기도에 대한 생각을 불어넣으시고, 조용히 이 기도를 실천하도록 하며, 헤아릴 수 없이 많은 사람들에게 물려주게 하신 분은 분명 하나님이시다.

**2. 최근에 폭발적으로 일어난 운동**

이 기도는 일정한 시기에 두드러지게 나타났다. 우리가 알다시피 1970년대 중반까지는 땅밟기 기도에 관한 보고를 거의 찾을 수 없었다. 1970년대 후반에 이르러서야, 체계적이고 집단적인 땅밟기 중보 기도에 관한 여러 보고를 찾을 수 있었다. 대학교 교정과 같은 곳에서 일부 일어나기도 했지만, 대부분 평범한 거주지에서 시작되었다. 1980년대 중반에는 다양한 시도들이 많이 일어났으나 서로 연관되어 있지는 않았다. 땅밟기 기도자들은 다른 사람들의 땅밟기 기도에 대해 거의 알지 못했다. 땅밟기 기도가 시작된 시기는 전세계에 걸쳐 서로 관련 없이, 불규칙하게 흩어져 있다.

### 3. 동일한 주제와 다양한 방식

땅밟기 기도 운동과 여러 갈래로 나뉜 기도 방식은 놀라울 정도로 다양하지만, 그 주제는 같다. 땅밟기 기도자들은 동일한 주제로 기도한다. 땅밟기 기도자들은 그리스도께 이 땅을 다스려 달라고 간구한다. 그리스도인들이 한 마음으로 하는 기도는 성경의 참된 기반에 바로 서게 한다. 성경은 기도의 원천으로, 교단이 다른 수많은 그리스도인들의 다양한 기도 운동에 건강한 교리적 기반을 마련한다.

땅밟기 기도자는 이웃을 넓게 품으며, 때로는 도시를 품고 도시 전체를 기도로 덮는다. 레이저 광선으로 동시에 초점을 맞추듯 특정한 사람과 가정을 위해서 기도한다. 땅밟기 기도자들이 어느 마을의 각 가정을 지나갈 때, 하나님의 자명종 소리가 울리면 그들은 하늘에 큰 영적 부흥을 호소한다.

주제는 같지만 기도의 기준이 되는 형식은 없다. 땅밟기 기도는 이따금 봉화를 들고, 화려한 제복을 입고, 대형 광고판을 들거나 춤을 추는 것으로 관심을 끈다. 또한 십자가 상징물을 지고 끌거나, 십자가 모양으로 대열을 맞추는 등 온갖 방법을 동원하기도 한다. 그러나 대부분 땅밟기 기도는 조용히 이뤄진다. 예를 들어, 어떤 학생 세 명은 복음을 전하고 싶은 기숙사를 매일 돌며 기도한다. 때때로 공장 직원들은 짝을 지어 점심 시간에 공장을 걸어 다닌다. 부모들은 퇴근하고 자녀의 학교를 돌면서 기도한다. 선교사들은 동이 트기 전에 자신이 입양한 도시의 빈민가를 걷는다. 땅밟기 기도자들은 대도시를 도는 기차를 타고 그 안에서 걸으며 기도한다. 땅밟기 기도자들은 종종 마을의 가장 높은 곳에 올라가 마을을 내려다보며 마을을 향해 기도를 쏟는다.

이러한 현상은 무수한 시작점을 찍으며 아주 아름답게 분화하고, 갑작스레 퍼져서 우리로 하나님의 역사를 보게 한다. 성령은 모든 신자의 기도를 돕기 원하신다.

최초의 권위 있는 땅밟기 기도 방법이 존재하지 않으므로, 우리는 땅밟기 기도를 해본 적이 있는 사람들이 다양한 형태의 존재 가능성을 익혔다고 생각한다. 우리는 땅밟기 기도의 전문가나 선구자가 아니다. 단지 하나님이 그리스도의 몸을 이룬 수많은 다른 지체들에게도 나눠 주신, 기도의 지혜를 모아 지침으로 삼았을 뿐이다. 우리는 땅밟기 기도를 하는 수십 명에 이르는 그리스도인들의 이야기와 증언을 이 책 곳곳에서 소개할 것이다. 기독교를 박해하는 지역을 섬기는 몇 명의 이름은 바꾸었음을 밝힌다.

기도에 관한 모든 문제는 초대 제자들처럼, 유일하게 "우리에게도 그것을 가르쳐"[눅 11:1] 주실 수 있는 분께 묻는 것이 현명하다. 예수님은 기도 학교에 교회를 새롭게 등록하신다. 도시의 다양한 교단에 속한 교회들이 예수님과 함께 걸을 때, 많은 것을 얻고 베풀게 될 것이다.

**땅밟기 기도의 명확한 개념**

땅밟기 기도는 말 그대로 땅을 밟으며 하는 기도다. 하지만 걸음과 기도의 종류가 다양하므로 전세계 땅밟기 기도자들의 경험과 일치하도록 땅밟기 기도의 정의를 명확하게 내리는 것이 좋겠다. 앞에서 땅밟기 기도를 '현장에서 통찰하는 기도'라고 정의했다. 이 정의를 자세히 살펴보자.

**기도**

땅밟기 기도는 지상과 천국에서 하나님이 사람과 함께, 또 사람을 통해 일하시는 순수한 기도다. 기술도 배워야 하지만 본질적으로 땅밟기 기도는 하나님과의 사귐이다. 우리는 땅밟기 기도를 하면서 예수님을 통해 하나님과 함께 걸으며 대화한다.

**지시에 따른 중보 기도** 땅밟기 기도는 다른 사람을 위해 기도하게 한다. 기도자는 자신의 긴급한 문제보다 다른 사람을 위해 기도하는 법을 배운다. 대부분의 신자들이 홀로 걸으며 하나님과 교제하기를 좋아하지만, 개인 경건을 위한 산책은 땅밟기 기도가 아니다. 땅밟기 기도는 이웃과 가정, 만나는 사람에 초점을 맞추는 중보 기도다.

나는 종종 이른 아침에 20분간 동네를 한 바퀴 돌곤 한다. 보통 성경 구절을 암송하며 기도하지만, 경건의 시간과는 다르다. 이 시간에는 중보 기도하며 하나님의 주권을 선포한다. 처음에는 운동하면서 했기 때문에 충분히 기도하지 못했고, 다른 사람들보다는 나 자신을 위해 더 많이 기도했다. 처음에는 매우 자기중심적이었다. 그러나 주위 사람들을 위해 기도하며 중보 기도의 즐거움을 발견했다. 지금은 대문을 나설 때부터 동네 사람들을 위해 기도한다.

**캔디 스피어스**, 애리조나 주 템피의 제일 복음주의 자유교회(First Evangelical Free Church) 성도.

**계획적인 기도** 신자들 대부분이 자투리 시간에, 또 걸을 일이 생기면 중보 기도를 한다. 그러나 땅밟기 기도는 의식적으로 하는 게 좋다. 걸을 일이 있을 때 잠시만 기도하지 말고, 일부러 시간을 내어 걸으며 기도하자. 자투리 시간에는 알찬 중보 기도를 할 수 없다.

성실한 기도자에게는 학습 욕구가 있다. 우리는 아직 기도에 관해 배울 것이 많다. 조깅이나 운전을 하면서 중보 기도하라는 말은 정신없이 바쁜 도시인들에게는 바람직한 충고가 아니다(미국인이 흔히 하는 생각이다!). 신호에 걸려 멈춘 차 안에서 급하게 기도하는 방식으로는 현장에서 기도하는 법을 제대로 배울 수 없다. 의식적으로 다른 사람을 위해 중보 기도하는 시간을 정해 놓고 최선을 다해 기도하는 방법을 익히자.

**현장**

땅밟기 기도는 현장 기도다. 이 기도는 응답을 바라는 바로 그 장소에서 한다. 현장으로 가는 가장 좋은 방법은 걷는 것이지만, 가끔 예외도 있다.

땅밟기 기도자들은 특별한 장소나 높은 곳에서 일부러 걸음을 멈추는 것을 당연하게 생각한다. 왜 걸어야 하는가? 직접 걷는 것의 효과는 한두 가지가 아니다. 땅을 밟으면 지역 사회의 실상에 민감해진다. 소리, 광경, 냄새는 기도를 방해하기는커녕, 오히려 기도에 몸과 마음을 몰입하게 한다. 아는 것이 많을수록 중보 기도를 더 효과적으로 할 수 있다.

우리는 바쁜 신앙생활 때문에 지금까지 경험하지 못했던 세계에 들어섰다. 바로 온몸으로 하는 기도, 걸으며 강력하게 기도하는 세계다. 우리는 기도의 새로운 자유를 경험했다. 천천히 걸을 때, 보고 들을 수 있는 시간이 더 많아지고 현실감도 생겼다. 무엇보다 하늘을 보며 빠른 자동차, 위성통신,

컴퓨터가 삶을 지배하지 않는다는 것을 깨닫게 되었다. 이런 것들은 아이들이 가지고 노는 장난감에 불과하지만, 하나님의 위대한 계획은 거침없이 성취된다.

**존 호튼**, 오랫동안 원정 기도를 다닌 영국 헤일셤의 헤일셤 크리스천 펠로우십(Hailsham Christian Fellowship) 담임목사.

땅밟기 기도는 그리스도인과 이웃을 연결한다. 도시의 거리를 규칙적으로 지나다니면 이웃과 쉽게 만날 수 있다. 꼭 필요한 시기에, 적절한 장소에서 새로운 친구를 돕거나 그를 위해 기도할 수 있는 기회가 생긴다. 어떤 거리는 위험하지만, 이러한 취약 지구는 그리스도를 영접할 사람들을 만나는 중요한 지점이 되기도 한다.

나는 예순여섯 가정이 사는 우리 마을을 걸으며 기도하기 시작했다. 일주일에 두어 번 마을의 모든 가정을 위해 기도했다. 우리 가족은 처음에 모든 가정에 편지를 써서 기도 제목을 보내 달라고 부탁했다. 이것이 좋은 생각이었는지는 지금도 모르겠다. 응답은 거의 없었다. 그런데 한 여성 모르몬교도가 기도 제목을 보냈다. 그 여성은 가정과 건강에 문제가 있는 데다 불임이었다. 우리 가족은 그 여성의 건강과 구원을 위해, 그리고 출산을 위해 기도했다.

이 무렵, 그 거리에 사는 한 부부가 교회에 출석하기 시작했다. 이 부인은 '우연히' 그 모르몬교도 여성과 가까운 친구가 되었다. 몇 달 뒤, 부인은 그리스도를 영접했다. 이 부인은 주님 안에서 성장하면서 모르몬교도 친구에게 자신의 새로운 믿음과 그리스도의 모든 역사를 계속 전했다. 그 모르몬교도 여성은 기독교가 진리일지도 모른다는 생각에 점차 마음을 열었다. 그 여성은 우리가 계속 자신과 자신의 가정을 위해 기도해 주길 바랐다. 조만간 우리는 그 여성의 첫 아기를 보러 그 집에 놀러갈 것이다!

**팀 웨인라이트**, 애리조나 주 피닉스의 제일 복음주의 자유교회 소속 목사. 팀은 그 모르몬교도 이웃이 처음에는 개신교 목사와 사모를 전혀 믿지 않았기 때문에, 새신자가 복음을 전하게 된 것이 주님의 지혜임을 깨달았다.

모든 걸음이 행동하는 기도다. 걸음은 입술의 간구가 천국에 닿을 수 있게 하는 뛰어난 몸짓 언어다. 기도자는 걸으면서 기도가 소용없다는 느낌과 두려움을 물리칠 힘을 얻는다. 완강한 죄악이 '진입금지'라는 영적 푯말을 내세우는 탓에 불행한 현상이 유지된다. 땅밟기 기도자들은 지역에 대한 어둠의 거짓 주장에 조용히 맞선다.

### 통찰

다른 방식으로는 불가능하지만 지역을 관찰하며 기도할 때, 대부분의 사람들은 통찰하며 기도할 수 있다. 통찰하며 기도할 수 있는 방법은 세 가지다. 바로 관찰, 연구, 계시 통찰이다.

**1. 관찰 통찰** 땅밟기 기도자들은 눈을 열고 사람, 사물, 사건, 그리고 지역 전체를 관찰하며 기도에 의미를 불어넣는다. 평범한 관찰력은 기도의 초점을 조율하는 통찰을 낳는다.

우리 교회 교인들이 땅밟기 기도를 한 지 1년이 되었다. 다섯 팀은 하루에 시간을 정해서 기도한다. 다른 여섯 팀은 일주일에 한 번씩 저녁에 가정 모임을 열고 땅밟기 기도를 한다. 우리는 걸으면서 많은 기도 제목을 찾는다. 한번은 마술에 빠진 어떤 남자의 집 앞에 있었다. 집안은 캄캄했다. 그에게 빛이 비춰지기를 기도하자, 갑자기 온 집안에 불이 들어오더니 여자친구가 밖으로 나왔다. 우리가 무언가를 명중시킨 것만 같았다. 우리는 그 집을 축복하고 하나님이 그들을 건져 주시기를 기도했다. 그리고 또 다른 집을 지나가는데 시끄럽게 싸우는 소리가 들렸다. 어떤 여자가 소리를 질렀다. "그래, 때려 봐." 우리는 걸음을 멈추고 폭력과 분노의 영이 그 집에서 떠나기를 기도했다. 이윽고 소란이 그쳤다. 우리는 그 집에 하나님의 평화가 임하기를 기도했다. 나는 그 집에 다시 가 볼 생각이다.

**존 알리스터**. 영국 사우스 웨일스의 마운트 플레전트에 사는 목사.

때때로 땅밟기 기도자는 특별한 안경을 쓰고 평범한 일상을 본다. 그들은 예수님의 간절한 사랑으로 현재를 바라본다. 그들은 현재 상황과 함께 하나님이 미래에 하실 놀라운 일들을 보기도 하고, 이따금 사람들이 하나님의 사랑을 거부할 때 일어날 무서운 결과를 보기도 한다. 기도의 눈으로 보면 처음 보는 사람도 때로는 오래전에 헤어진 친척처럼 느껴진다. 일상은 매우 중요한 사건이 된다. 현장에 있으면 자연스레 기도가 절박해진다.

몇 년 전, 북쪽에 있는 어느 공업 도시를 걸으며 지나간 적이 있다. 나는 사람들이 바쁘게 살긴 하지만 중요한 것을 놓치고 있다는 사실을 갑자기 깨달았다. 나는 이 사랑스런 가족들이 모두 파멸로 치닫는 것을 보고 슬픔에 빠졌다. 그 이후로 출근길에 내가 걷는 지역을 위해 중보 기도할 수밖에 없었다.

**앨리 스테이플스**. 런던 익투스 크리스천 펠로우십.

**2. 연구 통찰** 어떤 땅밟기 기도자들은 사람이나 상황, 또는 어떤 지역을 미리 조사하고 나서 기도한다. 선택한 지역의 역사를 미리 조사하

면 중요한 거점을 발견하거나 강력하게 기도할 수 있다. 어떤 땅밟기 기도자들은 복음을 가로막는 사회 구조에 초점을 맞추고 조사한다. 조사를 통해 계속되는 범죄, 불의한 일, 사교 행위의 원인을 발견하면 유익한 기도의 방향을 잡을 수 있다.

우리는 하나님이 이미 이 땅에 주신 말씀을 찾아서 그 말씀을 대학교와 건물에 새기듯 기도했다. 보스턴의 모토는 열왕기상 8장 57절에서 유래했다. "우리 하나님 여호와께서 우리 조상들과 함께 계시던 것같이 우리와 함께 계시옵고." 이 말씀은 우리 기도의 주제인 동시에, 보스턴의 뿌리였다.

**데이비드 맥아담**, 매사추세츠 주 콩코드의 뉴 라이프 커뮤니티 교회(New Life Community Church) 목사.

노스캐롤라이나 주 샬롯에 사는 메리 랜스 시스크는, 미국 최초의 식민지에서 가까운 로어노크 아일랜드에서 주 전체의 중보 기도자들이 모일 예정이라고 말했다(사실 그 식민지의 지명은 킬 데빌 힐스[Kill Devil Hills], 곧 악마가 죽는 언덕이다!). 그곳에서 깊이 기도를 하려고 여러 자원봉사자들은 원주민, 초기 유럽인 정착민, 초기 교회들 그리고 검은 턱수염이라고 부르는 악명 높은 해적 등의 주제를 정해서 간단히 주의 역사에 관해 배경 조사를 했다. 이 자료는 일주일 동안 기도의 땔감이 되었지만, 더 중요한 사실은 중보 기도자들이 기도하기 전에 역사를 살펴보았다는 것이다.

**3. 계시 통찰** 이러한 통찰은 신자들이 기도할 때 성령이 곁에서 확증하시는 말씀의 계시 위에 견고하게 기초해야 한다.

신자들이 성경 말씀대로 기도하면 성령은 말씀을 더욱 밝게 비춰 주신다. 다른 비결은 없다. 마음으로 성경의 가르침과 진리에 순종하면 전인격이 진리의 성령께 순복하며, 성령은 성경의 약속을 몇 번이고 기쁘게 이루신다. 성경이 계시하는 하나님의 뜻대로 계속 마음을 단련할 때, 우리는 가장 크고 절실한 기도를 하게 된다.

말씀으로 하나님과 대화하면 성령의 세미한 기도 소리가 귀에 들린다. 땅밟기 기도자는 하나님의 인도로 어떤 사람이나 가정, 장소에 관심을 기울인다. 땅밟기 기도자는 사건이나 만남으로 이어지는 기도를 통한 하나님의 섭리를 경험한다.

우리가 여러 가정을 위해 기도할 때 어떤 여성이 걸어 나왔다. 주님께서 그 여성과 대화하라고 말씀하시는 것 같았다. 나는 그 여성에게 다가가 "예수님에 관해 들어보신 적이 있습니까?" 하고 물었다. 그 여성이 말했다. "제 귀를 의심하게 되네요. 지난주에 수술을 받다 거의 죽을 뻔했어요. 끔찍한 장면을 보았죠. 제가 하나님을 알지 못한다는 것을 깨달았지만 어떻게 해야 그분을 알 수 있을지 몰랐어요. 그분에 대해 더 말해 주세요." 나는 집에 가서 복음을 전했고, 그 여성은 예수님을 영접했다.

**지미 시버트**, 텍사스 주 와코의 하이랜드 침례교회(Highland Baptist Church) 대학부 목사. 지미는 여러 사람들과 함께 규칙적으로 교회 주변 마을에서 땅밟기 기도를 한다.

때때로 성령은 지역에 관해 하나님이 계시하시지 않으면 알 수 없는 정보를 알려 주신다. 하나님은 분별력과 같은 영적인 은사를 주셔서 모호하고 잘 몰라서 기도할 수 없는 부분의 비밀을 밝혀 주신다.

우리는 도시의 대문을 지배하는 자가 도시를 다스린다고 믿기 때문에 주님의 인도하심을 따라 사라예보의 구시가지 담장 대문에서 기도했다. 누군가가 하나님의 말씀을 받았는데, 그는 기도를 마치고 작은 종이에 축복의 말씀을 적어서 담장 틈에 넣어야 한다고 말했다. 사실 우리는 성경 구절과 기도를 적은 종이를 호주머니에 잔뜩 넣고 그것을 담장에 넣으러 가는 행동을 어리석다고 여겼다. 우리는 담장 대문에서 예배하고 기도한 뒤에 담장 틈에 '축복'을 넣으러 갔다. 너무 놀랍게도 담장은 이미 작은 종이 쪽지들로 가득했다! 쪽지에는 이슬람교의 주술사들이 쓴 저주문이 적혀 있었다. 그 지역 사람들은 주술사를 찾아가 소원을 빌거나 점을 치고는 아라비아어로 쓴 저주문을 받아서 시가지 담장에 넣었다. 우리는 황급히 저주문들을 빼고 하나님이 말씀하신 대로 축복의 말씀을 담장에 채운 다음 그 도시의 죄를 회개했다. 이진에 교회 안에서 마술로 인해 문제가 있었지만, 몇 주 동안 사람들이 교회로 몰려와 마술 문제를 회개하고 구원을 얻었다. 놀라운 일이었다.

**로버트 해리스 유르예빅**, 사라예보의 성경적 찬양 커뮤니티 라파엘(RAFAEL) 목사.

관찰, 연구, 계시 통찰은 대부분 매우 적절한 진정성을 더해 견고한 기도를 하게 한다. 면밀하고 개인적인 기도는 '모험'이 된다.

### 기도 모임의 대체물이 아닌, 청량제

틀에 박힌 일부 기도 모임은 이기적이고 사소한 문제들과 뜬구름 잡는 주제 사이에서 갈피를 잡지 못한다. 신자들은 근면한 기도생활의 기쁨을 맛보기도 전에, 수박 겉핥기 식의 기도 모임에 싫증을 느낀다. 신자들이 땅밟기 기도를 경험하면, 활력을 되찾고 가정과 교회에 모여 완전한 기도의 권리를 추구한다. 땅밟기 기도는 그 권리의 일부에 불과하다.

### 땅밟기 기도는 독보하지 않는다

땅밟기 기도의 중요한 가치는 다른 모든 종류의 기도를 더 많이 하게 할 뿐 아니라, 하나님나라를 위한 여러 활동을 낳는 것에 있다. 땅밟기 기도는 종종 전도와 교회 개척을 낳는다. 땅밟기 기도 자체가 목적이 아니다.

대부분의 그리스도인들은 더 힘차게 도시를 섬기고 복음을 전하기 바라지만, 때때로 무엇부터 시작해야 할지 모른다. 하나님은 적어도 두 가지 방법으로 하나님의 백성을 동원하신다. 첫째, 기도하는 일로 쉽게 시작할 수 있다. 둘째, 목격하면 쉽게 동참할 수 있다. 이 두 가지 동기부여 활동이 땅밟기 기도에서 하나로 만난다. 우리가 기도의 눈으로 도시를 통찰할 때, 하나님이 어떤 일을 행하실지 누가 알겠는가?

### 이 책의 사용법

현장 기도에 특별히 초점을 맞춘다는 말은 대체로 기도의 중요한 요소를 많이 제외한다는 뜻이다. 이 책은 다른 훌륭한 여러 기도 관련서와 함께 사용한다(부록2 참조). 이 책에서 배울 내용이 기도의 전부가 아니다. 또 모든 것을 한꺼번에 시도하지는 말자. 우리는 이 책에 각 상황에 맞추어 적용할 수 있는 실용적인 제안들을 풍부하게 담았다.

땅밟기 기도를 시작하기 전에 이 책을 모두 읽을 필요는 없다. 나음 장을 마저 읽은 뒤에 1부에서 배운 내용을 바탕으로 바로 거리로 나서

자. 믿음의 친구 한 사람과 두어 시간 정도 기도하면 된다. 땅밟기 기도를 하고 나면 배경 경험이 쌓여, 나머지 내용을 읽을 때 큰 유익을 준다.

2부에서는 땅밟기 기도의 성경적 기반을 살필 것이고, 3부에서는 좀 더 실제적인 내용을 바탕으로 땅밟기 기도의 기초를 확장할 것이다. 4부에서는 유익한 이야기들을 통해 도시와 국가의 땅을 밟는 데 적절한 지침들을 살펴볼 것이다.

이 책은 매뉴얼이라기보다는 메뉴에 가깝다. 여러 가지 제안 가운데 당신이 사는 도시에서 하나님이 이미 하고 계신 일에 알맞은 제안을 선택하라.

하나님이 당신에게 주신 지역에서 땅밟기 기도를 시작하라. 땅밟기 기도자는 말 그대로 '한 걸음씩' 성장한다. 하나님이 당신에게 무엇을 계시하실는지 아무도 모른다.

**길잡이와 목표는 그리스도**

땅밟기 기도는 매우 간단하다. 예수님과 동행하면 된다. 이 단순한 사실을 잊지 않기를 바란다. 나침반이 항상 정북쪽을 가리키듯 하나님께서 당신의 마음을 그리스도께 고정시키시길 바란다. 그리스도가 당신의 길잡이며 목표임을 기억하라. 무엇보다 그리스도는 하나님 아버지의 선물이다. 하나님 아버지는 당신이 지역을 위해 간구하는 모든 소원을 그리스도와 함께할 때에만 아낌없이 베푸신다. 롬 8:32 참조

예수님께 마음을 고정할 때 기도의 특권을 자유롭게 누릴 수 있다. 만일 땅밟기 기도 일정 탓에 예수님께 몰입하지 못한다면, 발걸음이 무거워지고 지겨운 문제가 하나 더해져 바쁜 일상이 더욱 복잡해질 것

이다. 하지만 단순히 그리스도를 더 많이 구하면서, 도시를 위해 땅을 밟으면 실망할 일은 없다.

당신은 온 땅의 주인이신 주님과 함께 약속된 땅을 밟는다. 기도로 주님과 동행할 때 당신 안에 용기가 생기고, 주님은 마음에 품으신 당신의 도시를 향한 모든 계획을 곧 이루실 것이다. 예수님은 하나님을 위해 우리의 도시를 회복하신다.

# 2 땅밟기 기도의 기초

우리는 교회 밖으로 나와 두세 사람씩 짝을 지어 샌디에이고의 햇살을 밟으며 걸었다. 우리 일곱 명은 땅밟기 기도를 배우려고 모였다. 샌디에이고 시가 거의 다 내려다보이는 봉우리 근처의 마운트 솔레다드 장로교회에서 만났다. 나는<sup>스티브</sup> 그들의 첫 땅밟기 기도를 지도했다.

처음에 그들은 말소리를 내지 않고 조심스럽게 걸었다. 기도할 때는 시선을 어디에 두어야 할지 몰라서 여기저기 두리번거렸다. 그러다 이윽고 안정을 되찾아 주택들을 차례로 바라보았다. 낯선 호기심과 자신감이 뒤섞인 눈으로 천천히 마을을 살피며 걸었다.

그들은 익숙한 표현을 쓰며 조금 과장스럽게 기도하기 시작했다. 몇몇 사람들은 습관적인 시작 기도를 어색하다고 느꼈다. 하지만 어떤 규범적인 기도는 기도 자체가 순풍을 기다린 듯 날개를 펴서 하늘로 솟구쳤다. 그들은 불과 15분 전과는 딴판으로 서로 경쟁하듯 기도를 쏟아내기 바빴다. 몇 백 미터 채 걷지도 않았는데 사람들은 물을 만난 오리 떼처럼 시끄러웠다.

어떤 사람들은 자신이 도시에서 가장 풍족하지만 동시에 가장 기도가 필요한 지역을 위해 매우 솔직하고 단순하게 기도하고 있음을 깨달고 애써 놀라지 않으려 했다. 우리가 도시 전체를 내려다보며 기도할 때 새로 온 어떤 땅밟기 기도자들은 새 신을 신는 양 망설이며 기도의 폭을 상당히 넓혔다. 그러나 그 새 신은 그들의 발에 꼭 맞았다.

몇 차례 땅밟기 기도를 하고 난 그들에게는 자신감이 생겼고 자신이 사는 동네에서도 땅밟기 기도를 계속하려고 했다. 그들이 처음부터 전설적인 기도의 용사였던 것은 아니다. 90분 만에 모든 것을 배울 수는 없었다. 하나님을 잘 알고 기도하는 법을 배우려는 그들은 주부, 학생, 기술자와 같은 평범한 신자들이었다.

**배우기는 쉽다**

샌디에이고에 사는 친구들은 내가 아는 여느 땅밟기 기도자들처럼 금방 기도를 배웠다. 그들은 대단한 일을 해냈지만, 그것이 평생에 남을 만큼 유쾌한 사건은 아니었다. 그러한 기대를 하지도 않았다. 땅밟기 기도는 유익하지만, 몸과 영혼의 근력을 길러야 하는 힘든 운동이다. 하지만 그들은 본능적으로 그것이 옳은 일임을 알았다.

대부분의 그리스도인들은 땅밟기 기도를 쉽게 배운다. 예배당 안에서만 기도하는 습관을 버리면 중보 기도가 단순히 장거리 기도만을 의미하는 것이 아니라는 진리를 경험할 수 있기 때문이다. 우리는 본능적으로 기도하는 대상에 이끌린다. 땅밟기 기도는 다른 사람을 돌보고 도움을 주는 것과 같아서 그리 어렵지 않다. 기초적인 기도만 하면 된다. 눈에 보이는 것들에 순수하게 관심을 기울이는 일은 어렵지 않다.

**실천은 어렵다**

땅밟기 기도는 쉽게 배울 수 있지만, 다음 세 가지 이유로 실천하기에는 어려움이 있다.

**1. 땅밟기 기도는 영적 전쟁이다.** 모든 기도는 싸움이다. 우리의 창조 목적이 하나님과 사귀는 것이고, 우리에게 하나님이 주신 축복을 이 땅에 전할 권한이 있다 해도, 모든 기도는 힘든 싸움이다.

우리가 집의 경계를 넘어 한 발 내디뎌 나가면 기도하기는 더 힘들어진다. 영적 전쟁이 언제나 치열하긴 하지만 구원에 마음을 두고 마을의 땅을 밟으면, 원수는 우리의 머리를 누르고 기를 죽이는 식으로 우회하여 더 맹렬히 공격한다. 땅밟기 기도를 할 때 이런 미묘한 위협을 느끼는 이유는 우리가 악한 세력이 잠복한 곳에 침입하기 때문이다.

**2. 땅밟기 기도에는 인내기 필요하다.** 우리는 잠을성이 부족하기 때문에 땅밟기 기도를 지속하기 어렵다. 우리는 신속한 결과를 바란다. 땅밟기 기도에는 극적인 이야기도 많다. 그러나 땅밟기 기도자들은 대부분 땅밟기 기도가 소란스럽지 않고 전율도 거의 없는 상당히 조용한 일이라고 말한다.

도시는 크게 달라지지 않는다. 땅밟기 기도의 불길은 천천히 타오른다. 반면 해악은 오래 지속된다. 새 생명의 씨앗이 심기고, 일상의 표면 아래에서 싹이 돋는다. 하나님이 오래 참으시기 때문에 땅밟기 기도자도 오래 참아야 한다. 하나님은 사회의 모든 영역에 예수님의 영광을 조금씩 드러내신다.

매주 마을을 다니며 힘써 훈련하고 같은 기도를 반복하며, 하나님나라를 선포하는 것은 힘든 일이었다. 머리가 옳다고 말해도 때때로 마음이 따라주지 않았다. 하지만 도시를 밟으며 기도하는 일이 꼭 필요하고 옳은 일이라는 생각에, 계속 밀고 나갔다. 포기하지 않아서 다행이다. 기도가 어려웠기 때문에 믿음이 자랐고, 하나님이 평화롭고 위대하게 역사하시리라 믿었다.

**잭 라이언**, 동남아시아의 무슬림들이 주로 사는 어느 도시에서 기도했다.

우리가 참을성이 부족한 까닭은 어쩌면 이기심 때문일지도 모른다. 이기심 때문에 얼마나 자주 범죄를 반복하는가? 범죄율의 증가는 분명한 정의의 붕괴와 악의 번영을 뜻한다. 땅밟기 기도를 나쁜 일을 방지하는 수단으로 생각한다면 무척 실망스러울 것이다. 만일 도둑만 잡을 생각이라면 결국 우리의 이기심으로 인해 기도하지 못하고 오히려 도난 경보기 같은 근시안적이고 방어적인 해법에 치중할 것이다. 하지만 우리 사회에 대한 하나님의 최고의 바람에 마음을 쏟으면 인내력을 발휘할 수 있다. 땅밟기 기도를 제대로 하면 하나님나라의 더 큰 해법을 기대하게 된다.

작년 언젠가 아이오와 주 시더 래피즈에서 처음으로 어떤 지역의 청소년들 사이에서 흑백 인종 갈등이 생겼다. 여러 흑인 교회와 백인 교회는 함께 그 지역으로 땅밟기 기도를 하러 갔다. 우리는 약 10개월 동안 땅밟기 기도를 세 차례 실시했다. 흑인 목회자들은 로드니 킹 재판이 열리기 3개월 전에 마지막으로 땅밟기 기도를 했다. 따라서 시위가 일어난 바로 그 주말에 시더 래피즈의 흑인과 백인 교회들은 함께 땅밟기 기도를 하기로 했다. 그들은 함께 도심을 걸었다. 이따금 찬양도 불렀지만 주로 기도했다. 우리는 길을 걷다가 두세 군데 전략적인 거점에서 멈추었고, 도심 맞은편 공원에 이르러서는 그곳에서 남은 하루를 보냈다. 우리는 고기를 구워 먹고 축구를 했다. 마지막 몇 시간 동안은 여러 사람들이 나서서 5분에서 15분 정도 도시를 치유하시는 하나님에 관한 말씀을 나누었다. 물론 우리는 시기가 중요하다고 생각했다. 우리가 모인 그날, 다른 도시에서는 폭동이 계속 일어났다. 반면 우리 도시는 하나님이 해독제라도 놓으신 듯 평화로웠다. 주님은 우리에게 큰 자비를 베푸셨다.

**프랜시스 프랜지페인**, 아이오와 주 시더 래피즈의 생명의 강 교회(River of Life Church) 목사.

**3. 땅밟기 기도자는 기초가 튼튼해야 한다.** 대부분 땅밟기 기도를 할 때, 이웃을 위해 다양하게 기도하는 방법을 발견하는 즐거움을 누린다. 현장에서 하나님의 놀라운 응답을 목격하면 더욱 기쁘다. 가장 성실한 땅밟기 기도자는 항상 성령과 함께 하나님의 말씀에 따라 기도의 기초를 튼튼히 다진다. 땅밟기 기도자는 이 두 가지 기도의 핵심에 충실하지만, 매일 틀에 박히지 않은 새로움을 경험한다. 한편 기도의 습관은 금방 굳어진다. 땅밟기 기도의 기본을 배우지 않으면 기도 형식이 굳어져 버려 쉽게 싫증을 느낀다. 거의 무한하다고 할 수 있는 다양한 야외 중보 기도의 형태를 부주의해서 놓치는 셈이다.

## 땅밟기 기도의 기초

땅밟기 기도자는 자신의 배경과 사회에 알맞은 다양한 형태로 기도를 시작한다. 우리는 다양한 형태의 땅밟기 기도를 폭넓게 검토해서 가장 단순한 형태를 뽑았다. 이 장에서는 땅밟기 기도의 기초를 살펴보도록 하자. 이 기초를 바탕으로 효과적인 땅밟기 기도와 현장 기도 능력을 향상시키는 새로운 방법을 살펴보자.

이 장은 생각을 자극하는 실용적인 메뉴와도 같다. 꼭 지켜야 할 순서나 엄격한 규칙은 없다. 노련한 땅밟기 기도자는 이 장에 소개한 내용을 일일이 다 하지 않는다. 하지만 건강하고 꾸준한 땅밟기 기도자는 대부분 여기서 설명한 모든 것을 반복하여 행한다.

모임이나 지역에 맞추어 자유롭게 선택하라. 다만 초보자라면 전부 다 해보라. 이 기초적인 내용들을 땅밟기 기도의 순서에 따라 밟기 전, 밟는 동안, 밟은 후로 나누었다.

## 땅밟기 전에는 준비하라

거리로 나가기 전에는 준비를 해야 한다. 대부분의 신자들은 땅밟기 기도를 아주 자연스럽게 여기기 때문에 준비를 소홀히 한다. 걷는 건 누구나 할 수 있는데, 대체 무슨 준비가 필요하단 말인가? 그러나 준비하면 땅밟기 기도의 효과를 높일 수 있다. 기운을 내고 집중하여 시작하면 더 효과적으로 기도하게 된다.

땅밟기 기도에는 영적 전쟁의 위험 부담이 있다. 그렇다 해도 사탄을 만날 것이라는 부정적인 생각을 해서는 안 된다. 어떤 사람들은 죄를 정결하게 씻고 하나님의 전신갑주를 하나도 빠짐없이 공들여 입는다. 무엇부터 해야 할까? 절대 빠뜨리면 안 되는 것은 무엇일까? 자칫하면 이런 사전 준비가 개인의 의무적 관행이나 미신으로 전락하기도 한다.

어떤 식으로 준비하든 쓸데없는 행위는 지양하자. 하나님은 몇 번이든 끊임없이 용서하시고 든든하게 보호하신다. 하나님이 주신 것을 자신의 것으로 소화하는 데는 며칠이 걸리기도 한다. 필요한 모든 훈련을 연습하더라도 인격적인 관계를 제식 훈련으로 바꾸어서는 안 된다.

**1. 하나님 안에서 나를 새롭게 한다.**

우리는 곧 하늘과 땅을 잇는 축복의 통로가 된다. 우리의 전 자아, 곧 몸과 뜻, 마음과 영혼을 바쳤으면 자격을 갖춘 셈이다. 모든 땅밟기 기도는 하나님을 예배하며 시작하는 것이 옳다.

**마음을 준비한다.** 입술을 열어 마음을 연다. 출발 전에 크든지 작든지 찬양을 불러 목을 틔운다. 예수님의 이름을 입술에 담는다. 당분간 다른 바람이니 괸심은 물리친다. 하나님 앞에 마음을 두고 감사하는 마음과 축복을 새롭게 다진다.

**정신을 집중한다.** 생각을 다스린다. 출발 전에 하나님의 생각과 방법, 목적에 집중한다. 성경을 소리 내어 읽으면 생각을 간단하게 다스릴 수 있다. 생각을 흐트러뜨리는 것이 있더라도 하나님께 맡긴다.

딴 생각에 정신을 팔지 않고 땅밟기 기도를 하려면 어떻게 해야 할까? 어떤 땅밟기 기도자들은 종이 쪽지를 들고 다니면서 급히 할 일이나 생각을 적는다.

**하나님의 지도를 구한다.** 어디를 걸어야 하는지, 또 어떤 기도를 해야 하는지 특별한 지시에 민감하도록 잠깐이라도 하나님 앞에서 잠잠히 머문다.

우리는 처음부터 하나님이 주시는 기도 제목으로 그 지역을 위해 기도해야 한다고 느꼈다. 우리는 모든 곳을 위해 평생 기도할 수 있지만 사람들에게 하나님의 뜻에 따라 기도하라고 해야, 한 곳이라도 갈 수 있다.

**마크 프리처드,** 고향 뉴질랜드를 떠나 매사추세츠 주 보스턴에서 기도 운동을 벌였다.

긴장을 풀어라. 인도를 받는다는 개념 자체가 우리에게 안내자가 있다는 뜻이다. 마지막 땅밟기 기도 뒤로 더 이상 인도가 필요 없을 수도 있다. 다른 지시가 없으면 원래 계획대로 움직인다.

인도는 혼란을 일으키기도 한다. 새롭게 인도받는다는 것은 불성실함을 감추는 교묘한 변명거리가 되기도 한다. 땅밟기 기도는 할 때마다 달라야 한다든가, 모퉁이를 돌 때마다 하나님의 음성을 들어야 한다는 생각의 덫을 피한다. 가끔씩 예상치 못한 즐거움이 기다리기도 하지만, 기도는 대개 끈기와의 싸움이다.

### 2. 관계를 새롭게 한다.

땅밟기 기도를 반대하는 가장 큰 이유는 실제로 함께 걷는 신자들과 관계가 허술하다는 것이다. 하나님나라의 가족들이 이 땅에서 지켜야 할 법은 사랑이다. 서로 사랑하는 것은 천상에 나타내는 그리스도의 '몸짓'이다. 땅밟기 기도자들 사이에서 마찰과 반목이 생길 때 일어날 소동을 상상해 보라. 영적 전쟁에서 가장 중요한 문제는 서로 사랑하는 것이다.

땅밟기 기도를 시작하기 전 우리는 하나님을 경외함으로 서로 마음을 바로

잡았다. 우리 사이에 조금이라도 불화가 있으면 건물을 떠나기 전에 그것을 공개하고 하나님 앞에서 마음을 바로잡아야 했다.

**제임스 포먼**, 텍사스 주 오스틴의 뉴 커버넌트 교회(New Covenant Church) 장로. 제임스는 일본 예수전도단 사역자들의 현장 기도를 인도했다.

**서로 인사한다.** 출발하기 전에 서로 만나서 인사한다. 상대방의 이름을 외운다. 걷기 전에 대화를 나눈다. 땅밟기 기도자들이 서로 알아가는 시간으로 알차게 활용한다. 이 친교의 시간은 지름길과 같다. 이런 시간을 갖지 않으면 첫 500m가 친교의 시간으로 둔갑할 것이다. 걸을 때는 기도에만 충실하자.

**서로 용납한다.** 정해진 땅밟기 기도 시간 전에 서로 관계를 개선하는 편이 오히려 낫다. 현명한 가족이 되라. 때때로 형제 자매들은 용기와 시혜가 부족해서 화해하지 못한다. 영적인 가족 관계가 심하게 어긋났으면 억지로 땅밟기 기도를 하느니 차라리 미루는 편이 낫다. 땅밟기 기도자들 사이에 원한이 있으면 허점이 크게 드러난다. 관계를 새롭게 하면 땅밟기 기도자들은 고지에서 출발한다.

**하나님께 나아간다.** 성경이 풍부하게 밝히듯 우리는 지평선을 지나도 언제나 은혜의 보좌 앞에서 기도한다.히 4:14-16 참조 지극히 높은 하늘에 좌정하신 하나님 앞에 서라. 위대한 대제사장이신 예수님의 보혈로 그 길은 영원히 우리에게 열려 있다.

### 3. 미리 설명한다.

출발하기 전에 땅밟기 기도자들을 모은다. 모두 한마음으로 움직이며 기도하자고 당부하고, 당일 땅밟기 기도의 다섯 가지 기본 지침 곧

'누가, 어디서, 언제, 무엇을, 왜'에 대해 설명한다.

**누가? 기도팀을 조직한다.** 누가 나와 함께 걸으며 기도할 것인가? 전체 인원이 세 사람이 넘을 때는 둘씩 혹은 셋씩 짝을 지으면 좋다. 인원 배치는 각양각색이며 각자 장점이 있다. 하지만 셋 이상이 팀을 이루면 팀의 몸이 무거워지고 모든 땅밟기 기도자들이 충분히 참여하기 어렵다.

네다섯 사람이 한 조라면, 모두 알아듣게 큰소리로 기도해야 한다. 사람 수가 많으면 주민들이 쉽게 알아보며 이것은 상황에 따라 좋을 때도 있고 나쁠 때도 있다. 조원이 일곱을 넘을 경우에는 노련한 인도자가 없으면 흔히 몇 백 미터도 못 가서 두어 명씩 나뉘고 몇 명은 멀찍이 뒤처진다. 출발할 때 조원이 자연스럽게 형성되기도 한다. 어떤 노련한 지도자들은 현지 사정을 고려하여 경험, 역량, 체력에 따라 조원을 정한다.

기도팀을 짜는 이유가 무엇인가? 각자 흩어져서 기도하면 안 되는가? 신자들이 연합할수록 중보 기도는 매우 강력해지기 때문에 땅밟기 기도는 단체 활동으로 해야 한다. 땅밟기 기도를 인도하시는 하나님께 또 지역 사회에 성실히 책임을 다해야 한다. 조원과 함께 기도할 때 한 사람의 지혜는 다른 사람의 비전을 보강하며, 모두 확신을 가지고 충실히 기도하게 한다.

**어디서? 지역, 길 또는 장소를 정한다.** 땅밟기 기도자들이 기도할 장소를 결정한다. 때로는 마을의 장소를 대략 정하면 된다. 어떤 상황에서는 정확한 경로를 정해야 땅밟기 기도자들이 기도를 잘 한다. 대략 경로를 정하기도 하지만, 어떤 사람들은 특정 교차로의 정확한 방향을 묻기도 한다.

지도를 사용하면 아주 유익하다. 큰 지도를 사용한다. 어떤 단체는 모든 기도팀에게 약도를 그려서 나누어 준다. 팀마다 지도 대신 현지 사정에 밝은 안내인을 두기도 한다.

땅밟기 기도자들은 오직 성령에 의지해 이동하기도 한다. 그러나 사람들은 지역을 정해 주어야 이동에 신경 쓰지 않고 기도에 집중한다. 반면, 너무 정해진 길로만 다니면 하나님의 섭리에 따라 기도할 기회를 놓친다. 자유와 질서의 균형을 적절히 조율하자.

땅밟기 기도는 흔히 구체적인 장소에 기도를 집중한다. 땅밟기 기도에 중요한 의미를 더하는 특별한 장소를 경로에 포함해 보자. 학교, 주택, 교회 건물이 길잡이 역할을 하기도 한다.

둘이나 셋 이상이 모이면 팀을 여러 곳으로 보낼 필요는 없다. 같은 경로를 반대 방향에서 걷거나 나뉜 곳에서 출발해 중간에서 만난다.

땅을 밟는 방법은 창의력을 발휘하면 얼마든지 찾을 수 있다. 대도시를 지그재그로 걸어보자. 또는 모든 거리를 빠짐없이 통과해 보자. 어떤 사람들은 꼼꼼히 집집마다 축복한다. 몇 곳을 정해서 지역 전체를 위해 기도하는 것은 또 어떤가?

땅밟기 기도자들은 한 지역을 둥글게 도는 것을 항상 중요하게 여긴다. 미리 경고하지만 도시 외곽은 찾기가 어렵고 걷기도 만만치 않다.

물론 차를 조심해야 한다. 고속도로로 다닐 필요가 없으면 주택지와 주택가를 걷도록 한다. 보행자에게 피해를 주지 않도록 한다. 출입금지 구역을 만나면 법을 지키면서도 효과적으로 기도할 수 있는 창의적인 방법을 찾는다.

땅밟기 기도자는 끊임없이 걷기만 하지 않는다. 일정한 곳에 서서 기도하는 것도 땅밟기 기도다. 높은 곳은 땅밟기 기도하기에 아주 좋은 장소다. 다리, 산, 건물 꼭대기 층이 그런 곳이다.

**언제? 시간을 정한다.** 함께 모여서 일정을 짠다. 하루에 땅밟기 기도를 얼마나 오래 할 것인지 정했는가? 다음 모임 시간도 정하자. 정해진 시간 내에 도시를 걷기가 쉽지 않기 때문에 일정을 정할 때는 적당히 여유를 둔다.

**무엇을? 기도 제목을 검토한다.** 기도할 때는 '예배'와 '영적 전쟁', '영접'에 균형을 맞추도록 충고한다. 간단한 금언 한 가지만 지키면 균형을 잡을 수 있다. 하나님을 전하고 사람을 축복하라.

정보로 기도를 보강한다. 적당한 배경 지식을 갖추면 힘차고 폭넓게 기도할 수 있다. 사람들에게 지역, 인구, 장소에 관해 간단히 설명한다. 지난번 땅밟기 기도의 기도 제목과 기도 응답을 검토하면 유익하다. 최고의 자극제는 하나님의 말씀이다. 설교는 삼가고, 그날 기도에 관련된 성경 말씀을 나눈다.

기도 제목을 검토하는 데는 훌륭한 지도력이 필요하다. 명확한 것은 좋지만 지나치게 공들여 기도 제목을 정하지 않도록 주의한다. 거리에서 기도 제목을 정하지 못할 이유도 없다.

**왜? 땅밟기 기도의 중요성을 강조한다.** 땅밟기 기도를 지도와 달력에 표시한다. 어떤 날짜나 시간은 특별한 의미가 있을지도 모른다. 장소의 의미를 다시 설명한다. 땅밟기 기도를 하면 교회가 개척되거나 다른 사역이 생기길 기대할 수 있는가? 공연히 부추기지는 않더라도 넓게 보면서 서로 땅밟기 기도가 중요하다고 격려하자.

설명은 짧게 한다! 예를 들면 위의 설명 항목에 대한 내용을 쉽게 기억할 수 있는 제목 몇 가지로 요약해서 도표로 만든다.

## 땅밟는 동안에는 기도하라

예수님과 함께 걷는다는 사실에 초점을 맞춰서 땅밟기 기도는 단순하게 한다. 우리는 처음 기도하는 것이지만 우리 주 예수님은 오래전부터 그 지역과 사람들에게 관심을 기울이셨다. 우리는 주님이 다스리시고 한없이 사랑하시는 도시에 발을 들여놓는다. 주님이 걷는 길을 걷고 주님의 기도에 따라 기도하라.

**눈을 뜬다.** 땅밟기 기도는 대개 보는 것을 파악하는 기술, 곧 '통찰'이다. 평소에는 어떤 집에 '매물' 간판이 붙으면 땅값이나 재산세를 떠올린다. 그러나 땅밟기 기도를 할 때에는 같은 간판을 보더라도 이사 갈 사람과 이사 올 사람들을 위해 축복한다.

"마음의 눈"엡 1:18을 실제로 사용하려면 하나님의 눈으로 도시를 보게 해 달라고 간구해야 한다.

암스테르담에 도착했을 때 여섯 달 동안 주요 지역을 다 걷기만 했다. 나는 전차, 지하철, 버스를 타고 다니면서 분위기를 파악했다. 나는 하나님의 눈으로 도시를 보고 싶다고 간구했다. 도시의 문화를 이해하고 싶다고 말씀드렸다. 암스테르담에 관한 책은 손에 잡히는 대로 모두 읽었다. 커피숍과 브라운 카페(암스테르담 거리의 카페와 선술집을 통칭해 부르는 이름 - 편집자주)에 앉아서 사람들의 대화를 들었다. 나는 솔직하고 농담을 즐기며 바다에서 일하는 암스테르담 시민들에게 정이 들었다. 몇 달 동안 이 도시의 거리를 걷는 가운데 암스테르담을 사랑하게 되었다. 사실 이제 이 도시를 사랑할 뿐만 아니라 좋아한다!

<small>플로이드 맥클랑의 《하나님의 눈으로 도시를 보라》(Seeing the City With the Eyes of God)에서 인용, 전(前) 예수전도단 국제 책임자.</small>

우리 임무는 하늘에서 계시를 긁어모으는 일이 아니다. 천리안이라도 되는 양 이성을 버릴 생각은 하지 마라. 우리는 전능하신 하나님과 동행하고 대화할 뿐이다. 하나님은 우리가 보아야 할 것을 충분히 보여 주신다.

귀를 열어 하나님의 음성을 들으라. 침묵을 참지 못해 말을 할 필요는 없다. 하나님이 조용히 인도하시는 소리를 경청하라. 마음에 감추인 진리를 나타내실 것을 기대하고 그것을 주변에 적용하라.

**입술을 연다.** 성령이 이끄시는 침묵을 즐기되 대부분 기도는 소리를 내어 기도한다. 기도는 텔레파시가 아니다. 하나님은 우리의 생각을 모두 아시지만 기도를 말로 표현할 때 우리의 믿음이 견고해진다.

소리 내어 기도하라는 것은 시끄럽게 기도하라는 뜻이 아니다. 어떤 경우에는 극적으로 기탄없이 기도해야 하지만 땅밟기 기도는 대개 조용히 삼가며 기도한다.

열정적인 감정이 올라올 때까지 기다리지는 마라. 기도 제목대로 기도를 시작하라. 때로는 기도가 즉석에서 솟구치기도 하지만 땅밟기 기도자는 대부분 매우 신중하게 기도한다.

**함께 기도한다.** 의식적으로 다른 사람의 기도를 이어서 보충하라. 기도 제목을 공유하는 법을 익히면 기도가 갑절로 늘어난다. 대화식 기도를 하여 적절한 제목과 주제를 함께 만들어 간다. 기도할 주제가 사방에

널린 상황에서는 주제에 집중하기가 어렵다. 빠짐없이 모든 필요를 구하며 기도하기보다는 몇 가지만 충분히 기도하는 편이 더 낫다. 가장 중요한 문제는 기쁘게 반복해서 기도하는 법을 익히는 것이다. 최고의 기도는 할 때마다 발전한다.

치열하게 중보 기도를 하다가 도중에 각자 느낀 점, 다음 목적지, 중요한 기도 제목 등을 나누는 것은 전혀 잘못이 아니다.

**말씀으로 기도한다.** 땅밟기 기도자들은 명백한 필요를 보면서도 기도하지 못할 때가 있다. 어떤 사람들은 기도가 익숙지 않아 입을 다문다. 성구 카드나 작은 성경을 준비하자. 모든 구절과 본문을 기도로 바꿀 수 있다. 처음에 이것이 여의치 않으면 성경의 기도를 그대로 읽는다. 조금만 고치면 기도는 거의 저절로 된다. 우리는 하나님의 말씀대로 기도할 때 하나님의 뜻대로 기도하게 된다고 확신한다.

**집중해서 기도한다.** 당신이 기도하는 지역에만 집중하라. 개인의 잡다한 '기도 제목'은 생각하지 마라. 당신이 실제로 만나는 사람과 장소에 민감하게 기도하라. 땅밟기 기도자들은 거리의 모든 사람을 위해 차별 없이 기도하려고 하다가도 종종 엄두를 못 낸다. 당신이 만난 가족이나 어린이 몇 명만 위해 기도해도 좋으니 한 곳에 관심을 모으라.

주택, 가게, 학교를 지날 때는 호기심에 사랑을 더하라. 익숙한 상황이나 얼굴에 관심을 가지고 가까운 장래에 그들이 어떤 삶을 살게 될지를 생각하라. 지금까지 그들은 어떤 삶을 살았을까? 하나님이 그들에게 바라시는 것은 무엇일까?

## 땅밟은 후에는 보고하라

땅밟기 기도 직후에는 모여서 중요한 기도와 통찰을 서로 보고한다. 응답받은 기도를 말하더라도 모든 땅밟기 기도자에게 굉장한 이야깃거리가 있을 것이라는 기대는 주지 않도록 한다. 마음이 무겁거나 들떠서 돌아올 사람이 있을 경우에 대비한다.

다음 땅밟기 기도를 위해 중요한 문제는 기록해 두는 것이 현명하다. 어떤 땅밟기 기도자들은 기도 제목을 기록해서 응답 여부를 점검한다. 어떤 장소에 다녀온 기억은 금방 잊어버린다. 자기 도시에서 땅밟기 기도를 체계적으로 하는 사람들은 다녀온 곳을 지도 위에 표시한다.

땅밟기 기도 모임을 평가하라. 다음 땅밟기 기도를 보강하기 위해 개선할 점은 무엇인가? 당신의 기도와 통찰이 다양한 사역 활동에 어떤 의미를 주는지 생각해 보라. 어떤 말씀을 다른 사람에게 지혜롭게 나누라고 하나님이 말씀하셨는가? 언제, 어디서, 어떻게 땅밟기 기도를 계속할지 결정한다.

## 초보자를 위한
## 땅밟기 기도의 세 가지 필수 사항

**1. 함께 기도한다.**

상대방이 땅밟기 기도 경험이 많을 필요는 없다. 그렇다고 혼자, 또는 그리스도께 헌신하지 않은 사람과 시작하면 안 된다.

**2. 근처에서 시작한다.**

내가 사는 도시에서 시작하되 가능하면 내가 사는 동네에서는 하지 않는다. 자기 동네를 피하는 이유가 무엇일까? 경험에 따르면 땅밟기 기도는 낯선 곳에서 쉽게 배운다. 흔히 자기 동네에서 땅밟기 기도를 시작하면 익숙한 주택, 가족, 사람 때문에 이웃 전체가 영원히 변화되는 믿음을 품지 못하고 크고 통찰력 있는 기도를 하지 못한다. 순수한 사람들은 과거의 기억 때문에 용기를 잃고 어떤 사람들의 삶을 바꾸어 달라는 기도조차 하지 못한다.

집에서 멀리 갈 필요는 없다. 한 블록만 떨어져도 익숙한 풍경은 사라진다. 물론 새롭게 연습해서 믿음이 강해지면 곧장 내가 사는 동네를 위해서도 기도해야 한다.

**3. 시간을 들인다.**

처음 시작할 때는 적어도 두 시간이 필요하다. 이 정도 시간이면 땅밟기 기도를 야무지게 배울 수 있다. 사전 준비를 적절히 하되 장황한 잔소리는 피한다. 과욕을 버리고 편안한 경로를 정한다. 땅밟기 기도를 마치면 다음 목표에 대한 관심, 기대, 생각을 논의한다. 그 다음 땅밟기 기도는 더 쉽고 간소하게 할 수 있다.

PRAYER
WALKING

2부

# 땅밟기
# 기도의 목적

# 3 기도는 기술이 아니다

▌ 때때로 땅밟기 기도자는 이러한 회의를 품는다. '땅밟기 기도는 그저 하나님의 관심을 끌기 위한 수단에 불과한 것이 아닐까? 하나님은 거실에서든 예배당에서든 어디서나 내 기도를 들으시는데 굳이 거리를 다니면서 기도할 필요가 있을까?' 누구나 한 번 쯤은 충분히 할 수 있는 생각이다. 대체 우리는 왜 땅을 밟으면서 기도해야 하는가? 그리스도인들이 걸으며 기도할 때 실제로 무슨 일이 일어나는가?

## 하나님은 기도를 통해 일하신다

땅밟기 기도를 쓸모 있는 기능으로만 생각하는 것은 옳지 않다. 이렇게 생각할 때, 기도의 놀라운 영광은 너무도 쉽게 시시한 것으로 변질된다. 땅밟기 기도의 '효과'는 다른 형태의 기도와 다르지 않다. 사람이 기도를 해도 하나님은 모든 일을 뜻대로 결정하신다. 우리는 하나님이 자녀들을 기도로 만나시는 신비로운 이유와 방법을 결코 온전히 이해할 수 없다. 하지만 놀랍게도 하나님은 우리가 기도할 때 함께 일하신다.

땅밟기 기도는 그 뚜렷한 활동으로 인해 이따금 단순한 기도의 역할을 흐린다. 주님은 우리 마음의 소원을 들으시고 믿음에 응답하시는데,

정작 우리는 걷고 움직이는 데 정신을 빼앗겨 주님을 바라보지 못하고 습관을 의지하는 덫에 걸린다. 형식에 주의를 기울이면 잘못된 미신에 빠지기도 한다. 그것을 기계적으로 반복하면 영적인 주술만도 못하게 되고 신자들은 자신이 거리를 걷기만 해도 귀신들이 벌벌 떤다며 착각에 빠진다. 더 나아가 어떤 사람들은 적당한 주문으로 하나님을 협박하면서, 자신들이 하나님도 움직일 수 있다는 식으로 행동한다.

**하나님은 우리 기도를 도우신다**

하나님이 우리 기도를 들으신다는 것은 놀라운 사실이다. 게다가 그분은 우리가 기도할 수 있도록 도우신다! 이 사실이 더 놀랍지 않은가? 땅밟기 기도는 세 가지 뚜렷한 방식으로 중보 기도를 돕는다.

**1. 하나됨을 이루는 기도**

목소리만 크게 낸다고 기도가 아니다. 많은 사람들이 소리를 지른다고 해서 하나님이 관심을 더 기울이시는 것도 아니다.

예수님은 "진실로 다시 너희에게 이르노니 너희 중의 두 사람이 땅에서 합심하여 무엇이든지 구하면 하늘에 계신 내 아버지께서 그들을 위하여 이루게 하시리라"마 18:19고 말씀하셨다. 중보 기도자들이 합심하여 기도할 때, 무슨 수학 공식처럼 능력이 작동하는 것도 아니다. 예수님은 권능을 행하는 것이 하나님의 특권이라고 가르치신다. 이어지는 구절에서 그 까닭을 알게 된다. "두세 사람이 내 이름으로 모인 곳에는 나도 그들 중에 있느니라." 마음이 일치된 기도자들 사이에 예수님이 계실 때 하나님 아버지는 주님 때문에 권능으로 일하신다.

한 가지 간단한 단서에 주목하자. "두세 사람이 내 이름으로 모여 있는 자리"인 합심 기도는 이 모임의 목적이 무엇이든지 분명히 서로 모인다는 데 어떤 의미가 있다. 흥미롭게도 땅밟기 기도는 대개 두세 사람이 한 조가 된다.

땅밟기 기도는 영적인 지도층을 위한 특별한 사치품이 아니다. 기도할 수 있으면 누구나 땅밟기 기도를 할 수 있다(장애인들도 예외가 아니다). 함께 평등하게 걸으면 평신도와 목회자의 구태의연한 구분은 거의 사라진다. 말주변이 없는 사람도 조용히 믿음으로 걸으면서 얼마든지 함께 기도할 수 있다.

실내에 둥글게 앉아서 한 주제에 집중하기란 어려울지도 모른다. 거리를 함께 걸을 때 땅밟기 기도자들은 기도 제목에 둘러싸여 서로 손쉽게 관심과 열정을 나누게 된다.

### 2. 믿음의 집중

아무리 소리가 크고 말이 유창하다 해도 하나님은 절대 중언부언에 넘어가지 않으신다. 이와 마찬가지로 하나님은 하나님을 조종하는 행위에도 꼼짝하지 않으신다. 우리가 아무리 땅을 밟아도 하나님을 쥐고 흔들지 못한다. 하나님은 사람들이 순수한 믿음으로 기도할 때 가장 기쁘게 응답하신다.

잡힐 듯 잡히지 않는 믿음을 느껴 보려고 마음을 쥐어짜 본 경험이 없는 사람이 우리 가운데 누가 있을까? 어떤 사람들은 믿음을 '저 너머'에 가 닿았다고 느끼는 막연한 가책 같은 종교적 감정이라고 오해한다.

전혀 그렇지 않다. 믿음은 하나님을 의지하는 마음을 행동으로 표현한 것이다. 행동으로 나타난 믿음은 모호한 감정이 되어 증발하지 않는다.

우리가 믿는 대상은 오직 한 분 곧 그리스도 안에서 사람이 되신 하나님이라는 점에서 우리의 믿음은 단순하다. 하지만 자아의 여러 부분이 마치 분리되지 않은 것 마냥 함께 작용한다는 점에서 믿음은 복잡한 행위이기도 하다. 믿음의 기도는 마음과 지성, 영과 육이 함께 움직인다. 여러 사람이 합심할 때 기도가 더욱 강해지는 것처럼, 자아의 모든 지체가 함께 모여서 한 가지 행위, 곧 기도에 힘쓸 때 생기가 크게 도는 것을 느낀다.

몸을 실제로 움직이면 기도가 강해진다. 나는 그리스도인이 되고 나서 일찍이 이것을 알았다. 나는 조용한 곳을 찾아 막사로 들어갔다. 침상 옆에는 무릎을 꿇을 공간이 없을 정도로 좁았다. 산 속에 들어가 걸으면 몸의 움직임 속에서 하나님을 생생하게 느낀다. 행동은 기도를 자극한다.

**로저 포스터**, 땅밟기 기도를 수없이 지도하고 가정 교회를 개척한 런던 익투스 크리스천 펠로우십의 목회자.

믿음의 기도는 지레 작용과 비교할 수 있다. 우리는 기도를 통해 걱정하는 문제를 믿음으로 하나님께 올려드린다. 땅밟기 기도는 튼튼한 받침대일 따름이다. 우리가 기도하는 대상에 다가갈 때 우리의 작은 믿음이 우리의 소원을 하나님께 높이 올린다.

### 3. 기도 인도

우리는 앞에서, 응답받지 못한 기도의 현장을 걸으면 기도 제목이 구체적으로 나타난다고 말했다. 어떤 가족의 이름과 얼굴을 보면서 기도하면 기도가 예리해진다. 이해가 깊어질수록 성령의 인도를 훨씬 더 많이 받는다.

## 유익한 땅밟기 기도의 세 가지 동력

땅밟기 기도를 하면 눈에 보이는 것보다 눈에 보이지 않는 일이 더 많이 일어난다. 우리는 땅밟기 기도의 효과를 그 방향성에 따라 세 가지 범주 곧 하나님 보좌 앞과 악한 세력의 영향력이 미치는 한복판, 그리고 인간 사회 전체로 구분할 수 있다. 이 세 가지는 땅밟기 기도를 가장 효과적으로 할 수 있는 동력이다. 곧 하나님을 '예배'하는 것, 악에 맞서 '전쟁'하는 것, 사람들이 진심으로 그리스도의 나라를 '영접'하는 것이다. 예배, 영적 전쟁, 영접의 상호 작용은 매우 유동적이어서 억지로 구별할 수 없다. 아래에서 이 세 가지를 따로 설명하는 이유는 땅밟기 기도를 할 때 어떤 일이 생기는지 좀 더 쉽게 이해하기 위해서다.

### 1. 예배

어떤 사람들은 땅밟기 기도를 할 때 하나님의 마음을 기쁘시게 하라고 강조한다. 진실한 중보 기도는 하나님의 약속을 단단히 붙잡고, 따라서 언제나 높으신 하나님을 선포한다. 땅밟기 기도자는 자기가 서 있는 곳에서 하나님의 크신 역사에 온몸을 맡기며 하나님을 찬양한다. 하나님의 기쁨보다 더 중요한 문제는 없다.

한동안 주일 아침마다 우리는 교회에서 찬양 테이프 오백 개를 녹음한 다음 열다섯 팀을 짜서 모든 가정에 나누어 주었다. 집집마다 대문을 두드리고 무료 찬양 테이프를 선물하면서 "내일 센트럴 파크에서 이런 공연을 하니까 꼭 오세요" 하고 말했다. 우리는 대형 찬양 집회를 마치고 신자들을 조별로 나누어 그 지역을 돌면서 기도하고는 무슨 일이 생기는지 관찰한다. 사람들은 다른 사람을 보며 기도를 배운다. 우리는 두 달에 한 번씩 이런 집회를 연다. 우리는 다른 방법도 써 보았지만 찬양 테이프를 나누어 준 다음에 공개 예배 집회를 열고 나서 흩어져 기도하는 방법이 제일 효과적이었다. 이렇게 하면 찬양이 모든 사람에게 스며든다.

**테리 테이클**, 텍사스 주 칼리지 스테이션의 앨더스게이트 연합감리교회(Aldersgate United Methodist Church) 목사.

우리가 터키의 여러 마을을 걸으며 기도할 때 하나님이 이렇게 말씀하시는 것 같았다. "나는 이곳에서 예배자들을 일으킬 것인데 너희가 예언적으로 미리 예배하여라." 터키는 복음을 공개적으로 선포하는 것을 엄격하게 금지하기 때문에 조금 겁이 났다. 하지만 작은 규모의 우리 팀은 두려움의 구름을 걷어내고 소리 내어 예배했다. 사람들이 광장에 모이기 시작했다. 나는 그들이 미친 미국인들이 아니라 예배의 영에 이끌렸다고 생각한다. 기독교 예배가 포괄적이라는 것을 그때 처음 깨달았다. "여러분, 어서 오세요. 여러분이 이 노래의 신학적 개념을 완전히 모를지라도 이 잔치에, 이 찬양에, 이 예배에 함께 참여합시다. 우리는 예수님을 노래합니다." 심지어 우리는 사람들을 데리고 와서 노래를 시켰다.

**드웨인 블랙번**, 터키 단기 선교사. 기도 여행을 하며 드웨인과 팀원들은 매일 아침에 땅밟기 중보 기도를 하고 오후에는 공개 예배를 많이 열었다. 이 팀은 예배 행사 때 현지인들과 유익한 대화를 많이 나누었다.

## 2. 영적 전쟁

땅밟기 기도는 흔히 악한 세력의 영향력을 폭로하고 제한하며 물리친다. 또 하나님께 치유를 구하여 사회에 만연한 악순환을 끊는다. 사악한 권세를 누르고 선한 것들이 깃들게 한다.

1988년 5월, 춥고 비가 내리는 어느 날 아침 만 오천 명이 넘는 신자들이 런던에 모여 찬양하고 기도했다. 예배 참가자들은 순서에 따라 런던의 주요 건물 앞에서 런던 생활의 근본까지 파악하여 기도했다. 그래함의 말을 들어보자.

우리는 특별히 런던의 금융 활동이 정직하고 정의롭게 이루어지기를 기도해야 한다고 느꼈다. 우리는 일정한 불의함을 짚어서 부각하고 싶지는 않았지만 런던의 영적인 역사를 연구하고 나니 그곳은 분명히 불의한 무역과 탐욕 위에 세워진 도시였다. 우리는 그 사실을 염두에 두고 런던의 탐욕을 없애 달라고 하나님께 구했다.

그해는 경기가 호황을 누렸다. 1986년 규제가 철폐되자 세계의 모든 은행과 투자기관들이 런던으로 몰려왔다. 런던 금융 시장은 뜨겁게 달아올랐고 사람들은 저마다 크게 한몫 챙겼다. 컴퓨터 버튼 하나로 수백만 파운드가 오고갔다. 런던의 술집에는 겨우 스물다섯에 25만 파운드(약 5억 원)의 연봉을 받는 청년들로 붐볐고, 술집 주차장에는 포르셰가 즐비했다. 금융인들은 교만하고 자신감에 넘쳐서 정직과 정의를 경시했다.

우리는 금융계의 속사정보다 역사적이고 영적인 통찰력에 더 의지하여 기도했다. 아무래도 이런 기도를 했던 터라, 그 다음달인 1987년 10월 세계 주식 시장이 붕괴한 블랙 먼데이에 관한 신문 기사를 읽고 깜짝 놀랐다. 기록직인 경기 침체가 찾아왔다. 그 뒤 몇 달 동안 신생 기업과 튼튼한 기업들조차 차례로 도산했다. 약 만 이천 명에 달하는 젊은 수완가들은 직장을 잃었다. 잔치는 끝났다.

이것과 맞물려 내부자 거래가 폭로되었다. 기네스 사건Guinness Affair이 불거졌고 오랫동안 법정 공방을 벌이며 존경받던 기업인들의 부정직한 거래 행위가 드러났다.

우리가 기도했기 때문에 한 나라의 방향을 결정하는 이런 사건이 일어났을까? 이러한 일의 인과관계는 밝히기 어렵고, 정답은 영원한 나라에 가서야 알 수 있을 것이다. 하지만 우리는 불의한 무역과 탐욕 문제에 대해 런던이 정신을 차렸다고 본다. 또 어떤 원인이 있는지 모르겠지만 그때 영국의 주된 영적 흐름을 이루며 승승장구하던 물질주의는 하나님의 은혜에 견제를 받았다.

**그래함 켄드릭**의 《공개 예배》(*Public Praise*)에서 인용.

한 작은 섬에서 우리는 주민들이 숭배하는 어떤 나무 때문에 어려움을 겪었다. 한 그리스도인 사역자가 그 나무 가까이에서 살았기 때문에 주민들은 그가 나무에 맞선다는 이유로 그를 섬에서 쫓아내려고 했다. 그가 이미 싸우고 있었기 때문에 우리는 큰 부담이 없었다. 그러나 우리는 그 나무를 둘러싸고 저주할 권한을 받았다고 느꼈다. 예수님도 나무를 저주하신 적이 있다. 이틀 뒤 극심한 열대 폭풍우가 그 섬에 몰아쳤다. 나는 여섯 달 뒤에 그 섬에 다시 가보았는데 그 나무는 뿌리부터 말라 있었다. 잎은 다 떨어지고 썩었으며 가지는 전부 부러져서 철사로 감아 세워 놓았다. 섬 주민들이 그것을 보고 깨달은 바가 있는 듯했다. 우리는 다시 그 섬에 들어갔다. 이번에는 찬양 인도자들과 함께 기타 네 개를 들고 갔다. 우리는 섬을 돌며 예배했다. 우리는 여러 가정을 방문했고 사람들은 예수님을 영접했다. 특히 한 불교 지도자가 개종했다. 이제 그 그리스도인 사역자는 할 일이 더 많아졌다.

**마크 게퍼트**는 남아시아의 어느 섬으로 기도 여행을 다녀왔다. 마크는 펜실베이니아 주 피츠버그에 살면서 기도 여행을 자주 떠난다.

### 3. 영접

때때로 땅밟기 기도자는 지역 사회를 축복하고 상처받은 사람들을 찾아가 하나님께 자비를 베풀어 달라고 기도한다. 하나님이 기도에 응답하시면 주민들은 하나님께 마음을 열고 그리스도의 역사를 더 기대하게 된다. 복음을 받아들이는 분위기가 고조된다. 주민들이 하나님을 찾으려는 거룩한 갈망이 깊어지고, 하나님나라에 대한 열망이 조용히 일어난다. 성령은 하나님의 독생자를 영접하게 하신다.

전 지역을 축복하는 기도로 시작하라. 전세계 모든 사람을 위해 기도하라. 각 구역, 터, 집, 사무실과 아파트 위에 구원과 치유, 영적 자유가 임하기를 기도하라.

**존 허프먼**의 《참여 선교사 기도 안내서》(*Manual of Participatory Missionary Prayer*)에서 인용. 그는 도시 지역에 복음을 전하기 위해, 상황에 맞게 적용할 수 있는 포괄적인 프로그램 '도시에 그리스도를 전하라'를 고안했다. 그는 2주, 10일 또는 1주 단위의 기도 방법을 고안했다. 그는 처음부터 거리에서 기도를 시작하라고 말하며, 그것을 "전 지역을 위한 일반 축복"이라고 부른다.

우리는 왜 드러내어 기도하지 않는가? 우리가 하는 일을 그들에게 말하라. "우리는 이 마을을 걸으며 당신을 위해 기도합니다", "하나님이 당신에게 복을 주시길 기도합니다"라고 말하라. 그 사람들이 살면서 그런 말을 몇 번이나 들어보겠는가? 그들은 하나님이 자신을 벌하신다고 생각한다. 예수님의 이름으로 그들을 위해 기도하는 것만으로도 만족하지만, 그들이 더 물어 보면 더 대답해 주라.

**머리 밀리칸**, 텍사스 주 오스틴의 미션 힐스 교회 부목사. 머리는 동역자와 함께 교회 근처의 아파트 단지를 걸으며 기도한다. 그들이 땅밟기 기도를 할 때, 사람들은 예수님을 영접하기도 한다.

### 예배, 영적 전쟁, 영접의 조화

건강한 땅밟기 기도는 예배, 영적 전쟁, 영접이라는 세 가지 동력을 모두 포함한다. 상황에 따라 한 가지 측면이 두드러지기도 하지만 이는 자연스러운 일이다. 그러나 전체의 조화가 중요하다.

우리는 땅밟기 기도를 폭넓게 검토하며 다른 기도에 비해 잘 다듬어지고 좀 더 효과적인 기도가 있다는 사실을 발견했다. 예배, 영적 전쟁, 영접을 골고루 섞어서 기도하는 땅밟기 기도자들은 비전을 잃지 않고 담대하게 기쁨으로 기도를 지속한다. 사람을 개송시키고 교회를 세우거나 범죄율을 감소시키는 등 극적인 결과를 가져온 땅밟기 기도들에는 이 세 가지 활동이 모두 조금씩 두드러진다. 그러나 이 세 가지를 개별적인 활동으로 생각해서는 안 된다. 세 가지 가운데 어느 한 가지만 따로 떼어서는 완전하게 훈련할 수 없다.

한 가지 활동에 너무 치중한 나머지 기도의 효과를 떨어뜨린 사례는 얼마든지 있다. 땅밟기 기도를 할 때 영적 전쟁에 치중하면 '땅밟기 전투'가 된다. 이 기도는 귀신들의 영역에만 관심을 집중한다. 악에 대한 저주가 끝없이 이어진다. 지옥은 관심을 많이 받아서 좋아할 뿐 아무런 흔들림이 없고, 훼방하는 기도만 줄곧 해대는 교회를 내버려 둔다. 뿐만 아니라 대부분의 신자들은 이런 기도에 싫증을 느낀다.

또한 다른 땅밟기 기도는 지나치게 지역 복음화에 치중한 끝에 땅밟기 기도가 흔히 말하는 '노방 전도'로 변질된다. 복음 전도를 매우 적극적으로 하기 때문에 기도 활동은 뒷전으로 밀려난다. 어떤 노방 전도는 지역 사회를 비난하는 모습마저 보인다. 이때, 땅밟기 기도는 관심을 끄는 수단이나 평범한 전도 수단으로 전락한다. 땅밟기 기도의 형식보다 더 나은 전도 방법은 수없이 많다!

　예배 활동이 도에 지나칠지 모른다는 것은 상상하기 어렵다. 예수 행진과 같은 공개 예배 집회가 땅밟기 예배가 될 수 있을지도 모른다.<sup>부록 3 참조</sup> 이런 행사에는 교파와 교단이 다른 신자들이 많이 모여서 대규모 예배 집회를 연다. 참가자들은 예수님을 온전히 경배하고 사랑하기 때문에 행사의 집중도는 높아진다. 예수 행진과 같이 예배 축제가 열리는 특별한 날에는 교회가 하나님 앞에서 연합하고 도시의 영혼을 찬양으로 채운다.

# 4 땅밟기 기도의 선구자 아브라함

▎하나님의 백성 아브라함은 기나긴 기도의 여정을 시작했다. 아브라함의 선조들 중에는 에녹과 같이 "하나님과 동행하며" <sup>창 5:22</sup> 예배했던 사람이 많지만 아브라함은 하나님의 명령을 받고 약속의 땅을 처음으로 걸었다. 아브라함은 그 걸음을 시작으로 모든 현장에서 잇달아 기도하다. 그는 새로운 이웃들 앞에서 공공연히게 예배한다. 이웃들과 우정을 쌓고 나서는 여러 인접 국가와 함께 더 크게 예배한다. 그 뒤에 그는 소돔 성을 바라보며 처음으로 도시를 품고 기도한다. 성경에서 아브라함이 현장에서 기도했다는 사실을 길게 기록한 것은, 우리도 땅밟기 기도를 하라는 분명한 명령이다.

### 아브라함의 비전 여행

하나님은 아브라함에게 유산으로 받을 땅을 살펴보라고 부르셨다. 이때 아브라함은(아직 아브람이었지만 이 장에서는 아브라함으로 통일해서 부른다) 벧엘에서 멀지 않은 곳에서 가축을 치며 하나님이 약속하신 땅에서 한동안 살고 있었다. 대가족이 함께 머물기에는 땅이 비좁아지자,

롯과 아브라함은 따로 떨어져 살았다. 성경은 롯이 물이 넉넉한 요단 들판을 '택하기로' 했다고 분명하게 기록한다.<sup>창 13:1-11 참조</sup>

하나님은 아브라함이 '제 것'을 택하게 내버려두지 않으셨다. 하나님은 아브라함에게 지평선을 "북쪽과 남쪽 그리고 동쪽과 서쪽"<sup>창 13:14</sup>까지 멀리 보라고 말씀하셨다. 아브라함은 실눈을 뜨고 먼 산을 몇 번 둘러보고 말지 않았다. 하나님은 그에게 일어나 온 땅을 걸으라고 말씀하셨다. "너는 일어나 그 땅을 종과 횡으로 두루 다녀보라."<sup>창 13:17</sup>

아브라함에게 장거리 걷기는 큰 문제가 아니었다. 가축을 치는 유목민이었던 그는 걸어 다니는 일이 곧 직업이었다. 하지만 이번 여행은 유목 일과 상관이 없었다. 이것은 분명한 비전 여행이었다.

> 롯이 아브람을 떠난 후에 여호와께서 아브람에게 이르시되 너는 눈을 들어 너 있는 곳에서 북쪽과 남쪽 그리고 동쪽과 서쪽을 바라보라 보이는 땅을 내가 너와 네 자손에게 주리니 영원히 이르리라 내가 네 자손이 땅의 티끌같게 하리니 사람이 땅의 티끌을 능히 셀 수 있을진대 네 자손도 세리라 너는 일어나 그 땅을 종과 횡으로 두루 다녀 보라 내가 그것을 네게 주리라(창 13:14-17).

**땅밟기 기도는 비전의 문제다**

하나님은 아브라함에게 광활한 땅을 철저히 살펴보라고 지시하셨다. 아브라함은 책임감 있게 땅을 살피며 밟았다. 그러나 걷는 동안 하나님은 그의 관심을 먼 미래와 자손들에게 돌리게 하시고, 하나님이 그의 가문에 주실 것을 마음에 그리게 하셨다.

아브라함은 롯과 달리 부동산을 둘러보지 않았다. 롯은 그 순간에 몇 가지 매력적인 토지의 특징만을 살폈다. 아브라함은 "내가 네 자손이 땅의 티끌같게 하리니"라고 하신 하나님의 언약을 신뢰함으로, 그곳에서 살 후대 사람들을 위해 땅을 평가했다.

상상력을 발휘하여 아브라함과 함께 몇 발자국만 걸어 보라. 아브라함이 몇 킬로미터, 또는 며칠을 걸었는지 알 수 없지만 먼지와 모래는 셀 수 없이 만났을 것이다. 그는 마음속으로 부동산 분양지를 확인하며 걷지 않았다. 아브라함은 자손을 그려 보라는 말씀을 들었다. 하나님은 아브라함의 생각과 마음을 한껏 펼쳐서 수많은 후손에게 집중하게 하셨다.

### 눈으로 보면 다 받는다

아브라함은 주로 눈을 써야 했다. "너는 눈을 들어 너 있는 곳에서." <sup>창 13:14</sup> 또 15절에서 하나님은 아브라함에게 "네 눈에 보이는" 모든 땅을 주신다고 말씀하셨다.

아브라함은 지평선을 바라보며 하나님이 주로 하시는 일을 깨달았다. "이 모든 땅을, 내가 너와 네 자손에게 주겠다", "내가 이 땅을 너에게 주니…걸어 보아라." 하나님은 주신다. 아브라함은 본다.

하나님은 주신다. 이것이 땅밟기의 근본이 되는 힘이다. 그리고 우리는 눈으로 보면서 하나님이 주시는 것을 받는다. 백 번 듣는 것이 한 번 보는 것만 못하다는 말이 있다. 우리의 경우, 눈으로 보면 다 받는다.

아브라함이 무엇을 구했는지 알 길은 없지만 기도를 할 때는 하나님께 말씀드리는 만큼 하나님께 귀를 기울여야 한다. 아브라함의 영혼은

"내가 너에게 주겠다"라고 말씀하신 하나님의 약속에 잠겼다. 하나님은 아브라함에게 살 곳이 아닌 가족을 찾게 하셨다. 아브라함은 수백만 명에 이르는 자손을 보라는 말씀을 받았다.

아브라함의 모든 자손 가운데 가장 유명한 인물은 아브라함이 오래전에 미리 자기를 '본' 의미에 관해 말한다. 아브라함의 모든 후손 가운데서 가장 뛰어난 그 인물은 예수님이다. 예수님은 "너희 조상 아브라함은 나의 때 볼 것을 즐거워하다가 보고 기뻐하였느니라" 요 8:56 라고 말씀하셨다.

예수님 말씀에 따르면 아브라함의 비전의 의미는 두 가지 중요한 행동, 곧 보면서 기뻐한 것에 있다. 기쁨은 생각의 결과다. 아브라함은 하나님의 약속을 기뻐했기 때문에 확실한 비전을 받았다. 그는 하나님의 약속을 분명히 이해하고 기뻐하며 어렴풋이 상상할 수 있는 미래를 보았다. 요한복음 8장 56절 하반절에는 동사의 목적어가 없다. 아브라함은 무엇을 보고 기뻐했을까? 아브라함은 한 사람을 본 것이 아니다. 아마도 예수님이 '나의 날'이라고 부르신 미래에 그리스도 안에서 나타난 수많은 사람이 이룬 나라들을 다 보았을지도 모르겠다.

아브라함이 하나님의 음성을 들은 것은 성경에 기록된 사실이다. 하나님의 음성을 귀로 들었는지 마음으로 들었는지는 잘 알 수 없지만 아브라함이 들은 하나님의 음성은 유체 이탈 같은 신비한 경험이 아니었다. 하나님은 아브라함의 전인격을 통해 그의 관심을 사로잡으셨다. 아브라함은 걸으면서, 훗날 여호수아의 세대를 거쳐 사람이 되신 예수님에게까지 이어질 약속을 받기 시작했다. 오늘날 하나님의 백성들도 하나님이 열방 곳곳에서 아브라함의 자손을 세우신다는 사실을 확신하며 믿음의 조상 아브라함처럼 그 길을 힘차게 걷는다.

**오늘의 땅밟기 기도자들이 배울 점**

**비전을 품는다.** 현장에서는 도시의 미래에 대한 하나님의 계획을 영적인 눈으로 감지할 수 있다. 우리는 걸으며 본다. 우리는 보고 더 강하게 기도한다. 하나님은 우리가 하나님의 가족이 수없이 늘어날 것을 확신하기 바라신다. 하나님이 입양하실 자녀를 보는 눈이 생기면 우리는 아브라함의 후손 가운데서 뛰어난 자손인 그리스도를 보게 된다. 비전은 그리스도를 향한 기대를 넓혀서 아브라함의 믿음의 가족 가운데서 그가 나타나심을 보는 것이다. 아브라함이 예수님이 말씀하신 '나의 날'을 보고 즐거워했으면 요 8:56 참조 우리도 장차 더 많이 생길 하나님의 가족을 기대하며 기뻐해야 하지 않겠는가?

**하나님께 받는다.** 땅밟기 기도에서 가장 중요한 분은 하나님이시다. 받을 자격이 있는지 따지지 말고, 주시는 하나님을 더 의지하라. 땅밟기 기도는 아브라함의 하나님을 만나는 일이다. 문제를 인식하고 목록을 만들어 맹목적으로 열렬히 요청하거나 간청하는 일이 아니다.

간구보다 약속이 먼저다. 아브라함은 땅을 밟으면서 소원을 빌지 않았다. 말씀을 하신 분은 하나님이셨고 하나님은 아브라함이 묻는 것보다 더 많은 대답을 주셨다. 아브라함은 같은 약속을 반복해서 들었어도 창 12:1-3, 7 참조 땅에 영혼을 단단히 붙이고 걸었고 창 24:7 참조 하나님의 커다란 약속에 소망을 두었다. "믿음이 없어 하나님의 약속을 의심하지 않고 믿음으로 견고하여져서 하나님께 영광을 돌리며." 롬 4:20 그는 하나님이 주시는 땅을 걸으며 땅밟기 기도자들이 지금도 배우고 있는 것을 배웠다. 곧 하나님의 약속 위에 서면, 그 약속이 성취되기를 기다리는 믿음도 강해진다는 것이다.

땅밟기 기도는 하나님의 약속을 보고 믿으며 기도하고 찬양하는 법을 배우는 길이다.

성경 말씀을 가지고 기도했을 때, 우리는 이 거대한 도시 봄베이에서 하나님이 새로운 교회를 세우심을 발견하는 천국의 렌즈를 빌려 쓴 것만 같았다. 빈민가와 공해, 불의가 너무도 쌓여 있어서 도저히 변할 것 같지 않았다. 그러나 이사야서나 로마서, 시편의 기도를 통해 도시를 바라보자 모든 것이 달라졌다. 우리가 만날 어린이들을 위해 성경의 약속대로 기도할 때 인도의 거룩한 미래를 붙잡을 수 있을 것만 같았다. 어떤 어린이들은 정말로 뛰어났다. 대부분은 엄청나게 가난했으나, 아브라함의 자손이 받을 복이 그들에게 임하도록 간구했을 때 우리가 그들을 아브라함의 가문에 입양시켰다는 확신이 들었다. 하나님은 그들을 한 사람씩 가슴에 품으셨다. 분명히 하나님은 그들을 고아로 버려두지 않으실 것이다. 분명 하나님은 그들을 위해 교회를 세우실 것이다. 우리는 그 교회가 세워지는 것을 미리 보았다. 우리는 아브라함이 이삭을 본 것처럼 그 교회가 올 것을 보았다. 이 낯선 도시 곳곳에 오래전에 헤어진 우리의 형제 자매가 있는 듯했다.

**스티브 키즘**, 캘리포니아 주 패서디나에서 공부하던 1989년 인도에서 땅밟기 기도를 하다 이런 비전을 보았다.

## 예배를 드리고 친구를 사귀라

이어지는 아브라함의 이야기는 땅밟기 기도의 결과에 관해 말해 준다.

땅밟기 기도를 마친 뒤에 "아브람이 장막을 옮겨 헤브론에 있는 마므레 상수리 수풀에 이르러 거주하며 거기서 여호와를 위하여 제단을 쌓았더라."<sup>창 13:18</sup> 유목민 아브라함이 거하는 장소가 크게 바뀌었다. 이것은 땅밟기 기도의 결과로 하나님이 정하신 거주지를 찾았다는 중요한 의미다.

거주지의 이름은 아모리 민족 지도자의 이름을 딴 마므레였다. 아브라함은 마므레의 형제인 에스골, 아넬과 친구 사이였다.<sup>창 14:13 참조</sup> 성경은 아브라함이 그들과 동맹을 맺고 서로 도왔다고 말한다.

아브라함은 새로운 이웃과 우정만 쌓지 않았다. 그는 제단을 쌓아서 하나님께 바쳤다.<sup>창 12:7-8 참조</sup> 예전에 장막을 치고 살던 곳에서처럼 그는 이 제단에서도 주님의 이름을 부르며 예배를 드렸다.<sup>창 13:4 참조</sup> 주님의 이름을 부른다는 말은 공공연하게 하나님이 이름을 선포하고 찬양하며, 예배한다는 뜻이다.

하나님의 이름은 전화번호부에 수록된 인명과는 다르다. 그분의 이름은 하나님이 자신에 대해 계시하신 모든 진리를 의미한다. 이 말은 아브라함이 거룩하시며 유일하신 하나님을 드러내 놓고 계속 예배했다는 뜻이다.

아브라함은 새로운 마을로 이사 온 지 얼마 되지 않아 유일한 피붙이인 롯을 구출하게 된다. 그의 새 친구들은 이 구출 작전에 가담하여 롯의 재산보다 더 많은 것들을 약탈해 온다. 아브라함은 마을 전체의 재산과 가족들을 되찾았다. 이것은 대단한 공적이다. 지극히 높으신 하나님이 기적적인 구원을 베푸셨다고 말했을 때 어느 누구도 반대하지 못했다. 아브라함은 어떤 대가도 바라지 않겠다고 말하면서, 구원을 베푸신 하나님께 영광을 돌렸다. 그는 자신의 가문이 세상 왕 덕택에 잘 사는 가문이 아니라 하나님께 복을 받아 잘 사는 가문임을 나타냈다.
창 14:18-15:1 참조

땅밟기 기도는 훈련된 예배를 낳고, 이 예배는 사람을 살리는 우정을 낳고, 이 우정은 더 크게 예배할 기회를 낳는다. 하나님은 예정하신 대로 이끄셔서 큰 감사 잔치를 열게 하신다. 여러 민족이 모여서 아브라함의 하나님을 예배했다. 아브라함은 주목을 받았으나 하나님께 모든 영광을 돌렸다.

아브라함이 어느 도시를 도왔는지 주의하자. 바로 악의 도시로 유명한 소돔이다. 소돔을 살린 전쟁과 민족들의 예배는 소돔이 회개할 마지막 기회가 아니었을까? 확실히는 알지 못하지만, 앞으로 살펴볼 내용에서 아브라함은 타락한 이웃들을 더욱더 섬긴다.

**오늘의 땅밟기 기도자들이 배울 점**

**친구를 사귄다.** 우리는 땅밟기 기도를 통해 지역 사회와 구속의 관계를 맺는다. 또 기도 외에도 이웃을 섬길 방법을 찾는다. 우리는 지역 사회와 관계를 맺으며, 시민과 맞서 싸우지 않고 시민을 위해 싸운다. 우리는 섬기는 영역에서 영적으로 상당히 실제적으로 싸운다.

우리가 무료 잔디 깎기 봉사를 할 때, 우리의 친절한 행동 덕분에 한 남자가 하나님께 마음을 열었다. 우리는 잔디 깎는 기계 두 대와 갈퀴 두 개를 트럭에 싣고 잔디가 무성한 집을 찾아다녔다. 우리는 어느 집에 차를 대고 주인에게 잔디를 깎아 주겠다고 말했다. 이 남자는 덧문을 닫은 채 고함을 질렀다.

"무슨 속셈이오?" 우리는 간단하게 설명했다. 그는 우리를 쳐다보지도 않고 짧게 대답했다. "아이고, 마음대로 하시구려…."

그는 텔레비전 앞에서 꼼짝 않고 앉아 야구 경기를 시청했다. 우리는 빈야드의 '강력 벌초'라고 부르는 실력으로 열심히 잔디를 깎아서 30분 만에 작업을 끝냈다. 우리는 그에게 작업이 끝났다고 말하고 기도 제목이 있는지 물었다. 그는 부족한 것이 없다고 말했다. 우리가 떠나려고 할 때, 우리 모임의 어떤 청년이 분명 이 남자의 마음에 크게 상한 것이 있어서 우리가 억지로라도 기도해야 한다고 말했다. 우리는 다시 돌아가 간단하게 "성령님, 오셔서 이 형제의 고통을 위로하소서"라고 기도했다. 그러자 놀랍게도 이 남자가 갑자기 울음을 터뜨리더니 동그랗게 선 사람들 가운데 가까이에 있던 사람을 붙잡고는 그 어깨에 얼굴을 묻었다. 그는 울음을 그치고 어젯밤에 자기 아들이 마약을 사려고 자동차를 훔치다가 체포되었다고 말했다. 그 날 잔디를 깎았던 우리의 작은 행동으로 인해, 하나님의 임재와 권능이 이 남자의 고통과 외로움 가운데 실제적으로 스며들었다.

**스티브 쇼그렌**의 《섬기는 전도자》(*A Conspiracy of Kindness*)에서 인용, 신시내티 노스의 빈야드 크리스천 펠로우십(Vineyard Christian Fellowship) 목사.

**거주지를 찾는다.** 땅밟기 기도는 거주지를 정하는 데 중요한 과정이다. 아브라함은 가장 좋은 부동산을 찾으러 다니지 않았다. 온 땅이 그의 것이었다. 그러나 전지역을 걷는 과정을 통해 가족들과 살 곳이 어디인지 분명해졌다.

우리는 어떤 지역을 걸으면서 주님이 그 지역에 오셔서 사람들의 마음을 열어 주시고 우리가 그들을 섬길 수 있는 길을 열어 달라고 기도했다. 얼마 뒤에 우리와 함께 기도한 부부가 그 지역에 주택을 구입했다. 그 전까지 그들은 다른 동네에서 집을 알아보았다. 우리는 더 큰 것을 구했지만 나는 이것이 우리 기도의 응답임을 알았다.

**그레그 샌드먼**, 콜로라도 주 리틀턴의 빈야드 크리스천 펠로우십 목사. 현재 새로 구입한 이 집에서 가정 모임이 열린다. 이 모임은 마을과 리틀턴 전역에서 땅밟기 기도를 주로 하고 있다.

**예배를 공개한다.** 아브라함이 그랬듯 땅밟기 기도를 하면 공공연히 찬양을 하게 된다. 우리는 하나님의 감동을 받아 걸음을 멈추고 그 자리에서 예배하거나, 더 정교한 예배를 준비하게 된다.

조금 우스꽝스럽지만 우리는 이스라엘 민속춤을 추었다. 우리는 예배하면서 이 춤을 추었는데, 쉬는 시간에 대학생들이 수없이 지나가는 교내 상가에서 하나님을 공개적으로 찬양할 때 귀신의 세력이 정말로 떠나는 것 같았다. 우리는 기타를 치고, 찬양하고 춤추며 하나님을 예배했다. 이 예배는 사람들의 말문을 열었다. 영적인 세계의 일을 측정할 수는 없지만 대학생들의 분위기가 더 부드러워진 것 같았다.

**크리스 메리디스**, 1986년 메릴랜드 주 엘턴의 델라웨어 대학교에서 공개 예배에 참석했다. 열 명에서 열다섯 명의 학생들은 공개 예배에 규칙적으로 참석했다. 그 가운데 몇몇은 조용히 교정을 걸으며 땅밟기 기도를 했다.

우리는 거리를 되찾아 오는 것이 우리의 의무라고 여겼다. 흑인과 라틴 아메리카계 미국인 지역인 이스트 오스틴에는 마약 거래가 들끓는다. 마약 중독자, 창녀, 불법 거래로 돈을 버는 사람들이 거리에 줄지어 있었다. 우리는 교회가 일요일 하루 건물에서 모이는 것보다 더 큰 책임을 지니고 있다고 느꼈다. 우리는 교회가 거리로 나가 행진하고 기도하며 전파하고 찬양해야 한다고 생각했고, 금요일 자정과 토요일 밤, 그리고 평일에 이따금씩 그렇게 움직였다. 영향을 주고 싶은 사람들이 자정에 거리로 나왔기 때문에 우리도 자정에 나갔다.

우리는 어느 거리에서 청소년들이 모여 문제를 일으킨다는 사실을 알게 되면 그곳으로 간다. 우리는 함께 모여 그곳에서 찬양을 부른다. 그날 밤 사역을 위한 기도를 마치고 우리는 인원수에 따라 둘 또는 넷으로 나누어서 정해진 거리를 행진한다. 교통 체증이 심한 여러 길모퉁이에 서서 그곳에 있는 모든 사람, 지역 사회, 도시를 위해 기도하고 하나님이 그 지역을 의로운 주민들에게 되돌려 주실 것을 믿는다. 우리는 기도하고 선포도 하지만 주로 거리를 걸으며 찬양을 부른다. 엄숙하게 노래할 이유는 없다. 즐겁게 찬양을 부른다. 우리는 슬프지 않다. 하나님이 하시는 일과 하실 일을 생각하면 즐겁다.

**스털링 랜드스 2세.** 텍사스 주 오스틴의 그레이터 갈보리 침례교회(Greater Calvary Baptist Church) 목사. 랜드스의 교회는 자정 행진을 하며 주민들의 문제를 실제적으로 돕는다. 이 행진에 열 명부터 백 명에 이르는 교인들이 참석한다.

**섬길 준비를 한다.** 아브라함이 어려움에 빠진 친구들을 구했듯 우리의 노래에 섬김을 보태면 공개 예배는 더 크게 울려 퍼진다. 친절과 치유의 행위는 하나님이 예배에 더하시는 은사다. 행 10:4; 히 13:16 참조 예수님은 우리에게, 사람들이 우리의 착한 행실을 보고 하늘에 계신 아버지께 영광을 돌리게 하라고 가르치셨다. 마 5:16 참조 지역 사회가 우리 예배에 주목하고, 우리가 그리스도의 사랑으로 그들을 섬긴다는 것을 그들에게 알릴 방법을 하나님께 간구하자.

어떤 불신자가 우리 교회에 전화를 걸어서 교회에서 네다섯 블록 떨어진 자신의 마을에 와서 귀신을 쫓아 달라고 부탁했다. 그곳은 마약 거래상들이 득실대는 곳이어서 처음에는 망설였지만, 그의 부탁을 들어주었다. 우리 교회는 오랫동안 이 지역 사회의 일원이었다. 그동안 우리는 사명에 충실하지 못했다. 지역은 빈민가로 변했고 우리는 섬처럼 고립되었다. 하지만 그 부탁을 받고 마을에 나가 거리를 차단하고 차려간 음식을 내어주었으며, 낙서를 지우고 나무도 심었다. 우리는 거리에서 모임을 열고 마약 거래가 마을에서 사라지기를 기도했다. 우리는 시장을 초청해 공연도 곁들였다.

솔직히 말해 그날 사역을 마친 뒤에 나는 진이 다 빠졌고, 행사가 끝난 것이 기뻤다. 집에 가서 주일에 교인들에게 전할 자비와 사랑에 관한 설교를 준비해야 했다. 나는 사방이 막힌 예배당에서 교인들에게 설교하는 것이 더 편했다. 거리에서 연설하는 것은 생각만 해도 우스꽝스럽고 지금도 상당히 부끄러운 일처럼 여겨진다. 하지만 그것이 우리의 현주소였다. 교인들은 사방이 막힌 예배당에서 종교 활동을 했다. 그날 이후 오클랜드 경찰서에서 전화가 왔다. 약 한 달이 지나고 마을에서 마약 거래가 말끔히 사라졌다며 우리에게 마을 잔치 활동을 계속해 달라는 요청을 했다.

**데이비드 키틀리**, 캘리포니아 주 오클랜드의 실로 크리스천 펠로우십(Shiloh Christian Fellowship) 목사. 데이비드의 교회는 일 년에 약 열두 번 정도 범죄율이 높은 지역에서 마을 잔치를 계속 열고 있다. 이 잔치에서 그리스도인들은 마을을 위해 기도하고 합창대는 노래하며, 마약 중독에서 벗어난 사람들은 간증하고 사회복지 책임자들은 복지 활동을 소개한다.

## 도시를 위해 중보하라

몇 년 뒤 아브라함은 천사들의 방문을 받고 하나님이 보내신 목적을 듣는다. 그들은 죄악을 조사하고 하나님의 심판을 실행에 옮겼다. 천사들은 소돔으로 갔다. 하지만 아브라함은 주님께 기도했다. 창 18:22-23 참조 아브라함이 기도한 장소를 생각해 보라. 집에서 멀리 떨어진 곳이었다.<sup>창 18:33 참조</sup> 아브라함은 분명 새롭게 만든 마을 제단에서 소돔과 고모라를 위해서 기도하지 않았다. 성경은 그가 '주님 앞에' 있었다고 기록하지만 그는 실제로 소돔과 고모라가 훤히 내려다보이는 높은 곳에 있었다.<sup>창 19:27-28 참조</sup>

아브라함이 도시를 보면서 '주님 앞에서' 논쟁했던 기도를 다시 보라.<sup>창 18:22-23 참조</sup> 아브라함은 우선 그 도시에는 의인과 악인이 함께 살고 있기 때문에 그곳을 멸망시켜서는 안 된다고 주장했다. 아브라함은 이 전제를 세운 후에 도시의 멸망을 막으려고 의인의 숫자를 줄여 가며 하나님께 부르짖었다. 아브라함은 기도를 마치기 전에 의인의 수를 열 명까지 줄였다. 우리로서는 아브라함이 다섯까지 줄일 생각이 있었는지 알 수 없다(롯의 장래 사위들까지 포함해 충분히 다섯은 되었을 것이다).

아브라함은 나라의 운명을 좌우하는 자신의 특별한 위치에 대해 천사들에게 들었던 말을 기억하며 신중히 기도했다.

> 여호와께서 이르시되 내가 하려는 것을 아브라함에게 숨기겠느냐 아브라함은 강대한 나라가 되고 천하 만민은 그로 말미암아 복을 받게 될 것이 아니냐 내가 그로 그 자식과 권속에게 명하여 여호와의 도를 지켜 의와 공도를 행하게 하려고 그를 택하였나니 이는 나 여호와가 아브라함에게 대하여 말한 일을 이루려 함이니라(창 18:17-19).

천사들은 모든 민족에게 복을 주시는 하나님의 목적과 의로운 삶에 대해 말했다. 그들은 아브라함의 믿음의 후손들이 올바르게 살면 창대

케 되리라는 것을 아브라함이 알기를 바랐다. 모든 민족에게 복을 주시려는 하나님의 최후 목적을 성취하기 위해 아브라함의 자손이 행해야 할 의와 정의는 매우 중요하다.

소돔 시민들은 분명 하나님께 복을 받을 세상 민족 가운데 하나였다. 실제로 그들은 이전에 아브라함 가문의 도움으로 복을 받았다. 아브라함은 소돔에 사는 의인 몇 명을 위해 이 도시와 모든 시민들에게 복을 더 많이 베풀어 달라고 하나님께 간청했다.

우리는 아브라함의 경험을 통해 우리가 모든 도시를 주관하시는 자비하신 하나님과 동행한다는 사실을 배워야 한다. 하나님은 나라들이 크게 울부짖는 소리를 직접 들으시고 그들 사이에서 의인을 찾으신다. 우리가 지상의 도시를 걸을 때 천사들도 우리와 함께 걸으며 도시를 평가할지도 모른다. 하나님의 심판은 정점을 향해 가고 있다.

우리가 알지 못하는 것이 많지만, 이 이야기가 소개하는 하나님이 도시를 다스리시는 방법에 맞게 기도하면 곧 다가올 하나님의 심판이 보류될지도 모른다. 우리가 도시를 위해 기도할 때 '세상을 심판하시는 분'은 그 기도를 진지하게 들으신다.<sup>창 18:25 참조</sup> 그러므로 우리는 정신을 차리고 절박하게 기도해야 한다.

**오늘의 땅밟기 기도자들이 배울 점**

**도시를 위해 기도한다.** 도시와 시민을 위해 기도하는 아브라함의 폭넓은 중보 기도를 배워야 한다. 아브라함이 롯을 아꼈듯 우리도 마음으로 아끼는 사람들이 있다. 그들을 위해 기도하자. 하지만 우리에게는 도시를 대신해 담대히 기도할 특권이 있으므로 기도의 지경을 넓혀야 한다.

**아브라함에게 주신 기도의 기본 지침을 이해한다.** 천사들은 모든 민족을 축복할 특권을 지닌 하나님 백성의 의로움과 정의에 관해 말했다. 아브라함은 한 도시에 의로움이 존재할 때 하나님은 심판을 철회하실 수도 있다는 사실을 분명히 입증했다. 오늘날의 우리도 아브라함의 기도를 이어 갈 수 없겠는가? 분명히 우리는 하나님께 자비를 더 베풀어 달라고 겸손하게 청할 수 있다. 하나님은 심판을 보류하시고 우리 도시에 의로운 사람들이 더 많이 일어나길 바라신다.

# 5 | 기도의 용사 여호수아

▎그리스도인들은 흔히 하나님을 섬길 때 영적인 저항을 느낀다. 우리 각자가 부딪히는 싸움은 수천 년 동안 지상 곳곳의 도시와 교회, 마음에서 맹렬히 일어난 전지구적인 전쟁의 일부에 불과하다. 어떤 사람들은 영적인 세력이 실재한다는 사실을 알지만 하루하루 살기도 벅차기 때문에 거리에서 귀신들과 싸우고 싶어 하지 않는다. 어떤 사람들은 만화가가 그린 악당들이나 마을에 떠도는 미신적인 소문에는 관심조차 보이지 않는다.

가정에 악이 침투하지 못하게 방어만 하는 일대일 영적 전쟁의 한계를 어떻게 넘어설 수 있을까? 우리는 도시를 위해 싸워 이기든지, 가택연금을 당하든지 둘 중 하나를 선택해야 한다.

이 책은 영적 전쟁의 중요한 측면을 빠짐없이 자세히 소개하지는 않는다. 하나님과 함께 다양한 상황에 대처하는 영적 전쟁 방법을 훌륭하고 자세하게 설명한 책들이 최근에 여럿 출간되었다.<sup>부록2 참조</sup> 이 장에서는 여호수아의 삶을 살펴보고 땅밟기 기도의 중요한 전술을 배운다.

## 전략적인 비전을 찾는 땅밟기 기도

여호수아가 처음 가나안 땅을 밟았을 때는 이스라엘 백성이 요단 강을 건너 여리고 성을 돌 때가 아니었다. 40년 전에 여호수아와 갈렙과 나머지 지도자 열 사람은 그 땅을 정찰했고 모세는 정탐꾼들의 믿음이 미래를 결정한다고 지적한 바 있다. "오직 여분네의 아들 갈렙은 온전히 여호와께 순종하였은즉 그는 그것을 볼 것이요 그가 밟은 땅을 내가 그와 그의 자손에게 주리라 하시고." 신 1:36

### 가치와 저항을 평가하라

선택된 지도자 열둘은 가나안 땅과 그 민족을 전략적으로 파악하는 일을 맡았다. 조사하고 평가하여 보고하는 일은 곧 비전을 찾는 일이다. 그들이 조사할 여러 가지 일은 두 가지, 곧 땅과 민족으로 요약된다.

첫째, 그들은 하나님이 주신 땅의 가치를 평가했다. "그 땅이 어떠한지 정탐하라…그들이 사는 땅이 좋은지 나쁜지…비옥한지 메마른지, 나무가 있는지 없는지를 탐지하라 그 땅의 실과를 가져오라." 민 13:18-20

둘째, 그들은 민족을 조사했다. 또 하나님 백성의 진입을 막는 방어력이 어떠한지를 파악했다. "그 땅 거민이 강한지 약한지 많은지 적은지…사는 성읍이 진영인지 산성인지." 민 13:18-19

그들은 땅밟기 정탐 기도에 나섰다가 40일 만에 돌아왔다. 적어도 그들 가운데 두 사람은 땅밟기 기도를 했다. 나머지 열 사람은 그저 땅만 밟았다. 그들이 땅을 밟으며 무슨 생각을 했는지는 정탐 보고를 듣고 알 수 있다.

처음에 그들은 정탐 임무에 따라 두 가지 영역으로 나누어서 보고했다. 비전의 첫 번째 부분은 땅이었다. 처음에 그들은 그 땅을 극찬했다. "그 땅에 젖과 꿀이 흐르는데 이것은 그 땅의 과일이니이다." 민 13:27 그들은 하나님이 주신 풍성한 유산의 증거로 과일을 가져왔다.

### 햇과일을 찾으라

그들은 그 땅이 풍요롭다는 증거를 제시하려고 노력했다. 그들은 과일을 가져오도록 '노력하라'는 명령을 받았다(민 13:20 참조, 히브리어 원문을 직역하면 '힘을 써서'다). 이때는 포도수확기가 아직 먼 시기였다. 그들은 포도가 충분히 열렸거나 익었으리라고는 예상하지 못했다. 그래도 그 땅의 풍성한 수확물을 가져와야 했다.

그들은 과일을 몇 가지 가져왔는데 견본품 포도송이가 워낙 커서, 두 사람이 들어야 할 정도였다. 사람들은 제철이 아닌데도 포도가 열린 것을 보고 크게 놀랐다.

포도송이가 아주 크게 열렸기 때문에 정탐꾼들은 그 골짜기를 송이라고 불렀다('에스골'의 뜻은 '송이'다). 왜 지명을 바꾸어 불렀을까? 그들은 그 땅을 정탐하면서 하나님이 그들에게 풍요로운 미래를 주신다고 확신했다. 그들은 토지를 경작할 때 풍성하게 베푸실 하나님께 감사하는 뜻으로 그 지역의 이름을 새롭게 바꾸었다.

### 적을 파악하라

그들은 비전의 두 번째 부분, 곧 방어력에 대해서는 무서운 사실을 보고했다.

그 땅 거주민은 강하고 성읍은 견고하고 심히 클 뿐 아니라 거기서 아낙 자손을 보았으며 아말렉인은 남방 땅에 거주하고 헷인과 여부스인과 아모리인은 산지에 거주하고 가나안인은 해변과 요단 가에 거주하더이다(민 13:28-29).

이 보고에는 두 가지 사실이 두드러진다. 첫째, 적은 전지역에 걸쳐 살았고 모든 지역에는 이미 주인이 있었다. 인적이 없는 곳은 없었고 쉽게 진입할 수 있는 틈새도 없었다. 둘째, 그들은 영적인 악이 오랫동안 도시를 튼튼히 방어하고 있다는 역사적 사실을 어느 정도 정확하게 감지했다. 성곽은 매우 높아서 '하늘에 닿을 듯' 보였다.<sup>신 1:28 참조</sup> 도시는 오랜 악에 물들어 있었다.

그들이 본 아낙 자손은 네피림의 분파이다.<sup>민 13:33 참조</sup> 우리는 이 존재의 정체를 정확히 모른다. 민수기 본문은 그들을 자세히 다루지 않는다. 어떤 유대 전승에 의하면, 거대한 네피림들은 창세기 6장에 기록된 "하나님의 아들들"과 "사람의 딸들"의 간음으로 태어난 악한 천사들의 사생아 족속이다. 이들은 지옥의 관문 역할을 하면서, 후대에 사람들을 사로잡거나 괴롭힐 귀신들을 출입시켰다고 한다. 거듭 이야기하지만 정탐꾼들이 무엇을 보았는지 확실히 알 수 없어도, 그들이 백성에게 두려움을 주었다는 사실은 분명히 알 수 있다.

### 과장된 말이 일으킨 두려움

정탐꾼 열 사람은 대응책을 마련하려고 열띤 토론을 벌인 끝에 정탐 보고를 수정했다. 그들은 "가나안 사람들이 우리보다 더 강하니라" 하고 단정지었다.<sup>민 13:31 참고</sup> 사람들은 이 과장된 말을 듣고 얼마나 두려웠을까? 그들은 거대한 아낙 자손의 존재를 정확하게 보고했다. 하지만 고대의 거인인 네피림을 보았다는 말이 사실이었을까?<sup>민 13:33 참조</sup>

정탐꾼 열 사람이 키가 큰 적들에 비해 자신들은 메뚜기 같다고 설명하자 사람들은 겁에 질렸고, 정탐꾼들은 경솔하게 그 땅의 장점마저 나쁘게 말했다. 그 땅은 갑자기 쓸모없는 땅으로 돌변했다. 백성들 사이에 걷잡을 수 없는 흥분이 번졌다.<sup>민 14:1 참조</sup>

### 승리의 비전

마지막으로 여호수아와 갈렙이 비전을 나누었다. 요점은 비슷했다. 땅과 민족이었다. 두 사람은 그 땅이 "심히 아름다운 땅"<sup>민 14:7</sup>이라고 주장했다. 그 민족들이 비호 세력 밑에서 활동한다는 표현을 쓴 것으로 보아 여호수아도 민족과 도시가 드센 악과 결탁하고 있다는 사실을 인정했다. 이런 표현은 왕의 권세와 어울리는 말이지만, 그 비호 세력을 이스라엘 백성의 주님과 비교했기 때문에 이 세력은 여러 민족과 도시와 넓은 지역에 퍼져 있는 영적인 세력을 설명했을 가능성이 크다. "그들(아낙 자손과 같은 민족을 말한다)의 보호자(직역하면 비호)는 그들에게서 떠났고 여호와는 우리와 함께하시느니라 그들을 두려워하지 말라."<sup>민 14:9</sup>

여호수아는 사람들이 겁에 질린 것을 알고는 용기를 크게 북돋웠다. 적들이 강하기는 했지만 그는 눈을 높이고 넓혀서 주권자이고 위대하신 하나님을 보았다. 그는 싸움의 핵심을 간파했다. 궁극적으로 반대 세력은 무장해제당했다.

여호수아는 마지막으로 사람들에게 두려워하지 말라고 호소했다. 그는 상황을 제대로 파악했다. 사람들은 악한 교만이나 우상숭배 때문이 아니라 과장된 보고와 완강한 불신에 따른 두려움 때문에 귀를 막았다. 갈렙은 뒤에 "나와 함께 올라갔던 내 형제들(동료 정탐꾼들)은 백성의 간담을 녹게 하였으나"수 14:8라고 말했다. 갈렙과 여호수아의 보고에는 뚜렷한 특징이 있다. 그들은 하나님의 권능에 초점을 두었다. "여호와께서 우리를 기뻐하시면 우리를 그 땅으로 인도하여 들이시고 그 땅을 우리에게 주시리라 이는 과연 젖과 꿀이 흐르는 땅이니라."민 14:8 여호수아와 갈렙은 죄악과 오류의 통계만을 조사하지 않았다. 그들은 하나님이 그 땅에서 행하실 일을 발견했다.

**오늘의 땅밟기 기도자들이 배울 점**

**비전은 전투 활동이다.** 영적 정탐의 목적을 달성하려면 하나님의 비전을 추구해야 한다. 땅을 밟을 때는 죄악과 관련된 것보다 하나님과 관련된 것에 더 집중하자. 망원경을 뒤집어 보기 때문에 위협적인 '메뚜기 비전'만 보게 된다. 지옥의 부패를 조사하기보다 그리스도를 더 뜨겁게 바라보라. 성경의 기초를 공부하면 역사를 관통하는 하나님의 목적을 배울 수 있다. 오랜 세기에 걸친 하나님의 역사를 알아야 지금 하나님이 무슨 일을 하시는지 파악할 수 있다. 여호수아처럼 하나님의 목적이 계시된 성경을 스스로 연구하라.

**악을 주의 깊게 분별한다.** 땅밟기 기도자는 거리에서 중보 기도를 할 때 흔히 영적인 싸움이 고조되는 것을 느낀다. 두 가지 극단을 피하자. 악을 무시하거나 허깨비를 상상하지 않는다. 천사들의 칼이 부딪히는 소리를 상상하지 말고 마음을 다잡아 도시의 죄악을 바라본다. 이와 동시에 죄악의 명백한 결과나 그 원인에서도 시선을 떼면 안 된다.

우리는 영적 전쟁에 관해 알고 싶은 것을 다 알 수는 없다. 하나님은 우리의 유익을 위해 영적인 폭력을 엿보지 못하게 하셨다. 악의 세력을 파악할 때는 매우 조심해야 한다. 그들은 주목받는 것을 좋아한다. 영적 도해 Spiritual Mapping는 아직도 생소한 분야다. 여러 지역 교회의 현명한 지도자들의 도움을 받지 않으면 귀신이 흘리는 거짓 정보를 듣고 악에 대한 인식이 크게 뒤틀린다. 자기 힘에 관해 온갖 거짓말을 지어내며 교만의 극치에 이른 자를 어떻게 믿겠는가? 악을 충분히 설명할 만큼 파악했다고 생각하지 마라. 우리는 악한 존재가 자기 정체와 거처를 밝힌다 해도 그 진위를 파악하지 못한다. 아마도 이러한 이유 때문에 분별하는 은사가 있는 사람들은 때때로 인간 행위에 나타난 결과를 보고 악의 세력을 분별한다. 우리가 악의 세력을 욕정의 영이나 불의한 무역의 영이라고 부르는 까닭이 여기에 있다.

주관적인 생각에 불과하다 해도 우리의 관찰은 중요하다. 땅밟기 기도를 함께하는 사람들과 통찰한 내용을 나누면서 비교하고 완성하라.

반드시 필요한 경우라면, 언제 정찰 내용을 무시하고 진행해야 할지를 파악하라. 악한 세력의 이름을 정확히 알지 못해도 적절히 싸울 수는 있다. 대부분의 상황에서 이름은 하나만 알면 충분하다. 바로 다른 모든 이름보다 지극히 높으신 예수님의 이름이다.

**미래의 열매를 찾는다.** 여호수아가 중요한 임무를 다하려고, 다시 말하면 미래의 열매를 찾으려고 노력했다는 점을 기억하라. 여호수아는 하나님이 주신 땅을 열심히 살폈다. 그 땅은 하나님이 내리실 복으로 충만했다. 전쟁에 임하는 땅밟기 기도자는 가장 먼저 도시가 앞으로 맺을 열매를 찾아야 한다.

하나님은 실속 없는 복은 내리지 않으신다. 하나님은 찾는 자에게 그분이 가장 이루고자 하시는 '포도송이' 증거를 즐겨 내신다. 하나님이 내시는 햇과일, 제철 과일, 새싹을 찾는다. 하나님이 손수 주시는 좋은 씨앗을 심어 풍년을 이루면 정말로 근사할 것이다.

우리가 땅밟기 기도를 시작했을 때 어떤 부부가 찾아와 말했다. "우리는 조금 전에 그리스도인이 되었어요. 교회에 가거나 다른 도움을 받지 않고 집에서 주님을 만났어요. 우리는 곧장 그리스도를 영접했어요." 우리는 그들의 집을 지나면서 땅밟기 기도를 했다고 말했다. 그들은 머지않아 개척 교회의 핵심 교인들이 되었다. 그들은 앞으로 교회에 모일 미래의 교인들의 첫 열매였다.

**제프 로턴**, 영국 노퍽 노리치. 제프의 교회 교인들은 매주 수요일 아침 6시 30분에 모여 일곱 군데에서 땅밟기 기도를 한다.

우리는 기도를 하다가 감동을 받으면 장소나 마을에 예언적인 의미가 담긴 이름을 새롭게 짓기도 한다. 예언적인 개명의 좋은 본보기는 풍성한 결실을 뜻하는 이름 '에스골'(송이)이다. 영적으로 복을 비는 의미에서 지명을 선구적으로 바꿔 보라. 새신자들이 수없이 생길 것을 기대하고, 측량할 수 없을 만큼 복음의 추수를 확신하라. 하나님의 선하심을 예언하며 맛보라. 이 도시에 그리스도의 영광이 비칠 때 그 순종의 맛이 얼마나 달콤하겠는가? 다른 지역에서는 열리지 않는 이 도시에서 하나님을 위해 맺힐 열매가 무엇인지 찾아보라.

모든 도시에는 동전의 양면과 같은 고유한 특성이 있다. 동전의 한 면은 아주 아름다운 반면, 다른 면은 이렇게 저렇게 뒤틀려 있거나 중독 또는 파괴되었다.

**잭 헤이포드**의 설교 "우리 마을을 기도로 변화시키자"에서 인용, 국제복음교회 대표, 킹스 신학교 설립자. 헤이포드는 로스앤젤레스에 사는 그리스도인들에게 도시를 새롭게 이해하고 구속의 복을 빌어 "도시를 취하라"고 권면했다.

진실한 축복의 기도를 하나님께 올리자. 여호수아와 같이 지혜를 사용하여 선하신 하나님을 다른 용사들에게 전하고, 악을 몰아낼 뿐만 아니라 하나님의 풍부한 영광을 일구어 풍성하게 수확한다.

**유익하고 안정된 보고를 한다.** 우리는 수많은 사역 기회를 발견하면 흥분하고 들뜨거나, 잘못된 강박관념에 사로잡혀 힘들어 한다. 물론 그것이 하나님이 주신 생각일지도 모른다. 하지만 너무 지나치게 기도만 하면 우리는 스스로 실천할 수 없는 일을 바라게 된다. 하나님 앞에서 책임을 다하고 나서 다른 사람에게도 성실하게 행동하라고 격려하라.

사탄에게 당한 피해만 보고하는 것도 충분하지 않다. 다음과 같은 충고에 따라 말을 삼가는 것이 현명하다. 하나님이 하시는 일에 관해 말할 수 없으면 아무 말도 하지 마라. 믿음으로 미래의 가치에 큰 무게를 두라. 눈으로 볼 수 있는 열매의 견본품을 제시하라. 물론 현실의 어두운 면도 정직하게 보고해야 하지만, 도시나 지역을 점령한 악의 세력에 대해 이야기할 때 주의해야 한다. 적에 대해 말할 때는 여호수아를 본받으라. 그는 과장하지도, 너무 상세하게 설명하지도 않았다. 그는 적을 능가하시는 하나님의 크고 높은 힘을 내세우며 적의 세력을 설명했다. 하나님이 도시에서 하시는 일을 말할 때 감정을 조종하거나 소문을 퍼뜨려서는 안 된다. 훌륭한 보고에 관해서는 "내가 성실한 마음으로 그에게 보고하였고"^수14:7라고 했던 갈렙의 말을 기억하라.

## 말씀 속으로 들어가라

영적 전쟁의 열쇠는 하나님을 따랐던 갈렙과 여호수아의 삶에 있다. 이것은 헤아릴 수 없을 만큼 깊어서 눈에 잘 띄지 않는다.

> 그들이 나를 철저히 따르지 아니하니, 이집트에서 나온 이들 가운데서… 어느 누구도…그 땅을 볼 수 없을 것이다…갈렙과 눈의 아들 여호수아는, 나 주를 철저히 따랐으므로 예외이다(민 32:11-12, 표준새번역).

성경은 그들이 땅을 밟았다고 말하지만, 땅을 밟은 것 자체가 중요한 것은 아니다. 다른 정탐꾼들도 그 땅을 밟았고 살폈다. 여호수아와 갈렙이 그들과 다른 점이 있다면, 철저히 하나님을 따랐다는 것이다.

### 친밀하고 철저하게 하나님을 따르라

성경은 두 번에 걸쳐 갈렙이 하나님을 철저히 따랐다고 말한다.^신1:36; 수14:9 참조

주님을 철저히 따른다는 의미는 무엇일까? '그들과 다른 마음'이란 무엇일까?^민14:24 참조 이 히브리어 표현은 드물게 여호수아를 설명할 때 한 번, 갈렙을 설명할 때 다섯 번 쓰였다.^민14:24, 32:11-12; 신1:36; 수14:8-9, 14 참조 또 이 표현은 단 한 번 다윗 왕을 설명할 때도 쓰였다.^왕상11:6 참조 이 표현을

직역하면, 여호수아와 갈렙이 '주님을 따라 성취했다'는 뜻이다. '주님을 따라'라는 말은 거룩한 우정을 암시한다. '성취하다'라는 말은 할 일을 마쳤다는 뜻이다. '주님을 따라'와 '성취하다'가 결합하면 여호수아의 뜨거운 우정과 주신 임무를 완수하려는 결연한 의지가 드러난다. 여호수아는 철저하고도 친밀하게 주님을 따랐다.

여호수아는 하나님의 목적에 따른 자신의 역할을 알았기 때문에 전략적으로 행동했다. 이스라엘인들은 전쟁을 일으켜 영토 확장을 일삼는 이주민 무리가 아니었다. 그들은 자신들이 그 땅에 들어가면 "땅의 모든 백성에게 여호와의 손이 강하신 것을 알게" 수 4:24 하여 열방에 하나님의 영광이 퍼지리라는 것을 알았다.

**오늘의 땅밟기 기도자들이 배울 점**

**겸손히 역사를 만든다.** 여호수아는 자기 시대가 역사의 중요한 분수령이라는 사실을 간파했다. 하나님은 우리의 작은 걸음과 계획을 수세기 동안 펼쳐 온 커다란 계획의 중심에 두신다. 땅밟기 기도의 중요성을 인식하되 너무 엄숙하게 생각하지는 말라. 도시를 위해 기도하는 사람은 우리가 처음이 아니고 마지막도 아니다. 하나님의 목적이 담긴 역사 의식을 지녀라. 우리 도시와 세대에만 치중하지 말라. 이러한 의식이 없으면 기도는 떼쓰는 버릇없는 아이의 성가신 요구로 전락한다.

오래도록 참으시는 하나님과 보조를 맞추라. 우리의 땅밟기 기도가 중요하다고 생각하더라도 천국의 달력에 표시된 간단한 일정 항목 정도로만 여기라. 역사에서 하나님의 발자국을 찾는 일은 생각만큼 어렵지 않다. 하나님이 행하신 일과 장래 약속을 활발히 기억하면 누구나 찾을 수 있다. 성경의 모든 말씀 속으로 완전히 들어가라. 말씀을 우리 기도의 뼈대로 삼아야 한다.

**하나님의 선물을 기다린다.** 참고 기다리며 힘써 앞을 보라. 하나님은 명백히 약속하신 대로, 우리가 구하거나 생각하는 것 이상으로 채우신다.엡 3:20 참조 여호수아는 동지들이 미래 지향의 태도를 갖추고 하나님을 따르는 사람이 되도록 지도했다. "하나님 여호와의 언약궤 메는 것을 보거든 너희가 있는 곳을 떠나 그 뒤를 따르라 그러나 너희와 그 사이 거리가 이천 규빗쯤 되게 하고 그것에 가까이 하지는 말라 그리하면 너희가 행할 길을 알리니 너희가 이전에 이 길을 지나보지 못하였음이니라 하니라." 수 3:3-4

'그리운 옛 시절'로 역행하려는 마음을 버리라. 순수한 영적 용사들 몇 사람은 스스로 자기 마을의 영적 보안관이 되었다. 의도는 좋지만 역사를 넓게 읽지 못해서, 자칭 '지역을 지키는 보안관들'은 소란을 피우는 훼방꾼 귀신 몇을 체포하는 일만 하고 있다. 옛 시절의 평화를 회복한다는 목표는 너무도 작다. 이렇게 작은 목표를 세우면, 우리 도시를 이전에 가 보지 않았던 길로 인도하시려는 하나님을 놓치게 된다.

## 하나님의 어전 회의

여호수아 2장을 보면 여호수아는 여리고 성을 단숨에 공격하지 않는다. 그는 필요한 정보를 수집해서 실행 가능한 전략을 세웠지만, 때를 기다렸다. 이때 그는 땅밟기 기도와 비슷한 행동을 한다. 성경은 그가 "여리고에 가까이"수 5:13 가서 눈을 들어 보았다고 기록한다. 그는 틀림없이 임박한 전투에 골몰했다. 그는 기도하면서 하나님께 최선의 방법을 구했다. 그가 여리고를 살피고 있는데 갑자기 칼을 든 군인이 나타났다. 여호수아는 이 정체불명의 군인이 적군인지 아군인지를 판단하려고 다가섰으나, 상대가 천사라는 것을, 그것도 아주 높은 "여호와의 군대 대장"수 5:14이라는 것을 알았다.

여호수아는 그의 신분을 알고 나서 땅에 엎드려 절했다. 이것은 상관에게 붙이는 통상적인 경례가 아니었다. 경배와 복종의 표시였다. 사자는 서둘러 메시지를 전하고 떠났다. 하나님의 천사는 여호수아가 바친 예배를 요구하거나 받을 수가 없다. 이 천사는 우리 주 예수님의 예표였을까? 사람들은 흔히 그렇게 생각한다. 어쨌든 여호수아는 부하의 예를 갖추었다. "내 주여 종에게 무슨 말씀을 하려 하시나이까."수 5:14

천사는 전투 지시를 내리기는커녕 여호수아가 서 있는 곳이 "거룩하다"는 예상치 못한 말을 한다. 사람이 살지 않는 요단 계곡의 외진 곳이 어째서 거룩하단 말인가? 우리가 알기로는 그곳은 사람들이 몰려드는 성지가 아니었다.

아마도 그곳에서 하나님의 어전 회의가 열렸기 때문에 "거룩하다"고 말했을지도 모른다. 성경에서 천사들이 "거룩한 옷을 입고" 하나님을 보위하는 모습은 왕을 알현하는 고대 절차와 매우 비슷하다.시 96:5-9; 욥 1:6-12; 단 7:9-14 참조 고대 왕국에서는 왕을 알현할 때 신을 벗고 절을 해서 예를 갖추었다.창 42:6; 왕상 1:16-31; 에 4:11, 5:1-2 참조 성경은 하늘에서 어전 회의가 열리면 천사들이 모인 자리에서 열국의 국사를 논의하고 지시를 하달한다고 설명한다.왕상 22:19-22; 사 6:1-11; 계 5장 참조 우리의 이해를 도울 요량으로 이러한 몇 가지 활동이 '작전 회의실'이나 '상황실'에서 열리는 고위 군사 전략 회의와 비슷하다고 생각하여 하나님의 높고 '거룩한 곳'의 영광을 시시한 것으로 만들어서는 안 된다.

여호수아는 하늘에서 내려온 천사 하나만 보았다. 하지만 사자는 여호수아가 하늘의 어전 회의에 들어간다는 사실을 암시하며 거룩한 곳에서 신을 벗으라고 말했다. 그는 하늘로 올라가지는 못했으나 어전 회의가 그에게 임했다. 여호수아는 즉시 귀를 기울여 순종하겠다는 예를 갖추었다. 여호수아는 하나님 앞에서 주의 깊게 기다린 끝에 다가올 전투에 대해 구체적인 지시를 듣는다. 이것은 그가 결코 생각해 본 적 없는 전무후무하고 독특한 전술이었다.

### 오늘의 땅밟기 기도자들이 배울 점

**전략적인 정보 수집만이 능사가 아니다.** 새로운 지역에서 하나님나라를 확장하려면 여호수아가 정탐꾼을 보내어 정보를 수집했듯이 우리도 타당한 조사를 마쳐야 한다. 한편 경외함으로 하나님의 특별한 지시를 기다리라. 하나님은 우리 계획의 완성도를 높이실 것이다.

**신을 벗는다.** 모든 땅밟기 기도에 예배를 포함한다. 용사는 먼저 예배자가 되어야 한다. 하늘의 정보를 수집해서 작전을 세우거나 '효과'를 위해 찬양하는 것이 아니라 하나님은 마땅히 예배를 받으실 분이기 때문이다.

**한평생 예배한다.** 평소에 예배하지 않으면 하나님의 방식으로 싸우는 법을 배우지 못한다. 요란한 전쟁터에서는 친밀하게 예배하는 법을 배울 수 없다.

여호수아는 모세에게 예배하는 법과 싸우는 법을 배웠다. 또한 장막을 떠나지 않고 거룩한 곳에 계신 하나님의 위엄을 보고 경외함을 배웠다.출 33:11 참조 오늘날 예수님을 통해 믿음으로 예배하는 자들은 찢긴 휘장 사이로 하늘 보좌에 계신 하나님께 나아간다. 이 성소에는 하나님의 보좌가 있으며, 모든 영적 전쟁은 여기서 시작된다(히 8:1-2, 12:22-27; 시 2, 29, 93편을 비교하라. 하나님은 하늘 보좌에서 대적을 심판하신다. 시 76, 82, 110편과 계 5-11장은 더 큰 그림을 보여 준다).

땅밟기 기도는 천국의 지혜를 구하는 시간이기도 하다. 주님은 우리를 어전 회의에 부르셔서 무장한 천사들의 위용을 과시하거나 신비하고 놀라운 체험을 선사하지 않으신다. 우리는 정신적인 곡예를 부려서 하늘로 올라가려고 애쓰지 않아도 된다. 단지 진심으로 하나님을 사랑하고 그분께 귀 기울일 때, 천국은 우리 곁에 임한다.

**기도의 행위: 예언적 상징**

여호수아는 여리고 성을 공격할 때, 잇달아 별난 행동을 하라는 지시를 받았다. 군인들은 대열을 갖추고 제사장, 하나님의 궤, 더 많은 군인들이 열을 맞추어 매일 여리고 성을 돌며 행진을 한다고 상상해 보라. 사람들은 명령을 받고 침묵을 지켰지만, 제사장들이 그칠 새 없이 나팔을 부는 바람에 그들이 침묵하는지 떠드는지조차 알 수 없었다. 여호수아 6장을 보면 이스라엘 백성들이 예외 없이 모두 참여했고 특히 마지막 날에는 모든 백성이 함께 큰소리를 외쳤다.

하나님은 은밀히 다른 계획을 마련하지 않으셨다. 하나님은 이 전투에서 이스라엘 백성에게 믿음을 가질 기회를 주셨다. 히브리서 11장

30절은 "믿음으로 칠 일 동안 여리고를 도니 성이 무너졌으며"라고 말한다. 이 행진은 적군에게 겁을 주거나 아군의 사기를 높이기 위한 것이 아니었다. 행진, 외침, 나팔 불기는 믿음의 표현이자 기도 행위였다.

여호수아가 승리를 거둔 모든 전투에는 하나님께 지혜를 구했다는 기록이 남아 있다(출 17:8-16; 수 8:1, 10:8, 11:6 참조. 수 9:14은 특별한 예외다). 하나님은 대부분 여호수아에게 믿음을 표현할 방법을 일러 주셨다. 예를 들면 아이에서는 "여호와께서 여호수아에게 이르시되 네 손에 잡은 단창을 들어 아이를 가리키라 내가 이 성읍을 네 손에 넘겨 주리라 여호수아가 그의 손에 잡은 단창을 들어 그 성읍을 가리키니."[수 8:18] 전쟁은 전술이 있어야 이길 수 있지만 여호수아는 하나님 말씀을 따라 믿음을 상징적으로 표현해야 한다는 것을 알았다. "아이 주민들을 진멸하여 바치기까지 여호수아가 단창을 잡아 든 손을 거두지 아니하였고."[수 8:26]

이런 극적인 기도를 '예언적 상징' 또는 '예언적 행동'이라고 부른다. 이것은 기도에 활력을 더하려고 사람이 만든 기법이 아니다. 하나님이 주신 진정한 예언적 상징이다. 예언적 상징은 하나님이 역사하신다는 기대를 담지만 미래를 강제하거나 예고하지는 않는다. 우리가 진심으로 믿고 기도하면 하늘에 계신 하나님의 뜻이 이 땅에 이루어진다. 우리가 하나님의 뜻에 따라 기도할 때 하나님은 사람이 설명할 수 없는 방식으로, 우리와 기쁘게 협력하신다. 하늘은 절대 강요받지 않으며 사람의 의지는 결코 침해받지 않는다.

여호수아가 해를 멈춘 전투에서 하나님은 이미 뜻을 정하시고 하늘의 징조로 응답하셨다. 여호수아는 감동을 받고 예언했다. 그는 "주님께 아뢰는" 동시에 해와 달에게 말했다.^수 10:12 참조 예언적 행동은 두 가지 방향으로 흐른다. 하나님께 아뢰는 기도이자 하나님이 사용하시는 도구가 된다. "여호와께서 사람의 목소리를 들으신 이 같은 날은 전에도 없었고 후에도 없었나니 이는 여호와께서 이스라엘을 위하여 싸우셨음이니라."^수 10:14

### 예언적 행동은 자연스러운 기도다

성경에는 예언적 행동이 자주 등장한다. 모든 믿음의 사람들은 몸짓과 행동으로 믿음을 표현했다. 하나님은 모세에게 지팡이를 들게 하시고 홍해를 막으셨다. 하나님은 제사장들이 예언적 걸음을 내딛을 때 요단 강 물줄기를 끊으셨다.

예수님은 완전한 하나님이셨지만 동시에 인자로서 기도하실 때 믿음으로 기도하셨다. 마술을 부려 기적을 행하신 적은 단 한 번도 없었고 모든 기적은 기도가 낳은 믿음의 행동이었다. 예수님은 대개 예언적 의미가 있는 행동을 보이셨다. 왜 손을 내밀어 기도하시거나^눅 5:13, 14:4 참조 숨을 불어넣으시거나^요 20:22 참조 소경에게 연못에 가서 눈을 씻으라고 말씀하셨을까?^요 9:6-7 참조

### 예언적 행동은 마술이 아니다

여호수아가 여리고 성을 함락한 뒤 같은 방법으로 다른 도시를 공격한 적이 한 번도 없다는 것은 뜻밖이다. '효과'가 검증된 방법을 왜 다시 쓰지 않았을까? 여호수아는 형식 자체만 믿고 예언적 행동을 반복해서는 안 된다는 것을 알았다.

여리고 성에서 행한 예언적 상징을 마치 하나의 전술에 불과한 것으로 취급하여 반복한 적이 있다. 여호수아 후대에 이스라엘 백성의 믿음이 가장 약했을 때 일어난 일이다. 나라에 위기가 닥치자 믿음 없는 장로들은 제사장들을 동원해 군인들 사이에 언약궤를 가져오게 했다. 군인들은 땅이 진동할 정도로 환호성을 질렀다. 그러나 성벽이 무너지지기는 커녕, 도리어 언약궤를 빼앗기고 제사장들은 군인들과 함께 전멸했으며 하나님의 영광은 이스라엘을 떠나고 말았다. 삼상 4장 참조

**오늘의 땅밟기 기도자들이 배울 점**

**모든 걸음은 기도다.** 땅밟기는 가장 단순한 예언적 상징이다. 우리는 걸으면서 믿음을 표현할 수 있다.

**하나님의 말씀대로 행하라.** 하나님께 하나님의 고유한 작전을 묻는다. 특별한 행동 방침을 주시지 않으면 없는 대로 만족한다 하더라도, 하나님의 뜻을 알게 되면 조금도 망설이지 말라. 예언적 행동의 의미를 다 모르더라도 믿음으로 행하라.

**싸움에는 공식이 없다.** 악의 세력과 싸울 때는 만군의 주님이 모든 전투 때마다 주시는 고유한 방법대로만 싸운다. 땅밟기 기도자는 걷는 것 자체에 능력이 있다고 오해하기 쉽다. 걸음에 집중하다보면 하나님과 대화하지 못한다. 예수님의 능력이 빠진 마법 공식은 악을 없애는 비결로 둔갑한다. 사탄은 언제나, 우리에게 하늘을 움직일 수 있는 힘이 있다고 상상하게 한다. 따라서 거의 모든 예언적 행동은 한 번밖에 쓸 수 없다고 생각하는 편이 낫다.

내 친구 몇 명은 단순하고 순수하게 믿고 기도하며 터무니없는 일을 벌였으나 하나님은 그들의 믿음을 쓰셨다. 나도 그들을 존중한다. 하지만 우리는 모든 예언자들에게 에스겔처럼 성벽에 구멍을 뚫거나 예레미야처럼 속옷을 강가에 묻으라고 말할 수 없는 것과 같이 내 친구들의 행동을 표준으로 삼거나 본받으라고 권할 수는 없다. 이때의 원칙은 다른 사람의 성공 비결을 막무가내로 '모방하라'가 아니라, 아이와 같이 '순종하라'이다.

**존 도우슨**, 《하나님을 위하여 도시를 점령하라》(예수전도단 역간)에서 수많은 사람에게 지역을 위해 기도하라고 권면했다. 예수전도단 총재.

마술은 사람의 일이나 보이지 않는 존재에게 힘을 발휘하려고 올리는 의식 행위다. 영의 영역은 물질의 영역에 상응한다고 말하는 비성경적인 말에 현혹되지 않도록 주의하라. 자연과 초자연에 관한 어떤 기도는 성경의 진리에서 멀리 벗어나 병적인 이원론(이 이론은 우주를 엄격하게 독립된 두 영역으로 나눈다)으로 변질된다. 하늘과 땅에 실재하는 영역을 말할 때는 성경의 언어를 사용하라.

### 도시의 전선을 분별하라

여호수아가 하늘의 용사를 만난 사건으로 돌아가 보자. 여호수아는 그에게 "너는 우리를 위하느냐 우리의 적들을 위하느냐"[수 5:13]라고 물으며 정체를 밝히라고 요구했다. 이에 대한 천사의 첫 마디 "아니라"[수 5:14]는 틀림없이 여호수아의 마음에 오랫동안 맴돌았을 것이다.

'누구의 편이냐'라는 간단한 질문에 대한 '아니다'라는 대답은 무슨 뜻인가? 외교적인 예절을 전혀 모르는 사람인가? 칼을 빼 들었으니 싸움이 목적인가? 어떻게 중립을 지킬 수 있다는 말인가? 먼 나라에서 돈을 받고 싸우러 온 용병인가? 이 사람은 누구란 말인가?

"나는 여호와의 군대 대장으로 지금 왔느니라"수 5:14고 말하는 이 하늘의 군대 대장은 어떤 사람이나 도시에 충성할 필요가 없었다. 그는 천지의 주재를 섬겼다. 그는 지상의 모든 장군보다 높았다. 여호수아는 하늘의 용사를 만난 덕분에 겸손히 전쟁에 임하게 되었다. 비록 여호수아가 천사들과 연합하여 싸웠지만 하나님을 자기 편으로 삼아 싸우시게 하지 않았다. 사실 여호수아는 하나님의 위대한 목적을 위해 자원해서 입대했다.

### 네 지도자를 알라

하나님은 여호수아를 흔들어 영적 전생에 임할 전투태세를 갖추게 하셨다. 전쟁에 관한 기본 지식이 없으면 작전을 하달받지 못한다. 여호수아의 질문을 보면 그는 전투를 자신들과 그들의 싸움으로 정하려고 했다. 그는 하나님 입장이 아닌 자신의 입장에서 싸움을 규정했다.

우리도 마을을 걸으며 기도할 때 영적 전쟁을 단순히 일대일 싸움으로 여기는 경향이 있다. 영적 전쟁은 두 적수가 청군과 백군 의상을 말끔하게 입고 무대 위에서 싸우는 경기가 결코 아니다. 하나님께 속한 전쟁의 본질은 지금 하나님께 거역하고 있는 굳은 마음의 사람들을 구원하는 것이다.

적을 정복할 때는 "네 적을 알라"는 간단한 충고 하나면 충분하다. 하지만 영적 전쟁에서는 기본으로 우리의 지도자를 알아야 한다. "오직 자기의 하나님을 아는 백성은 강하여 용맹을 떨치리라."단 11:32

**유례없는 여리고 성 전투**

여리고 성 전투는 이스라엘의 다른 전투와는 사뭇 달랐다. 첫째, 초자연적인 힘이 나타났다. 주님의 군사령관이 모습을 드러냈다. 그가 통솔하는 천군 천사들은 잠복해 있다가 성벽을 밀었다. 무언가가 믿을 수 없이 정확하게 성벽을 무너뜨렸다. 사람은 할 수 없는 일이었다. 악한 천사들이 나타났다는 기록은 없다. 하지만 하늘의 용사는 아마도 적을 치려고 칼을 빼 들었을 것이다.

둘째, 여리고 성 전투는 그 지역 전체의 방어력을 뒤흔든 결정적인 전투였다. 이스라엘은 여러 전투를 치렀지만 보통 이민족의 공격을 방어하는 소규모 전투에 그쳤다. 그러나 이번 전투는 성을 방어하는 적과 싸우는 첫 전투였다. 이 전투는 그들의 진입을 돋보이게 했다. 여리고의 아성이 무너지자 가나안 땅의 나머지 거주민들은 어쩔 수 없이 후퇴하거나 서둘러 항복하게 되어 이스라엘의 위상은 크게 높아졌다.수 9:1-3, 10:1-8 참조

셋째, 여리고 성 전투는 하나님 혼자만의 싸움이었다. 사람들은 "외치라 여호와께서 너희에게 이 성을 주셨느니라"수 6:16 하는 명령을 받았다. 하나님은 그들에게 성을 주셨지만 그 성은 다시 하나님께로 돌아갔다. 바로 다음 절에서 여호수아는 "이 성과 그 가운데에 있는 모든 것은 여호와께 온전히 바치되"수 6:17라고 지시한다.

'진멸하다'라는 말은 사람이나 사물을 예배의 제물로 삼아 주님께 바친다는 뜻이다.레 27:28 참조 이에 해당하는 히브리어는 때때로 미가서 4장 13절에서와 같이 '바친다'로 번역한다. "그들이 강탈한 것들을 여호와께 드리고 그들의 재물을 온 세상의 주님께 바칠 것이다."우리말 성경 여

리고 성은 귀금속만 남기고 완전히 잿더미가 되었다. 귀금속은 '거룩하게 구별하여 주님의 집 금고'에 들여 놓았다.수 6:19, 24 참조

아간이 여리고 성에서 금과 은과 외투를 훔친 죄는 단순한 탐욕의 결과가 아니었다. 그는 여리고 성의 거룩한 승리를 더럽혔다. 그 승리는 온전히 주님의 것이었다. 하나님은 여리고 성의 물건이 다른 성읍의 물건보다 더 불결하기 때문에 전멸하라고 말씀하신 것이 아니다. 전투의 목적은 난폭한 약탈이 아니라 모든 히브리인의 가슴과 모든 가나안인의 머리에 온 땅의 주님이 하나님이심을 심어 주는 것이었다.

이스라엘 민족은 여리고 성의 입지 조건이 탐이 나서 성을 정복한 것이 아니었다. 여호수아는 성터를 신랄하게 저주했다. "이 여리고 성을 건축하는 자는 여호와 앞에서 저주를 받을 것이라."수 6:26

다른 성읍들도 잿더미가 되었지만 다시는 사람이 못 살 정도로 저주를 받지는 않았다(아이 성을 저주한 이유는 여리고 성에서 물건을 훔친 아간의 죄로 끝나지 않은 저주를 마무리 짓기 위해서였을 것이다. 수 8:26-28 참조). 하나님은 처음부터 가나안 입성은 잔인한 침략자의 약탈전이 아니라고 분명히 못 박으셨다. 하나님은 자신의 영광을 위해 계획을 추진하셨다. 하나님은 오래전에 이스라엘 민족이 처음 가나안에 들어갈 때 다음과 같이 자기의 목적을 밝히셨다. "여호와의 영광이 온 세계에 충만할 것을 두고."민 14:21

여리고 성 전투의 결과로 하나님의 영광은 먼 나라까지 알려졌다. "여호와께서 여호수아와 함께하시니 여호수아의 소문이 그 '온 땅'(직역하면 '온 세상')에 퍼지니라."수 6:27 이 본문은 하나님의 명성을 가장 중요하게 다룬다. 다음 장에서 여호수아는 이스라엘 민족이 세상에서 끊어지

면 '주님의 위대한 명성'을 어떻게 지키실 것이냐고 하나님께 묻는다.<sup>수 7:9 참조</sup> 다른 나라에서 먼 길을 여행한 것처럼 꾸며서 접근한 이웃 민족은 주님의 명성(직역하면 '이름')을 아주 먼 곳에서 들었다고 말한다.<sup>수 9:9 참조</sup> 하나님은 '하나님'의 영광을 위해 '하나님'의 적과 싸우셨다.

**여호수아의 임무**

하나님의 궁극적인 목적은 열방의 경배와 영광을 받으시는 것이었다. 여호수아는 이 목적을 위해 어떤 일을 했을까?

이스라엘 백성들이 하나님의 말씀대로 성읍을 정복했을 때 두 가지 목표를 성취했다. 첫째, 거짓 예배 제도를 파괴하셨다. 모든 신상, 사당, 신전, 제단, 높은 산당, 마술 기구는 다 사라졌다.<sup>신 12:1-3 참조</sup> 하나님의 목표는 우상숭배로 사람을 지배하는 모든 영적 세력을 뿌리 뽑는 것이었다. 하나님은 이스라엘 백성들이 연약하기 때문에 영적인 힘에 쉽게 사로잡힌다는 것을 아셨다. 하지만 여호수아는 영적인 존재에 맞서라는 명령을 한 번도 받은 적이 없다.<sup>수 23:6-7; 신 12:29-30 참조</sup> 본문에는 우상숭배 뒤에 활동하는 영적인 세력을 파괴했다거나 직접 상대했다는 기록이 없다. 여호수아는 사람을 지배하며 이스라엘 백성들에게 분명히 올무가 될 거짓 신들의 제도를 파괴했다. 사탄 숭배가 파괴되자 악한 영적 세력은 대폭 줄어들었다.

두 번째, 가나안 민족을 전멸하는 것이었다. 하나님은 오랜 세월 동안 '가득 차서' 더 이상 나빠질 여지가 없는 가나안인의 죄를 벌하셨다.<sup>창 15:16 참조</sup> 하나님은 죄가 가득 찰 때까지 버려두셨다.

하나님의 보복은 공정했다. 가나안인은 하나님의 진노를 어떻게 받아들였을까? 가나안 정복의 공정함에 대해, 하나님의 정의로운 행동을 인정한 어느 가나안 왕이 유일하게 남긴 말이 있다. 바로 아도니 베섹의 "내가 행한 대로 내게 갚으심이로다"삿 1:7이다.

**같은 전쟁, 다른 전투**

여리고 성 전투를 기록 그대로 받아들이지 않으면 도시를 위해 싸울 때 부주의한 행동을 하게 된다. 여리고 성 이야기를 비유적으로 읽으면 때때로 영적 싸움을 선인과 악인의 대결로 오해하게 된다. 무분별하게 여호수아의 전투를 비유적 의미로 해석하면 익명의 가나안인들은 장기판 위의 적수이자 악한 마귀 세력으로 둔갑한다. 이런 설명을 들으면 우리는 즉시 함성을 지른다. 하지만 이는 엉뚱한 곳을 겨냥한 것이다.

여리고 성 전투를 가볍게 생각하지 마라. 여리고 성은, 끝없이 대결하는 도시의 선과 악을 막연히 암시하는 전설이 아니다. 여리고 성 전투는, 오늘날 우리가 하나님의 영광을 위해 도시와 씨름하듯이 당시에 실제로 일어난 사건이었다. 우리는 시대만 다를 뿐 여호수아가 싸웠던 전쟁을 지금도 치르고 있다.

이것은 모의 실전 훈련이 아니다. 하나님은 이미 끝난 전투를, 신앙 훈련 과정으로 재활용하지 않으신다. 전쟁에는 단계가 있다. 교두보 확보가 먼저고 소탕 작전은 그 다음이다. 하나님은 여리고 성에서 자기의 목적을 발전시킬 토대를 쌓으셨다. 여리고 성 전투는 잇따를 전투에 있어 길잡이 역할을 했지만 결코 반복되지는 않았다.

지금 우리가 하나님의 목적의 후기 단계에 있다는 것을 어떻게 알 수 있는가? 예수님이 하나님 우편에 계시기 때문이다. 하나님은 온 땅의 주권을 예수님께 주기로 약속하셨다. 예수님의 이름은 히브리어로 여호수아다. 주님은 하나님의 전쟁에서 지휘권을 완전히 넘겨받으셨다. 주님은 전쟁의 최후 승리를 바로 코앞에 두셨다.

우리가 예수님을 따르면 주님은 혼을 내시더라도 우리를 하나님의 현재 목적에 맞추신다. 주님은 가까운 두 친구도 꾸짖으셨다. 주님이 '우뢰의 아들'이라는 별명을 붙이신 두 형제(야고보와 요한)는 현장 기도가 무엇인지 알았다. 그들은 벼락마저 내릴 기세였다. 막 3:17 참조

예수님은 그들을 미리 보내 숙소를 알아보게 하셨다. 하지만 주님과 제자들은, 당시의 주류를 형성하고 있던 치사한 종교적 민족주의 때문에 외면당했다. "제자 야고보와 요한이 이를 보고 이르되 주여 우리가 불을 명하여 하늘로부터 내려 저들을 멸하라 하기를 원하시나이까 예수께서 돌아보시며 꾸짖으시고." 눅 9:54-55

그들은 자기가 미워하는 상대와 싸우는 데 하나님을 끌어들였고 예수님은 그들의 잘못을 아셨다. 그들은 예수님을 전하려 했지만 전도를 피의 복수로 변질시켰다. 주님은 그들을 가만히 두지 않으셨다. 주님은 그들을 꾸중하셨다. "너희는 어떤 영에 속해 있는 줄을 모르고 있다. 인자가 온 것은 사람의 생명을 멸하려 함이 아니라 구원하려 함이다"(눅 9:55-56, 다른 고대 사본들에서 인용).

그들이 몰랐던 이 영은 무엇이었을까? 어떤 영적인 힘이 그들을 기만하여 그들의 마음에서 오랜 미움을 되살렸다. 그들은 경솔하게 예수님을 존경하지 않는 사람들을 저주받아 마땅한 적으로 취급했다.

예수님은 적을 만들거나 섬멸하지 않으셨다. 주님은 자기를 거절한

사람들을 찾거나 피하지 않으셨다. 주님은 단호하게 돌이켜, 사마리아일지도 모를 다음 마을로 또다시 발걸음을 옮기셨다.

예수님은 여호수아의 시대를 뛰어넘어 구원을 위한 하나님의 전쟁을 이어 가셨다. 야고보와 요한은 그 변화를 아직 알지 못했다. 주님은 여호수아의 전투에 숨어 있던 마귀의 힘을 폭로하고 모욕하셨다. 주님은 죽음의 길을 의연히 걸으셨다. 주님은 죽음을 통해 "통치자들과 권세자들"을 완전히 무장해제하고 개선 행진에 포로로 내세우셔서, 뭇사람의 "구경거리"로 삼으셨다.골 2:15 참조

여호수아의 임무는 제도화된 악을 파괴하고 죄를 벌하는 것이었다. 여호수아 때와는 달리 지금은 예수님께서 죄를 용서하신다. 그리스도의 죽음과 부활의 힘으로 사람들은 자기를 괴롭히는 사탄의 힘에서 벗어났다. 그리스도는 지금 용서를 신인하고 심판의 때를 연기하여 사람들을 구원하신다.

야고보와 요한은 준비된 군사들이었지만 잘못된 전선에 쉽게 총구를 겨누었다. 예수님은 그들을 깊이 꾸짖어 전쟁 기도의 방향을 바로잡아 주시고 다음 마을로 데리고 가서 "찾아 구원하려는"눅 19:10 작전을 계속 수행하셨다.

### 오늘의 땅밟기 기도자들이 배울 점

**자신의 영을 분별한다.** 땅밟기 기도자는 영적인 '적'이나 기타 다른 적들의 땅을 정결케 할 때 '다른 영'의 영향에 쉽게 노출된다. 우리는 '온유한 영'과 죄에 붙잡힌 사람들의 회복을 위해서 죄에 맞서라는 말을 듣는다. 이런 충고는 "유혹에 빠지지 않도록" 자기를 살피라는 경고가

붙는다.<sup>갈 6:1 참조</sup> 죄에 묶인 사람을 치유할 때는 분명 같은 병에 걸리기 쉽다. 예를 들면 가슴에 사무친 미움에 맞서 기도할 때는 미움이 틈타지 못하도록 경계해야 한다. 또 다른 예로 홍등가에서 땅밟기 기도를 할 때는 그리스도만이 주실 수 있는 정결함이 필요하다. 성적인 부도덕에 맞서 기도할 때는 미묘한 반격을 받는다.

**찾아서 파괴하는 작전은 무조건 버린다.** 오늘날 땅밟기 기도자는 여호수아의 전쟁 임무를 수행하지 않는다. 우리는 하나님의 심판을 대행할 의무가 없다. 또 거짓 예배의 장구(裝具)를 진멸할 임무도 없다.

여호수아는 우상과 신전을 파괴하라는 임무를 받았다. 지금 우리는 더 큰 힘을 발휘해야 한다. 우리의 임무는 우상 파괴가 아니라 우상숭배자를 바꾸는 일이다. 바울의 전략에 따라 그들을 하나님께 돌아서게 하면 그들은 스스로 우상을 태워 버릴 것이다(살전 1:9; 행 19:17, 20:1 참조. 제도 자체가 밑에서부터 흔들렸다).

**영토 전쟁은 현명하게 하라.** 여리고 성은 관문 도시로서, 오래도록 잘못된 예배에 젖은 지역에서 복음의 돌파구를 찾을 때 기독교 사역자가 흔히 생각하는 곳이다. 여리고 성 함락의 위용은 하나님의 솜씨임을 기억하자. 결말은 하나님께 맡기고 하늘에서 벌어지는 드라마를 볼 수 없다고 불평하지 않는다.

격심한 능력 대결로 하나님의 적이 초토화가 되더라도 너무 기뻐 날뛰지는 않는다. 하나님의 이익을 중시해야 순수하게 기뻐할 수 있다. 하나님의 영광만을 위한 승리에서 아간은 개인의 이익을 취했다. 처음부터 동기를 깨끗하게 하자.

## 우리의 유산을 차지하라

여호수아 1장 3절은 땅밟기 기도자들이 가장 좋아하는 구절이다. "내가 모세에게 말한 바와 같이 너희 발바닥으로 밟는 곳은 모두 내가 너희에게 주었노니."

이제 실족의 위험에서 약속의 핵심, 곧 사람들에게 땅을 유업으로 주신다는 하나님의 오랜 약속의 핵심으로 눈을 돌려 보자. 하나님은, 여호수아의 전쟁 목표는 유산을 차지하는 것이라고 간단히 말씀하셨다. "그가 이스라엘에게 그 땅을 기업으로 차지하게 하리라." 신 1:38

### 하나님께 받는 유산

현대 사회는 흔히 유산의 개념을 친척이 죽은 뒤에 재산을 나누어 받는 것으로 제한한다. 우리가 다 알 듯이, 하나님은 죽음을 앞두고 남은 재산을 물려 주지 않으셨다.

성경에서는 흔히 가장이 살아 있을 때도 유산을 분배했다. 눅 15:12 참조 가족의 땅에 대한 책임이 주어지면 권리도 넘겨받지만 명예와 소유권은 가문을 통해 계속 이어진다. 땅과 그 소산은 오래전에 살았던 조상들의 것이라고 여겼다. 민 36:1-12; 왕상 21:3-4 참조

하나님은 친아들에게 가족의 부를 맡기듯이 이스라엘에게 유산을 주셨다. 사실 주님의 유산이나 소유를 언급하는 말씀은 수없이 많다. 출 15:17; 신 14:2; 삼하 14:16, 20:19; 시 79:1 참조

### 땅을 차지하라

땅을 소유한다는 말은 이미 유산으로 주신 영토를 책임진다는 뜻이다. 그들은 밟기만 하면 땅을 차지한다는 말을 듣고 힘이 났을 것이다. 하지만 하나님은 "너희 발바닥이 닿는 곳은 어디든지 너희 땅이다" 하고 말씀하지 않으셨다. 하나님은 그들이 밟는 모든 땅을 "내가 너희에게 주겠다"라고 말씀하셨다. 하나님은 주신다.

또 그들은 땅을 마음대로 차지할 수가 없었다. 바로 다음 구절에서 하나님은 오랜 약속에 따라 정복할 지역의 경계를 분명히 정하신다.<sup>수 1:4 참조</sup>

유산을 받는 과정은 여호수아의 지도 하에 두 단계를 거쳤다. 첫째, 하나님의 유산이라는 권위를 가지고 이스라엘 민족은 힘을 합쳐 그 땅을 차지해야 했다.<sup>수 1:11 참조</sup>

그들은 힘을 모아 그 땅을 대부분 정복한 뒤에 각 지파에게 유산을 나누었다. "여호수아는…모든 땅을 점령하고, 그것을 이스라엘 지파의 구분을 따라 유산으로 주었다." <sup>수 11:23, 13-19장 참조, 표준새번역</sup>

이때 시작되는 두 번째 단계에서는 각 가문이나 지파는 유산으로 받은 땅으로 가서 필요한 전투를 벌여서라도 유산을 차지해야 했다. "여호수아가…백성을 흩어 보낸 뒤에…각각 자기가 유산으로 받은 땅으로 가서 그 땅을 차지하였다." <sup>삿 2:6; 수 24:28 참조, 표준새번역</sup>

### 조금씩 적을 쫓아내라

적의 저항을 잠재우고 여러 지역에 정착하는 일은 시간이 상당히 오래 걸렸다. "네가 번성하여 그 땅을 기업으로 얻을 때까지 내가 그들(이스라엘의 적)을 네 앞에서 조금씩 쫓아내리라." <sup>출 23:30</sup> 하나님은 이스라엘 백성이 만사형통하도록 서서히 정복을 이루셨다. 하나님은 적의 공백을 다른 적이 메우지 않도록 하셨다.

하나님은 유산을 주시며 저항과 정복의 균형을 맞추셨다. 하나님의 백성이 그 땅에서 결실을 얻을 만큼 힘이 자라자, 서서히 적들을 몰아내셨다.

### 세상을 물려받을 상속자

아브라함과 그 자손은 "세상을 물려받을 상속자"가 된다는 약속을 받았다.롬 4:13 참조 바로 지구 전체를 말이다! 하나님은 전세계를 하나님의 제사장 백성에게 맡기실 계획이셨다.계 1:6, 5:10, 22:5 참조

모든 사람에게 온 세상을 유산으로 주신 아브라함의 자손은 예수님이시다. 하나님이 선택하셔서 예수님은 사실상 아브라함의 유일한 상속자가 되셨다. 하나님은 예수님을 "만물의 상속자"히 1:2로 세우셨다. 하지만 예수님은 자기를 믿는 모든 사람에게 이 유산을 나누어 주셨다.

### 유산을 주시는 예수님

그리스도의 유산은 천국에 마련한 부동산이 아니다. 예수님은 모든 사람을 하나님의 가족으로 받아들이셨다. 아브라함에게 약속하신 복을 받거나 누리지 못하고 오랜 세월 버림받은 도시들은 그리스도를 섬기는 곳으로 변한다. 어떤 나라든지 "믿는 모든 자"롬 4:11들은 아브라함의 가족이 된다. 주님은 수가 늘어가는 이 새로운 상속자들에게 전세계 도시를 맡기고 큰 축복과 책임을 주셨다.

지금부터 유산 문제는 단순히 정치적 국경이나 토지 소유권으로 제

한되지 않는다. 다니엘, 요셉, 에스더의 삶에서 알 수 있듯, 하나님은 그들이 자기 가족과 모든 사람을 크게 축복하도록 중요한 책무를 맡기셨다.단 2:48, 5:29; 창 41:39-41; 에 4:14 참조

### 가장 오래된 명령

우리가 전세계의 도시를 유산으로 소유할 권위는 가장 오래된 명령에서 나왔다. "생육하고 번성하여 땅에 충만하라. 땅을 정복하라."창 1:28, 9:1, 7 참조

하나님은 한 번도 목적을 바꾸지 않으셨다. 신명기 32장 8절은 "지극히 높으신 자가 민족들에게 기업을 주실 때에, 인종을 나누실 때에"라고 말한다. 바벨탑에서 하나님은 인류를 서로 다른 민족으로 나누어 온 땅에 흩으셨다.창 11:2-9 참조 인류는 가인이 무서워한 것처럼 정처없이 흩어지지 않았다.창 4:14 참조 하나님은 각 민족을 하나님 앞에서 번성하도록 열방으로 흩으셨다. 하나님은 모든 민족에게 유산을 나눠 주신다.

바울은 하나님이 인류로 하여금 온 땅을 덮고 도시를 세우게 하신 까닭을 이렇게 말한다. "하나님께서 인류의 모든 족속을 한 혈통으로 만드사 온 땅에 살게 하시고 그들의 연대를 정하시며 거주의 경계를 한정하셨으니 이는 사람으로 혹 하나님을 더듬어 찾아 발견하게 하려 하심이로되."행 17:26-27

하나님이 허락하지 않으시면 어떤 민족도 도시나 국가를 다스릴 수 없다. 인류의 역사를 형성한 이주와 정복은 모두 하나님의 주권적 섭리와 모든 민족이 하나님을 찾는 변함없는 목적에 따라 이루어졌다.

### 가장 큰 여호수아

예수님은 가장 큰 여호수아로서 지금 하나님의 백성을 하나로 모아 온 땅을 채우신다. 시편 2편 8절은 그리스도의 유산 정복에 관해 말한다. "내게 구하라 내가 이방 나라를 네 유업으로 주리니 네 소유가 땅 끝까지 이르리로다." 이 약속은 오직 예수님만 받으실 수 있다. 예수님은 "기름부음 받은 자"시 2:2이며 하나님이 "나의 왕을 내 거룩한 산 시온에 세웠다"시 2:6고 하신 분이다. 주님이 "내 아들"시 2:7이라고 진정으로 부를 수 있는 분은 예수님밖에 없다.

분명히 하나님의 아들은 아버지께 뭇 나라를 유산으로 달라고 청하셨다. 그리고 아버지는 약속을 지키셨다. 예수님은 만물의 통치권을 받으셨다. "아버지께서 아들을 사랑하사 만물을 다 그의 손에 주셨으니."요 3:35 지금 예수님은 철퇴로 질그릇 부수듯이 영적인 세력을 강하게 부수신다. 예수님은, 하나님이 악에 속박하신 사슬을 끊으려는 영적인 통치자들의 음모를 파하신다. 메시아가 이 반란을 진압하여 세상의 왕들은 즐겁게 예배한다.시 2:1-5, 9-11 참조

예수님은 이제 하나님의 원수들 중에서 다스리신다.시 110:2 참조 예수님만이 지역을 사로잡은 지배자와 통치자들을 꺾고 낮추어 하나님의 발판으로 삼으신다.시 110:1 참조 예수님은 도시를 차지하고, 자기를 섬기는 사람에게 유산으로 나누어 주신다.

예수님은 작고 온유한 자들을 공동 상속자로 삼아 가장 미약한 방법 곧 기도로 악의 힘에 맞서게 하신다. 우리가 열방을 아들에게 상속해 달라고 기도해도 그리스도가 이미 힘 있게 기도하신 내용을 뒤늦게 반복할 따름이다.시 2:8 참조 하지만 하나님은 우리가 기도로 도시를 취할 때

우리 기도를 들으신다. 하나님은 우리가 밟을 수 있는 모든 땅을 이미 그리스도께 상속하셨다.

**오늘의 땅밟기 기도자들이 배울 점**

**온유한 사람은 땅을 차지한다.** 적진에 침입하는 것보다 하나님께 상속받는 일에 힘쓴다. 언어 선택에 온유함이 묻어나게 하라. 교전하면 반격을 받는다. 하나님의 적을 모욕하는 말은 때때로 허울뿐인 교만을 낳는다.

**주장을 명확히 한다.** 우리가 거리나 지역을 "취한다"라고 주장할 때는 하나님의 아들을 위해 취하는 것이라고 분명히 말하자. 우리의 것이라고 주장하지 말자. "이 고등학교는 우리의 것입니다"라고 말하지 말고 "주 예수님을 위해 이 고등학교를 취합니다. 여기 학생들과 이곳은 주님의 것입니다"라고 기도하자. 그들이, 모든 것을 아들에게 주시는 아버지와 천국에 소속되는데 잘못될 일은 없다. 자기 백성에게 유산을 뜻대로 나누어 주시는 예수님을 신뢰한다. 아버지가 아들을 위해 우리에게 유산을 주시지, 우리가 사탄의 손을 비틀어 도시를 빼앗지는 못한다.

**싸움만 하지 않는다.** 여호수아의 경험에 비추어 하나님은 우리에게 승리를 주실 뿐만 아니라 번성하게도 하신다. 땅밟기 기도는 그리스도의 나라를 확장하는 계획과 맞물릴 때 성과를 거둔다.

전쟁은 천천히, 그리고 철저히 치러서 결실을 거두어야 한다. 하나님은 영적인 적을 단숨에 쉽게 무찌르실 수 있지만, 무엇보다도 악이 사라진 자리에 영적인 결실이 열리는 것을 기뻐하신다.

땅밟기 기도를 계획할 때 죄악을 단번에 뿌리 뽑을 기대는 품지 마라. 하나님은 전쟁 막판에 갑자기 사탄의 항복을 받으려고 비밀 무기처럼 땅밟기 기도를 선보이지 않으셨다. 우리의 싸움에는 다양한 면이 있다. 땅밟기 기도는 그 일면에 불과하다. 하나님은 온 땅의 모든 사회에 복음의 능력을 온전히 전하려고 하나님의 백성을 통해 수없이 다양한 방법으로 역사하신다.

'그들에게서'가 아니라, '그들을 위해' 도시를 취한다. 다른 사람들이 자기 유산을 받으려고 애쓸 때 그들을 돕는다. 여호수아는 한 지파가 차지할 성읍을 공격할 때도 여러 지파를 모아서 함께 싸웠다.<sup>민 32:18; 수 22:3-4 참조</sup> 이와 마찬가지로 우리도 먼 곳에 사는 주민들이 하나님이 주신 유산을 위해 싸울 때 그들을 도울 책임이 있다.

그리스도가 유산을 모든 사람과 나누신다는 사실을 염두에 두고 우리는 주민들이 자기 도시를 유산으로 받도록 권위 있게 기도할 수 있다. 하나님의 뜻을 방해하는 영적인 세력을 제압해 달라고 하나님께 청하고 사람들이 예수님 안에서 하나님을 만나도록 기도하라. 예수님과 공동 상속자가 될 가족이 수없이 늘어나도록 기도하라. 도시마다 하나님의 생명을 꽃피울 훌륭한 제자들이 일어나도록 예수님께 기도하라.

# 6 기도로 주님의 길을 예비하라

주께서…친히 가시려는 각 동네와 각 지역으로…앞서 보내시며(눅 10:1).

어느 날 예수님은 70명의 제자들을 도시 가운데 보내어 주민들이 주님을 영접하도록 준비하게 하셨다. 그들이 해야 할 기도는 현장에서만 할 수 있는 기도였다.

그들은 도시 전체가 예수님을 영접하도록 하기 위해 파송되었다. 주님은 각 도시를 방문할 때, 자신을 영접한 사람들을 만나고 싶어 하셨다. 예수님이 보낸 제자들을 영접하는 가정과 도시는 곧 주님을 영접하는 셈이었다. 눅 10:16; 마 10:40 참조

### 예수님의 슬픔

그리스도는 영접하는 도시의 미래를 바꾸신다. 예수님은 기적을 보고도 마을 전체가 회개하지 않고 더 많은 기적만을 요구했던 갈릴리 마을 때문에 슬퍼하셨다. 눅 10:12-15 참조

주님은 오랫동안 영접하지 않는 예루살렘을 보시고 고뇌를 감추지 않으셨다. "예루살렘아 예루살렘아 선지자들을 죽이고 네게 파송된 자

'들을 돌로 치는 자여."⁻눅 13:34

오랫동안 배척당했음에도 예수님은 한결같이 예루살렘의 다음 세대가 돌아오기를 바라셨다. "암탉이 제 새끼를 날개 아래에 모음같이 내가 너희의 자녀를 모으려 한 일이 몇 번이냐 그러나 너희가 원하지 아니하였도다."⁻눅 13:34 예수님은 예루살렘이 내린 판결에 항소하지 않으셨다. 주님은 그들이 바라는 대로, 공허한 채로 버려두셨다. "보라 너희 집이 황폐하여 버린 바 되리라 내가 너희에게 이르노니 너희가 주의 이름으로 오시는 이를 찬송하리로다 할 때까지는 나를 보지 못하리라 하시니라."⁻눅 13:35 몇 세대가 더 지나야 이들이 예수님을 복되게 영접할까?

예수님은 죽음을 앞두고 예루살렘 근처에 가셔서, 죽은 가족을 보고 우는 유족처럼 도성을 보고 우셨다. 예루살렘은 하나님 앞에 책임을 다할 존재인데도 그분이 찾아오신 때를 몰랐기 때문에 파멸당할 것을 예수님은 아셨다.⁻눅 19:41-44 참조

**주님의 도래, 우리의 부흥**

예수님은 '찾아온다'는 말을 잠깐 방문한다거나 며칠 동안 대규모 집회를 연다는 뜻으로 사용하지 않으셨다. 만약 도시가 예수님을 영접했더라면 어떤 일이 벌어졌을까? 도시 전체에 큰 평화가 오래도록 임했을 것이다. "이르시되 너도 오늘 평화에 관한 일을 알았더라면 좋을 뻔하였거니와 지금 네 눈에 숨겨졌도다."⁻눅 19:42 예수님을 온전히 영접했더라면 '부흥'이라는 말이 무색할 정도로 하나님은 큰 영광으로 도시 전체에 임하셨을 것이다.

분명 예루살렘 방문은 예수님이 찾아가고 싶으셨던 모든 도시에 비

해 독특했다. 하지만 예수님은 모든 도시의 신자들과 주민들에게 혁명과 같은 하나님나라의 삶을 전하러 오셨다.

여리고에서 예수님이 받으신 영접을 생각해 보자. 주님은 길을 가다가 삭개오의 영접을 받으셨다. 예수님은 삭개오의 식구들을 만난 자리에서 분명히 삶을 변화시키는 진리를 전하셨다. 주님은 "오늘 구원이 이 집에 이르렀으니"눅 19:9라고 말씀하셨다. 하지만 예수님은 복음의 축복이 빼앗은 것을 네 배로 갚겠다는 삭개오의 관대함에서 시작되어 사회 전체로 번져 가는 것을 보시고 나서야 구원을 선언하셨다.눅 19:1-10 참조

예수님은 삭개오의 잔치에 모인 사람들에게 자신이 가정과 도시를 변화시키고 잃은 것을 찾아 구원하러 왔다고 말씀하셨다.

최근에 우리는 잃어버린 영혼을 찾아 구원하시는 그리스도의 역사가 때때로 우리가 '부흥'이라고 말하는 운동이 되어 도시 곳곳에서 일어나는 것을 본다. 예수님의 말씀과 임재가 중심이기 때문에 어쩌면 부흥보다는 '도래'라는 말이 더 정확할지도 모른다.

### 열방의 선교사들

도시를 찾아 구원하시려는 예수님의 변함없는 목적은 일흔 제자의 파송에서도 나타난다. "그 후에 주께서 따로 칠십 인을 세우사 친히 가시려는 각 동네와 각 지역으로 둘씩 앞서 보내시며."눅 10:1

예수님은 "너희 말을 듣는 자는 곧 내 말을 듣는 것이요 너희를 저버리는 자는 곧 나를 저버리는 것이요"눅 10:16라고 말씀하시고 일흔 제자에게 자기 생명을 완전히 위임하셨다. 주님은 열두 제자를 파송하면서도 이와 비슷한 말씀을 하셨다. 마태는 이렇게 기록한다. "너희를 영

접하는 자는 나를 영접하는 것이요."마 10:40 그들은 '친히 가려고 하시는 모든 고을과 모든 곳'에서 주민들이 예수님을 영접하도록 준비하는 임무를 맡았다.눅 10:1 참조

특정 도시와 지역을 대상으로 한 이 면밀한 작업의 목적을 생각해 보자. 예수님은 고작 나흘 여정의 숙박을 예약하기 위해 서른다섯 조를 미리 보내셨을까? "예수께서 각 성 각 마을로 다니사 가르치시며 예루살렘으로 여행하시더니."눅 13:22 이 말씀을 통해 예수님의 실제 방문 기간은 짧았음을 알 수 있다.

그렇다면 예수님께서 이 도시들을 면밀히 선택하신 이유는 무엇이었을까? 일흔이라는 숫자는 무슨 관련이 있었을까? 이 숫자에는 중요한 의미가 있다. 당시 사회에서 일흔은 '열방'을 뜻했다. 어떤 사본은 일흔둘이라고 기록하기도 했다. 다른 사본이 일흔눌이라고 기록했다 해도 그 의미는 같다. 당시의 구약 그리스어 역본에는 창세기 12장에 기록된 열방의 수가 일흔둘이다. 히브리어 역본에는 열방의 수가 일흔이다. 이 분명한 차이는 이 숫자가 열방이나 민족을 의미한다는 사실을 정확히 말해 준다.

예수님은 분명히 이스라엘의 지파 수에 맞추어 열두 제자를 선택하셨다. 이제 주님은 열방을 상징하는 일흔 제자를 선택하신다.

만약 이 일흔이 열방을 상징하고 있다면 예수님의 가르침에 순종한 그들의 행동에 담긴 예언적 의미도 함께 생각해야 한다. 예수님은 세상 끝날까지 모든 나라에 복음을 전하려는 의지를 모든 시대의 제자들에게 밝히신 셈이다.

그리스도가 일흔 명의 제자를 파송하신 것은 주님 나라의 목적이 완

성된 것임을 예언적으로 나타낸다. 그들의 사명에는 '모든 고을과 모든 곳'에서 시작할 운동을 마감하는 의미가 있다.

열두 사도와 일흔 제자에게 주신 지시는 조금씩 다르다. 일흔 제자는 열두 제자처럼 지명하시지 않았다.<sup>눅 6:13 참조</sup> 이것은 사도로 지명하신 제자들과 함께 평범한 신자들에게도 그리스도의 임무를 주셨다는 뜻이다. 열두 사도와 달리 일흔 제자는 자기의 영적인 힘에 관해 자세한 설명을 미리 듣지 못했다.<sup>눅 9:1 참조</sup> 그들은 자신들이 커다란 영적 권위를 받았다는 사실을 이후에 발견한다.<sup>눅 10:17-19 참조</sup> 열두 사도는 말씀을 전하고 병을 고치기 위해 파송되었다.<sup>눅 9:2, 6 참조</sup> 일흔 제자의 임무는 열두 사도와 비슷했지만 더 간단했다. 그들은 대부분 기도에 전념했다. 말씀 전파는 기도에 뒤따랐다.

예수님은 열두 사도와 마찬가지로 일흔 제자에게도 하나님께 추수할 일꾼을 보내 달라고 기도하라고 가르치셨다. 열두 사도는 이 말씀을 파송되기 전에 들었다.<sup>마 9:37-38 참조</sup> 하지만 일흔 제자에게는 이 기도 자체가 가장 중요한 지시였다. 그들에게 기도는 일의 시작이 아니라 전부였다. 가정을 축복하든지, 병든 자를 위해 기도하든지, 일꾼을 청하든지, 그들은 기도하라는 지시를 받았다. 이 계획은 대범하고 간단했다. 마을에 가서 주민들을 위해 기도하면 그만이었다.

우리는 일흔 제자의 파송을 오늘날 땅밟기 기도자의 전형으로 삼을 생각은 없다. 오히려 그 반대다. 단지 우리는 일흔 제자의 파송 형식과 체계에서 도시와 먼 나라를 위해 기도하는 법을 깊이 배워야 한다. 누가복음 10장을 그대로 적용할 수는 없다. 하지만 예수님은 지금도 일흔 제자에 해당하는 일꾼을 모든 도시와 나라에 보내시기 때문에, 이 가르침은 지금도 유효하다. 세상의 모든 마을, 즉 모든 곳에 복음을 전하기 위해 뛰어난 계획들이 유례없이 등장하고 있기 때문에, 이 가르침을 적용하기에 가장 좋은 시기는 바로 지금이다.

## 추수의 비전

예수님은 첫번째 말씀에서 이 여행의 기본 목적을 밝히셨다. 곧 하나님을 위한 추수가 이 여행의 목적이었다. "이르시되 추수할 것은 많되 일꾼이 적으니 그러므로 추수하는 주인에게 청하여 추수할 일꾼들을 보내 주소서 하라." 눅 10:2

예수님은 기도가 사람을 보는 눈을 바꾼다는 것을 아셨다. 영적 시야가 넓어지면 상처받아 피폐한 삶을 사는 사람들을 보고 마음이 무너질 것이다. 추수의 소망을 크게 품지 않으면 세상의 극심한 궁핍에 좌절하여 아마도 열렬한 개혁자로 변신하고 말 것이다.

제자들은 이렇게 기도하면서 복음의 사역을 놀랍게 주관하시는 하나님을 주목하고 소망을 붙잡았다. 아버지는 변함없이 무한한 지혜로 추수를 주관하신다. 이것은 손수 심고 거두시는 하나님의 추수이다.

예수님은 그들에게 기도로 추수를 준비하라고 가르치셨다. 분명 그들은 씨를 뿌리거나 거두라는 명령을 받지 않았다. 그 대신 현장에서 자기 힘으로 이룰 수 있는 것보다 더 큰 추수를 위해 기도했다.

**오늘의 땅밟기 기도자들이 배울 점**

**추수를 상상한다.** 하나님을 높이라. 하나님은 생명의 추수를 완성하실 주님이시다. 하나님을 중심으로 기도해야 가장 대범한 기도를 하게 된다. 추수는 곧 사람들이 하나님을 위해 살고, 하나님과 영원히 사는 것이다. 하나님이 어떤 도시에 관해 말씀하신 내용은 모든 민족과 많은 도시에 해당된다. "이 성중에 내 백성이 많음이라."<sup>행 18:10</sup> 하나님은 우리 도시에서 누구를 직접 '기르고' 계신가?

**하나님께 비전을 맡긴다.** 기도할수록 너무나 무거운 책임을 느껴서 생명과 소망마저 쉽게 짓눌리는 사람들이 있다. 많은 단기 선교사가 할 일은 많은데 일꾼이 적은 데서 오는 무력감으로 믿음을 잃은 채 고향으로 되돌아온다. 하나님의 사랑이나 신의를 의심하지 말고 일꾼을 많이 보내 달라고 담대히 구하자. 하나님이 사랑으로 추수를 주관하신다는 사실을 붙들자.

나는 끈기 있는 기도에 관해 말할 자격이 없는 사람이다. 그러나 우리가 주님과 같은 고민을 할 때, 하나님은 우리에게 특별한 열정과 끈기를 주신다. 그 도시에 기도의 부담을 느꼈을 때 우리는 정말 기뻤다. 하나님이 하실 일이 있다는 뜻이기 때문이다. 우리는 몇 년 동안 그 도시의 학교, 회교 사원, 관공서를 다니며 체계적으로 기도했다. 어느 날 우리는 아주 높은 곳에 앉아서 상당히 오랜 시간 동안 기도했다. 우리는 기도를 마치고 서로를 보며 우리의 임무가 끝났음을 느꼈다. 주님이 그 도시를 위해 기도하고 일할 사람을 또 보내실 것이라는 확신이 들었다. 아니나다를까 여섯 달이 채 못 되어 여러 나라의 그리스도인들이 영적으로 어두운 그 도시에 가서 기도하고 장기적인 사역을 시작했다는 소식을 들었다.

**로즈 데스먼**, 복음에 냉담한 나라의 중보 기도 선교사. 로즈와 동료 사역자는 이 나라에서 3년 동안 살면서 주로 현장에서 기도했고 특히 악마 숭배의 본거지로 알려진 도시에서 기도했다. 최근 로즈는 다시 그 도시에 가서 오래도록 기도하라는 하나님의 부르심을 느꼈다. 장기 교회 개척 선교사들은 그 도시에서 그리스도를 선포할 계획을 짜고 있다.

**크게 기도한다.** 우리 자신이 해답이 되지 않도록 크게 기도하자. 나만 기도하거나 일한다고 생각하면 비전은 작아진다. 예수님은 제자들에게 기도를 차선의 일감으로 주지 않으셨다. 하나님의 파송 후보자가 되더라도 내 능력에 만족하지 말고, 더 크게 기도하자.

두 주 안에 우리 힘만으로 이 도시의 모든 필요를 채우기란 어림없는 일이었다. 그것은 우리가 할 일이 아니었다. 하나님은 주님이 보내실 일꾼들이 기존 사역자들과 함께 이 도시의 필요를 채우도록 기도하라고 하셨다. 그때 우리는 우리의 사명이 무엇인지 분명히 알았다.

**로레인 앤더슨,** 애리조나 주 템피에서 두 아이를 기르는 주부. 회교가 700년 동안 강하게 지배했던 중동의 한 도시에서 땅밟기 기도를 했다. 이 두 주간의 기도 여행을 통해 로레인의 교회는 이 회교 도시에서 새로운 교회를 개척하라는 하나님의 부르심을 확인했다.

## 반대 정신으로 맞서라

예수님은 그들에게 약하기 이를 데 없는 행동 곧 기도를 하라고 말씀하셨다. 기도를 강한 무기로 삼도록 잠시 동안 힘의 상징을 내려놓게 하셨다. "갈지어다 내가 너희를 보냄이 어린 양을 이리 가운데로 보냄과 같도다 전대나 배낭이나 신발을 가지지 말며 길에서 아무에게도 문안하지 말며." 눅 10:3-4

사나운 핍박이 일흔 제자를 기다리고 있었다. 다 자란 양도 아닌 어린 양이 이리 떼를 상대하는 비유를 생각해 보라. 이 이리는 악인이나 영적인 세력이었을까? 둘 다였을지도 모른다.

주님께서 영적 전쟁의 위험을 경고하실 생각이셨다면 당연히 그들에게는 월등히 뛰어난 영적인 화력이 있으니 걱정하지 말라고 격려하셨어야 했다. 하지만 예수님은 월등한 무기나 권위로 제자들의 사기를 높이지 않으셨다. 아무런 답도 없이 이런 경고를 하신 까닭은 무엇일까?

사실 예수님은 그들이 당할 위험을 경고하지 않으셨다. 그 대신 그들이 약함을 크게 힘입어 하나님나라의 승리를 얻도록 훈련하셨다. 주님은 그들이 죄에 사로잡힌 도시에 만연한 악을 상대하도록 하셨고, 그들은 정신을 바짝 차려야 했다. 이러한 불공평한 싸움은 예수님의 생각이었다. 또 인해전술로 도시를 공략하는 것을 금지하셨다. 그 대신 예수님은 "가거라" 하고 말씀하셨다. 바꾸어 말하면 "흩어져라!"는 말씀이었다.

예수님은 그들을 약하고 겸손하게 하시려고 빈손으로 떠날 것을 명하셨다. 그들은 며칠 동안 자급자족을 삼갔다. 그들은 하늘의 공급으로 승리를 얻어야 했기에 순순히 주님의 계획에 따라야 했다.

**오늘의 땅밟기 기도자들이 배울 점**

**전투의 불균형을 깨지 않는다.** 경건한 약함의 정신을 갈망하라. 신자에게 주신 권위에 관해 들으면 가슴이 벅차기도 한다. 하지만 신자의 권위는 교만한 자에게 겸손하고, 미워하는 자에게 친절하고, 분노하는 자에게 축복하는 힘에서 나온다. 우리의 일상에서 극적인 상황이 벌어질 때 어린 양과 같이 유순한 태도의 힘을 증명하도록 준비하자.

중앙 광장을 예약했을 때 우리는 동성애자 단체가 그 날부터 일주일간 행사를 연다는 사실을 몰랐기 때문에 한바탕 전쟁을 벌이게 되었다. 그들은 우리가 먼저 예약했다는 사실을 인정하지 않았다. 그들은 시위를 크게 벌이겠다고 위협했지만 주님이 우리를 도와주셨다. 우리는 조금도 맞서거나 대응할 생각이 없음을 분명히 밝혔다. 시위자들이 몇 명 나타나긴 했지만 우리는 방어 태세를 갖추지 않았기 때문에 그들이 시위할 빌미가 전혀 없었다.

**밥 갈**. 목사. 아버지날에 여러 교회가 참여한 도시 단위의 기도 집회를 열었다. 캘거리 시의 교회들은 매년 아버지날에 함께 모여 기도 집회를 연다.

**반대 정신으로 맞선다.** 하나님은 우리가 그리스도를 본받아 '약함'으로 적의 세력에 맞서는 것을 기뻐하신다. 그리스도의 공공연한 적에 반대 정신으로 맞선다는 말은 공개된 싸움에서 진다거나 없는 권리를 인정한다는 뜻이 아니다. 우리의 사명은 패배가 아니라, 틀에 막히시 않은 방식으로 이기는 것이다. 하나님의 인도에 따라 그리스도의 겸손한 성품을 나타내 복음에 반대하는 사람들과 대조를 이루자. 반대 정신은 회개의 자세로 섬기는 것이므로 점잔을 빼거나 교만하면 모두 패배한다.

## 예수님을 위해 길을 내라

전대나 배낭이나 신발을 가지지 말며 길에서 아무에게도 문안하지 말며 어느 집에 들어가든지 먼저 말하되 이 집이 평안할지어다 하라 만일 평안을 받을 사람이 거기 있으면 너희의 평안이 그에게 머물 것이요 그렇지 않으면 너희에게로 돌아오리라 그 집에 유하며 주는 것을 먹고 마시라 일꾼이 그 삯을 받는 것이 마땅하니라 이 집에서 저 집으로 옮기지 말라(눅 10:4-7).

이 말씀은 사람들에게 말을 걸지 말고 좀비처럼 거리를 걸어 다니라는 명령처럼 보인다. 사실은 그 반대다. 그들은 도시의 주민들과 친분을 쌓으며 기도했지 길에서 사람을 만나지 않았다. 예수님은 주민들에게 집중하라고 제자들에게 주문하셨다.

그들은 인품이 뛰어나고 생활에서 하나님의 역사가 나타나는 주민을 찾아야 했다. 종교 지도자가 아닌 '평화를 바라는' 사람이면 되었다.

예수님은 평화를 바라는 사람을 찾을 때 가정에 평화를 빌라고 말씀하셨다. 축복은 형식적인 예절이 아니다. 복음의 약속을 전하고 대가 없이 주는 선포다.

예수님은 마을에서 가장 붙임성이 뛰어난 주민이나 손대접을 잘하는 주민을 찾으라고 가르치지 않으셨다. 제자들은 가정을 방문하고 복을 비는 과정에서 하나님이 선택하신 사람을 발견했다. 평화의 사람(직역하면 평화의 아들)은 제자들이 떠난 뒤에도 오랫동안 그 도시에서 하나님의 일을 지속할 특별한 유산을 받은 사람이었다.

예수님은 한 가정을 통해 도시를 바꾸기 바라셨다. 그래서 주님은 사역을 시작할 때도 가버나움 베드로의 집을 찾으셨다.<sup>막 1:29-33 참조</sup> 그리고 마태복음 4장 13절에서 볼 수 있듯 가버나움에 머무시며 그 도시의 다른 계층의 사람인 마태를 동일한 방식으로 축복하고 친분을 맺으셨다. 마태의 집은 여러 친구들이 모이는 사교의 장이었다.<sup>마 9:1, 9-10 참조</sup> 이와 마찬가지로 제자들도 하룻밤에 모든 가정을 방문하고 주민들과 친분을 맺지 않았다. 그 대신 하나님이 역사하시는 특별한 가정에 집중하고 사람들 사이에 복음이 들어갈 영원한 출구를 남겼다.

**오늘의 땅밟기 기도자들이 배울 점**

**땅밟기 기도는 교회 개척의 길을 연다.** 현대 교회 개척자들은 공동체에서 존경받는 사람들을 흔히 '평화의 사람'이라고 부르며 그들을 중심으로 교회 개척을 시작한다. 그런 사람의 집에는 대개 자석처럼 친구들이 모인다. 그 집에서는 그들의 도움을 받은 마을 사람들을 골고루 만날 수 있다.

마을을 축복하거나 돕는 사람들은 루디아나 고넬료처럼 하나님의 복을 받는다(두 사람 모두 자기 집에서 가정 교회를 시작했다. 행 16:13-40, 10장 참조). 우리가 가정에 평화의 복을 빌 때, 하나님이 어떤 가정을 마을의 등대로 삼으시는지를 잘 살펴야 한다.

**먼저 축복한다.** 땅밟기 기도자는 하나님이 목적하신 평화를 경건하고 창의적인 방식으로 선포할 방법을 찾아야 한다. 예를 들면 어떤 중보 기도자들은 악한 지도자들을 직접 찾아가서 기도 제목을 묻고 나서 그들을 위해 기도하고 축복한다.

축복은 영접을 낳지만, 이를 공식처럼 적용하면 안 된다. 축복은 가장 강한 긍정의 말이다. 대다수의 사람들이 축복받을 때 마음을 열고 호감을 보인다.

가족들과 함께 여행할 때, 고속도로를 빠져나가 한 번도 가 본 적이 없는 사바나 시에 가라는 뚜렷한 인도를 받았다. 리치몬드까지는 너무 먼 길이라서 나는 도중에 다른 곳으로 빠지고 싶지 않았다. 우리는 사바나 시에 한 시간 정도 머물렀다. 우리는 유적지를 돌며 이 아름다운 곳의 아픔과 기쁨을 이해했다. 마침내 우리 가족은 강가에서 기도를 시작했다. 나는 복을 빌어야 한다는 마음이 들었다. 이 도시의 구원을 위해 온갖 구체적인 기도를 했다. 그때는 우리가 바보처럼 느껴졌다. 캘리포니아에서 온 사람들 몇 명이 주차장에 서서 이렇게 대담한 축복을 선포하다니! 나는 너무 많은 것을 생각했을지도 모른다. 상관없다. 하나님을 놓치느니 어린아이처럼 창피당하는 편을 택하겠다.

**존 도우슨**, 예수전도단의 도시 선교 사역을 이끈 바 있다. 그는 자신의 마을을 위해 규칙적인 땅밟기 기도를 한다.

## 기도하고 나서 선포하라

거기 있는 병자들을 고치고 또 말하기를 하나님의 나라가 너희에게 가까이 왔다 하라(눅 10:9).

그들은 마을의 명망 있는 사람들만을 위해서 기도하지 않았다. 그들은 아픈 사람, 가난한 사람, 장애가 있는 사람, 소외받고 고통받는 사람들을 어루만졌다. "주여 주의 이름이면 귀신들도 우리에게 항복하더이다"눅 10:17라는 그들의 보고를 미루어 보아 그들은 어려운 문제를 직접 해결했다. 그들은 분명 예수님의 이름으로 기도하여 귀신들린 사람까지도 고쳤다.

그들은 자신들이 기도했던 사람들에게 이를 증거할 예정이었다. 하지만 그들의 선포는 기도보다 앞서지 않았다. 그들의 말은 선포라기보다는 설명에 가깝다. 성경에서 "하나님의 나라가 너희에게 가까이 왔다"눅 10:9라는 말만큼 의미가 응축된 말은 거의 찾아볼 수 없다. 하지만 "너희에게"라는 말은 이 예언적 선언을 개인에게 주셨다는 뜻을 강조한다. 다시 말해 하나님의 커다란 목적이 당신에게 이루어졌다. 그리고 특별히 '당신에게' 좋은 것이 더 주어질 것이라는 의미다.

**오늘의 땅밟기 기도자들이 배울 점**

**기도 응답을 앞세운다.** 하나님은 흔히 "여러 가지 표징이 따르게 하셔서" 말씀을 확증하시지만 기도 응답은 말씀 증거보다 앞서기도 한다. 하나님은 복음을 듣지 못한 사람을 위해서 기도에 기쁘게 응답하신다. 우리는 일흔 제자의 뚜렷한 행동 순서를 기억해야 한다. 먼저 기도한 다음 선포한다. 기도가 응답된 뒤에 진리를 전하면 열심히 믿는다. 예수님은 몇 차례 이런 식으로 사람들을 고치신 다음 복음을 전하신 적이 있다(바로 누가복음 8장 35절의 귀신 들린 사람과 요한복음 9장 35-41절의 소경이다).

기도 응답은 반박할 수 없는 증거지만 어떤 도시들은 하나님나라의 명백한 증거를 보고도 믿지 않았다. 예수님은 일흔 제자에게 기적을 보고도 회개하지 않는 도시를 전부 말씀하셨다. 눅 10:13 참조 귀신 들린 사람과 소경의 경우에 고침받은 개인들은 예수님을 따랐지만 정작 마을 주민들은 주님을 배척했다. 예수님은 배척을 당할 때조차 성실히 하나님의 말씀을 선포하셨다.

랄프 베세아는 케냐 몸바사의 남침례교 선교사였다. 하나님은 그 도시의 회교도를 위해 그를 부르셨다. 그는 몸바사의 회교도를 전도하려고 신학교에서 배웠던 전도 방법을 다 써 봤지만 한 사람도 개종하지 않았다. 그래서 새로운 방법을 써 보기로 마음먹었다. 그는 혼자서 고민하고 친구들과도 머리를 맞대고 의논한 뒤에 어떻게 해서라도 이목을 끌기로 했다. 그는 강에 있는 다리 위에 올라가서 어떤 회교도든지 예수 그리스도를 전하게 허락한다면 강으로 뛰어내리겠다고 광고했다. 다리에서 몇 번이나 뛰어내렸지만, 아무도 그리스도를 영접하지 않자 그는 주님을 찾았다.

하나님은 그에게 "팀과 함께 석 달 동안 기도하라"고 말씀하셨다. 그들은 팀을 조직했는데 팀원이 많아서 순번을 정하고 석 달 동안 하루 24시간씩 번갈아 가며 기도했다. 그들은 주님께 순종했다. 마을에 나가 주민들을 축복하면서 기도했다. 그들은 몸바사의 거리를 걸으면서 복음을 전하거나, 전도지를 나누어 주거나, 다리에서 뛰어내리지 않고 예수님의 이름으로 회교도를 축복했다. 그들은 회교도를 사랑하는 예수님의 이름으로 복을 비는 사람들이라는 별명을 얻었다. 어느 날 랄프는 어느 사원의 지도자에게서 전화를 받았다. 여든 살쯤 된 노인의 목소리가 들렸다. "자네가 우리 사원에 와서 예수의 이름으로 사람들을 축복해 줄 수 있는지 궁금하네."

**피터 와그너**, 캘리포니아 주 패사디나의 전(前) 풀러신학교 교수, 세계선교대학원. 와그너는 영적 전쟁 대회에서 랄프 베세아의 이야기를 들었다.

당시 우리는 거리에서 말을 하거나 복음을 전할 자유가 없었다. 우리는 성령에 이끌려 사업가의 집이나 병원, 때때로 3층 3G호실과 같은 구체적인 장소로 갔다. 우리는 성령이 우리를 주님께 마음이 열려 있는 사람들에게 이끄시는 것을 보고 깜짝 놀랐다. 우리는 그들이 누군지도 몰랐다. 하지만 예수님의 이름으로 복을 빌며 그들을 위해 기도하고 싶다고 말했다. 지난 7년 동안 수천 명이 넘는 사람들을 위해 기도하면서 예수님의 이름으로 축복받는 것을 거절하는 사람은 단 한 명도 보지 못했다. 더러 복음 선포나 영접 기도를 거절하기는 했지만 예수님의 축복은 모두 환영했다.

**랄프 베세아**, 1991년 몸바사에서 하던 사역을 국내 사역자들에게 넘기고 현재 오클라호마 주에서 살고 있다.

**그들의 필요를 아는 만큼 기도한다.** 기도 제목을 희망 목록처럼 나열하면 안 되지만 신유에만 너무 집중하지는 마라. 우리는 상처받고, 소외되고, 침해받고, 왜곡된 문제를 다룬다.

우리가 설교만 하는 사람이 아니라 기도하는 사람으로 인식되면 사람들은 온갖 인생 고민을 들고 우리를 찾아올 것이다. 문제를 해결하려 들지 말고 그들을 섬기라. 진실하게 기도하면 실제로 도울 수 있는 길이 열리기도 한다. 하지만 시간이나 돈으로 도울 수 있는 사람만 선별해서 기도하면 안 된다.

이러한 기도는 특별한 은사를 받은 몇 사람의 전유물이 아니다. 경험이 없더라도 누구나 할 수 있다. 더구나 하늘은 우리의 기도보다 '추구자'의 적은 믿음을 더욱 귀하게 본다. 예수님은 설령 본인이 기도하더라도, 하나님이 고치시는 사람의 믿음이 기적을 구하는 기도자의 능력보다 중요하다는 점을 분명히 지적하셨다. 마 9:22; 눅 17:19, 18:42 참조

우리가 전해야 할 소식은 우리가 마을에 왔다는 것이 아니라 하나님나라가 가까이 임했다는 것이다. 지상에서 실현할 수 있는 천국의 일부 곧 하나님나라의 도래를 위해 예수님이 오셨다는 것이다.

이 회교 지도자는 예수님의 이름에 큰 능력이 있다는 소문을 듣고 사원에 와서 사람들을 위해 기도해 달라고 부탁했다. 나는 그에게 "선생님, 제가 침례교 선교사라는 것을 아십니까?"라고 물었다. 그러자 그는 "당신이 어쩌다 그렇게 됐는지는 관심 없네. 사원에 올 수 있는지를 알고 싶네. 우리 사원에

와서 간증이나 설교를 하거나 이단의 교리를 조금이라도 전파할 생각은 말 게나. 예수의 복이 우리에게 임하도록 예수의 이름으로 기도만 해주게. 그 이름에 큰 능력이 있다는 이야기를 들었네"라고 대답했다. 나는 성령이 열어 주신 길을 보고 감탄했다.

우리는 사원에 가서 여러 사람을 위해 다양한 제목으로 기도했다. 남자들은 다 제자리에 앉아 있었다. 여자와 아이들은 검은 옷을 입고 다 난간에 서 있었다. 사원 안에는 기대감이 가득했다. 피부로 느껴졌다. 나는 속으로 기도했다. "주님, 이 기회에 기적을 베푸셔서 주님의 살아 계심을 나타내소서."

뒤쪽에서 긴 흰옷을 입은 기품 있는 남자가 일어나는 모습은 지금도 기억이 생생하다. 그 남자는 밖으로 나가더니 검은 꾸러미를 안고 다시 돌아왔다. 그 꾸러미는 어린 소녀였다. 그 남자는 소녀를 사원 앞으로 데리고 왔다. 이것은 사원의 엄격한 규율에 어긋나는 행동이었다. 여자는 그곳에 들어올 수 없었다. 하지만 그 남자는 존경받는 사람인지 아무도 그를 제지하지 않았다. 그 남자가 나에게 말했다. "이 아이는 여덟 살 된 내 딸이오. 내 딸을 위해서 기도해 주겠소?" 커다란 갈색 눈이 예쁜 소녀였다. 그 남자는 딸의 다리에서 천을 걷어냈다. 앙상한 다리가 보였다. "여덟 살 된 내 딸아이는 한 번도 걸어 본 적이 없소. 예수의 이름에 큰 힘이 있다는 말을 들었소."

나는 소녀의 치유를 위해 기도하라는 성령의 인도를 받았다. 나는 말했다. "따님이 낫도록 기도하겠지만 이것은 제 힘이 아니라 주 예수님의 힘입니다. 예수님은 선생님을 사랑하시고 선생님이 그 사랑을 알기를 바라십니다. 주님이 오늘 따님의 다리를 고쳐 주실지 고쳐 주지 않으실지 저는 모릅니다. 그것은 주님이 하실 일입니다. 하지만 예수님은 선생님에게 사랑을 베풀기 원하십니다. 예수님은 지금도 살아 계시는 기적의 하나님이시기 때문에, 제가 따님의 치유를 위해 기도하겠습니다."

그 남자가 말했다. "그리스도인들은 예수가 다시 살아난 것을 믿는다고 들었소. 우리는 그것을 믿지 않고 자녀들에게도 가르치지 않소. 하지만 내 딸을 위해 기도해 주겠소?"

나는 기도했다. 사원 내부에는 기대감이 믿을 수 없이 충만했다. 우리가 기도하자 사람들은 자리에서 일어났고 내 심장은 두근거렸다. "주님, 바로 지금입니다." 그러나 아무런 일도 일어나지 않았고 나는 크게 실망했다. 심지어 소녀의 다리를 꺼내어 흔들어 보고 싶을 정도였다. 소녀는 고함을 질렀고 그 남자와 나는 당황했다. 무엇보다 매우 실망스러웠다. 그는 회교식으로 정중히 감사 인사를 하고 자리로 돌아갔다.

소녀는 아빠의 팔에 안긴 채 나를 돌아보았다. 나는 가슴이 미어졌다. 소녀가 불쌍해서 견딜 수 없었다. 그 소녀에게 확실하게 복음을 전하고 싶었다. "주님, 이 상황을 바꿔 주세요."

그런데 그 남자가 다시 돌아와 "예수의 복이 나와 가족에게 임하길 기도해 주시오"라고만 말하는 것이 아닌가! 조금 전에 일어난 일은 예수의 이름에 능력이 없다는 그들의 오랜 주장을 증명하는 것 같았기 때문에 그가 다시 돌아와 "우리는 예수를 알고 싶고 예수의 복을 받고 싶소"라고 말했을 때 매우 놀랐다. 우리는 그의 가족을 위해 예수님께 복을 빌었다. 그는 다시 감사를 표하고 자리로 돌아갔다.

나는 앞에서 눈물을 흘리며 그들을 바라보았다. 그가 자리로 돌아가는데 갑자기 소녀가 아빠를 밀었다. 또다시 아빠를 밀었다. 사람들은 동요했고 소녀는 아빠를 계속 밀었다. 긴 검은 천이 양탄자 위에 떨어졌고 소녀가 자꾸 밀치자 아빠는 소녀를 아래로 내렸다. 갑자기 그의 두 눈이 휘둥그레졌다.

소녀는 그의 팔을 빠져나갔다. 평생 서 본 적이 없었던 소녀가 제 힘으로 서 있는 것을 보고 사람들은 자신의 눈을 의심했다. 그들은 모두 소녀의 사정을 알았다. 누군가가 일어나 말했다. "예수는 하나님이시다! 예수의 이름을 찬양하라! 예수는 살아 계신다!"

그 남자는 자제력을 잃었다. 하나님이 역사하시자 사람들은 무릎을 꿇고 주님을 불렀다. 하나님의 사랑과 능력이 이 시아파 회교 사원에 진동했다. 회교 지도자 몇 사람은 안절부절못하고 나를 밖으로 데리고 나갔다. "와주셔서 고맙지만 이제 떠나시오." 자동차가 있는 곳까지 나를 바래다 준 나이 많은 한 회교도는 하나님의 영광과 능력에 경외심을 느꼈다. 그는 "이런 하나님의 능력은 평생 본 적이 없소"라고 말했다. 나는 말했다. "저도 마찬가집니다."

**랄프 베세아**, 현재 오클라호마 주 시골에서 초교파 선교단체들과 함께 일하고 있다. 이 일은 그가 남침례교 해외선교부 선교사로 일할 때 일어났다.

## 영접을 일구라

어느 동네에 들어가든지 너희를 영접하거든 너희 앞에 차려놓는 것을 먹고 거기 있는 병자들을 고치고 또 말하기를 하나님의 나라가 너희에게 가까이 왔다 하라 어느 동네에 들어가든지 너희를 영접하지 아니하거든 그 거리로 나와서 말하되 너희 동네에서 우리 발에 묻은 먼지도 너희에게 떨어버리노라 그러나 하나님의 나라가 가까이 온 줄을 알라 하라…너희 말을 듣는 자는 곧 내 말을 듣는 것이요 너희를 저버리는 자는 곧 나를 저버리는 것이요 나를 저버리는 자는 나 보내신 이를 저버리는 것이라 하시니라(눅 10:8-11, 16절).

당시에는 손님을 영접할 때 특별한 음식을 차려서 내었다. 손님을 대접하는 정도에 따라 크고 작은 잔치가 열렸다. 예수님은 제자들에게 단출한 대접을 받아도 괘념치 말라고 하셨다. 냉수 한 그릇 대접받는 것도 가치가 있었다.<sup>마 10:42 참조</sup>

앞에서 보았듯 예수님은 여리고에서 삭개오의 대접을 받으셨다. 그 도시에서는 배척과 영접이 뒤섞여 있었다. 종교 지도자들은 배척했고 '죄인'들은 열심히 영접했다. 습관처럼 예수님은 영접하는 자를 찾으셨고, 죄인들과 어울려 먹고 마시며 고매한 사람들을 불쾌하게 하셨다.<sup>눅 19:1-10 참조</sup>

예수님은 도시에 초대받아 가셨지 침입하지 않으셨다. 주님은 일흔 제자에게도 빈틈없는 침투 계획을 마련하라고 하지 않으셨다. 사실 배척당할지도 모른다고 미리 알리셨다.

발에서 먼지를 떨 때는 예수님이 자기를 배척한 노시에 관해 말씀하실 때처럼 애통해 해야 한다.<sup>눅 10:12-15 참조</sup> 이 행동은 주님이 말씀하신 '그 날'이나 '심판 날'에 대한 경고다.<sup>눅 10:12, 14 참조</sup> 이 부정적인 증언의 효력은 영원하지만 반드시 유일한 증언이 될 필요는 없다. 주 하나님은 은혜의 증인들을 더 많이 도시로 보내시기 때문이다.

이것은 저주나 보복성 모욕이 아니었다. 애통하는 심정으로, 하나님 나라가 가까이 왔으나 너희가 배척했음을 고발하는 진지한 행동이었다. 그들은 배척받을 준비를 했지만 배척받은 사람은 거의 없었다. 오히려 기뻐하며 돌아왔다.

**오늘의 땅밟기 기도자들이 배울 점**

**도시의 영접을 위해 기도한다.** 아주 많은 사람이 하나님께 돌아와서 하나님나라의 복음이 도시의 특징이 되도록 하나님께 구하라.

소수의 구원을 위해서만 기도하지 않는다. 예수님은 사마리아 우물에서 유명한 대화를 시작하시면서 사마리아 여자 한 사람의 믿음을 목표로 삼지 않으셨다. 주님은 도시의 초대를 받으셨다. '여자의 말'을 듣고 처음에 많은 사람이 믿었다. 도시가 움직이기 시작했고 예수님을 며칠 동안 영접했다. 그래서 더 많은 사람들이 예수의 말씀을 듣고서 믿게 되었다.<sup>요 4:39-42 참조</sup>

**음식은 서둘러 먹고 먼지는 천천히 떤다.** "너희에게 차려주는 음식을 먹으라"고 하신 예수님의 말씀은 무슨 음식이든지 감사하게 먹으라는 것과 하나님의 위대한 사자로 대접받지 못하더라도 기쁘게 도시를 섬기라는 뜻이 담겨 있다.

하나님이 주신 신분은 우리가 받는 대접의 질과 아무런 상관이 없다. 냉수 한 그릇을 대접받더라도 우리는 여전히 예수님의 '사람'이다.<sup>마 10:42 참조</sup> 우리의 신분은 귀신을 내쫓는 힘과도 상관이 없다. 그 대신 우리의 이름은 영원히 하늘에 기록된다.<sup>눅 10:20 참조</sup> 우리는 하나님의 보호를 받기 때문에 도시의 배척을 받아도 애통할 수 있다. 발에서 먼지를 떠는 행동은 단호한 증언 대신 모욕으로 오해를 살 수 있다. 가장 적절한 작별 기도가 무엇인지 하나님께 구하자. 예수님은 예루살렘을 두고 작별 기도를 하면서 우셨다.<sup>눅 19:41 참조</sup>

### 귀환의 기쁨

예수님은 특별히 시간과 장소를 정해서 제자들과 함께 모여 보고를 들으셨다. 그들은 회개하지 않는 도시 때문에 낙심하고 돌아오기는커녕 기쁨에 차서 돌아왔다. 우리는 그들의 보고에서 세 가지 기쁨을 엿볼 수 있다.

첫째, 그들은 놀라운 기쁨을 맛보았다. 그들은 기도 응답을 받고 기쁘고 놀랐다. "칠십 인이 기뻐하며 돌아와 이르되 주여 주의 이름이면 귀신들도 우리에게 항복하더이다."눅 10:17

둘째, 예수님은 그들의 눈을 열어 하나님 안에서 자신의 신분을 깨달아 더 큰 기쁨을 누리게 하셨다. 주님은 "너희의 이름이 하늘에 기록된 것을 기뻐하여라"눅 10:20 하고 말씀하셨다. 그들은 하나님의 초자연적인 능력을 경험하고는 당연히 열광했지만, 예수님은 하나님 앞에 이름을 올린 더 큰 기쁨을 알려 주셨다.

셋째, 예수님은 하나님이 그들의 증언을 듣고 기뻐하신다는 것을 알려 주셨다.

> 그때에 예수께서 성령으로 기뻐하시며 이르시되 천지의 주재이신 아버지여 이것을 지혜롭고 슬기 있는 자들에게는 숨기시고 어린아이들에게는 나타내심을 감사하나이다 옳소이다 이렇게 된 것이 아버지의 뜻이니이다 (눅 10:21).

바로 이 순간 예수님은 공생애 가운데 가장 크게 기뻐하셨다. 예수님은 하나님이 오랜 세월 가슴에 담아 두신 것이 마침내 드러났다는 것을 아셨다. 하나님은 평범한 신자들을 통해 도시 전체에 자신을 알리셨다. 예수님은 일흔 제자의 귀환을 보시면서 자기가 모든 민족과 열방의 가정에서 영접을 받으실 것을 아셨다.

PRAYER WALKING

3부

---

# 땅밟기 기도의 실제

# 7 중보 기도 지침

┃ 제자들은 예수님이 기도를 매우 유창하고 능력 있게 하시는 것을 보고 기도하는 법을 가르쳐 달라고 청했다. "예수께서 한 곳에서 기도하시고 마치시매 제자 중 하나가 여짜오되 주여 요한이 자기 제자들에게 기도를 가르친 것과 같이 우리에게도 가르쳐 주옵소서."<sup>눅 11:1</sup> 익숙한 본문이지만 문맥에 주의하자. 제자들이 예수님께 기도를 가르쳐 달라고 청한 때는 모든 고장과 마을로 기도 여행을 다녀오고 나서였다. 그들은 큰일을 이루고 기뻐서 돌아왔다. 이제 더 훈련받고 싶었다. 기도하는 사람은 항상 학습 욕구가 넘친다. 이때 예수님은 우리가 '주기도문'이라고 부르는 기도의 기본 지침을 주셨다.

예수님은 당시 유행하던 어리석은 기도 관행을 버리라고 하시면서 이미 같은 내용을 가르치신 바 있다. 그때 예수님은 기도는 하나님께 은밀히 하는 것이라고 말씀하셨다.<sup>마 6:5-15 참조</sup>

오랜 시간이 지난 뒤 그들은 예수님을 따라 여러 성읍과 마을을 다녔다.<sup>눅 10:38, 13:22 참조</sup> 그들은 성숙의 과정을 통해 유능한 동역자로 거듭났다. 그들은 예수님과 같이 성숙한 열매를 맺고 싶었다. 지금은 은밀히 기도하는 것보다 사역을 위한 기도의 방향과 얼개가 중요했다.

혼자서 기도하시든지 함께 기도하시든지 주님이 즐겨 찾으시던 기도 장소는 산이었다. 주님은 때때로 사람들을 데려가기도 하시고, 종종 전망이 트인 곳을 찾기도 하셨다.<sup>막 6:46; 눅 6:12, 22:39-41; 요 18:1-2 참조</sup>

누가복음 11장 1절에서 예수님은 '한 곳'에서 기도하셨다. 이 '한 곳'에서 주님이 사람들이나 마을들을 보면서 기도하셨다고 말하면 무리한 해석일까? 주님은 자기가 기도하는 사람들을 가까이 두시고 기도하셨을 것이다. 이제 이 주기도문에서 도시를 위한 기도 지침을 살펴보자.

## 도시를 위한 기도 지침

이 기도 지침의 요점은 개인 경건 시간에 다루기에는 너무나 길다. 이것은 하늘과 땅만큼 높고 깊으며 세상의 민족과 도시만큼이나 넓다.

**하나님의 영광을 위해 기도한다.** "아버지여 이름이 거룩히 여김을 받으시오며."<sup>눅 11:2</sup> 우리가 으뜸으로 여겨야 할 관심사는 바로 하나님의 영광이다. 정확한 번역에 따르면 이 주요 구절은 찬양이 아니라 간구다. "이름이 거룩히 여김을 받으시오며"를 "이름을 거룩하게 하옵시고"로 바꿀 수 있다. 우리는 하나님이 역사하셔서 그 이름이 세상의 도시와 민족 가운데 예배받고, 경배받고, 높임받고, 계시되고, 찬양받기를 기도해야 한다.

이 하나님의 이름을 위한 기도는 성경의 주제와 일치한다. 하나님은 역사의 시작부터 끝까지 열방에 자기를 알리고 그 이름으로 예배받으셨다.<sup>창 12:8; 출 9:16; 왕상 8:41-43, 10:1; 스 6:12; 느 9:9-10 참조</sup> 예언자들과 시편 기자들은 세월이 흐를수록 모든 민족이 그 이름에 영광을 돌리게 하실 하나님의 목적을 소리 높여 외쳤다.<sup>시 66:1-4, 86:9, 102:18-22; 사 12:4, 56:6-7; 렘 33:9; 겔 20:1-44; 습 3:9; 말 1:11-14</sup>

참조 예수님은 자기 사역이 제자들에게 아버지의 이름을 드러내는 것이라고 하셨다.요 17:6 참조 요한과 바울은 하나님의 이름을 위해 하나님의 목적을 세상에 전한다고 말했다.롬 1:5, 15:20, 요삼 7절 참조

**하나님의 나라를 위해 기도한다.** 다음은 "나라가 임하시오며"눅 11:2다. 물론 이 기도는 역사의 마지막 절정에 이루어질 것이지만 우리는 이 땅의 가정과 도시에 천국의 자유를 선포하는 주권이 임하길 기대하고 기도해야 한다. 하나님은 하늘에 계시지만, 기도 응답은 땅에서 이루어진다. 천국의 삶이 이 땅에서 수없이 움튼다.

하나님의 통치를 간절히 바라는 이 외침이 성경의 중심 주제다. 하나님은 변함없이 이 땅을 경건한 종들의 나라에 맡기길 바라신다.출 19:5-6; 삼하 7:12-19; 계 1:6 참조 하나님의 원수를 무찌르고 구세주의 주권을 세우는 역사는 급박하면서도 끈기 있게 전개된다.시 2, 110, 145편; 단 7:9-28; 마 12:15-29; 계 12:10-12 참조

**화해를 위해 기도한다.** "우리에게 날마다 일용할 양식을 주시옵고"눅 11:3 예수님의 기도 지침은 계속해서 우리의 관행적인 개인주의 밖에 있다. 우리는 하늘의 곳간을 활짝 열어 '우리에게' 필요한 양식을 구해야 한다.

타인에게 다가가지 않으면 용서를 경험할 수 없다. 따라서 "우리가 우리에게 죄 지은 모든 사람을 용서하오니 우리 죄도 사하여 주시옵고"눅 11:4라는 기도가 이어진다. 우리는 이 기도를 마치 "내 죄를 용서하여 주십시오"라고 왜곡하기도 한다. 예수님은 우리에게 다른 사람들을 위해 용서를 빌고, 때로는 가족과 세대에 누적된 죄악을 대신 회개할 책임이 있다고 말씀하신다. 우리는 이 정도로 크게 죄를 발견하고 용서를 빌어야 한다.

**하나님께 해방과 인도를 구한다.** "우리를 시험에 들게 하지 마옵소서."눅 11:4

가장 단순한 영적 전쟁은 사람들이 악에서 구원받아 하나님을 따르기를 바라며 기도하는 것이다. 누가의 기록에 따르면 이 기도는 하나님의 인도를 바라는 마지막 구절에 나타난다. '우리'라는 말은 가족, 교회, 어쩌면 이웃이나 도시를 뜻할지도 모른다. 이것은 시험('유혹'을 뜻하는 다른 표현)의 과정을 단축하고 파괴적인 악의 세력에서 구해 달라는 간구다. "다만 악에서 구하시옵소서." 마 6:13 이 기도는 그리스도인뿐만 아니라 비그리스도인을 위해서도 적합한 기도다.

## 거리 기도의 두 가지 원칙

거리에서 효과적으로 기도하기 위한 열쇠는 성경과 성령으로 기도하는 것이다. 예수님의 기도 지침은 이 두 기지 원칙을 뒷받침한다. 하나님의 영광과 그 나라를 위한 예수님의 기도는 성경에 기록된 약속의 주류를 이루지만 이 기도는 압축되어 있다. 하나님의 영광과 그리스도의 통치를 위해 진정으로 기도하려면 성령의 도움을 받아야 한다. 하나님의 영광은 어떻게 빛날 것인가? 그 나라는 어떻게 나타날 것인가? 성령의 도움을 받으면 명확하게 기도할 수 있다.

## 성경으로 기도하라

우리의 마음을 성경의 뜻에 집중할수록 기도가 살아나고 살이 붙는다.

**성경을 가지고 다닌다.** 주머니에 들어가는 성경은 요긴하게 사용할 수 있다. 두꺼운 성경은 부담스럽다. 작은 성경을 가지고 다니자. 작은 성경에는 없다고 해서 구약 성경의 보화를 놓치지 마라. 그 대신 작은 신약 성경에 없는 구약 기도를 미리 준비한다. 좋아하는 구약 성경 본문은 복사해서 사용한다. 땅밟기 기도자는 주로 기도에 유익한 본문을 미리 쪽지나 수첩에 적어 둔다.

성경 암송 구절로 기도하면 정신을 집중하는 데 도움이 된다. 땅밟기 기도자는 눈을 뜨고 기도하기 때문에 이따금 정신을 빼앗길 때가 있다. 때때로 두세 구절만 기도하고 끝날 때도 있다. 정신을 집중하고 기도하면 암송 구절을 많이 사용할 수 있다.

**캔디 스피어스**, 애리조나 주 챈들러에 사는 주부이자 홈스쿨 선생. 캔디는 아침에 동네에서 땅밟기 기도를 할 때 성경 암송 카드를 들고 다닌다.

**하나님을 위해 성경을 크게 읽는다.** 성경에는 하나님의 숨결이 담겨 있다. 하나님은 복 주시기를 기뻐하시기 때문에 성경에는 힘이 있다. 하나님은 말씀을 듣는 것을 기뻐하신다. 하나님이 귀를 기울여 들으신다고 의식하며 말씀을 반복해 읽으라.

어떤 사람들은 걸으면서도 책을 잘 읽는다. 여러 사람이 함께 걸을 때는 걸으면서 책을 못 읽는 사람을 위해 성경 읽는 사람을 정해 두라. 땅밟기 기도자는 대부분 걸음을 멈추고 함께 성경을 읽는다.

**진리를 일상어로 바꾸어 말한다.** 어떤 본문이든 찬란한 하나님의 성품이 나오면 일상어로 바꾸어 말해 보라. 일인칭 관점에서 하나님께 직접 말씀드린다. 진리를 일상어로 바꾸는 요령은 하면 할수록 는다. 성경을 계속 활용하면 머지않아 자기에게 가장 좋은 표현을 찾을 수 있다. 그러면 하나님의 생각을 일상어로 기도하게 된다.

**본문을 선택해서 간구하고 찬양한다.** 일정한 본문을 길게 사용하자. 구절 하나에 집중해서 100m를 걸으면 성경의 진리 속으로도 100m를 들어간 것 같은 기분이 든다. 미리 본문을 정해서 말씀에 집중하면 머지않아 말씀에서 간구와 찬양이 나온다. 곧 다른 방법으로는 땅밟기 기도를 하고 싶지 않게 된다. 성경에 기초하지 않은 기도는 약해 보인다. 하나님의 약속은 예배와 중보의 토대가 되기 때문에 우리는 기쁨의 찬송과 열정의 간구를 거침없이 넘나들 것이다.

우리는 시편 67편으로 일주일간 기도했다. 우리는 한두 시간 땅밟기 기도를 하면서 시편 67편을 사용하기로 결정했고 특히 5절 말씀 "하나님이여 민족들이 주를 찬송하게 하시며 모든 민족으로 주를 찬송하게 하소서"를 붙들었다. 주택을 보면서 그곳에서 성경공부를 시작하게 해 달라고 기도했다. 또 하나님이 찬양과 예배의 사람으로 세우실 사람들을 위해 기도했다.

**조지 파비스**, 중앙아시아 우즈베키스탄의 사마르칸트 시에서 기도와 연구에 힘썼던 단기 선교사.

### 성령과 동행하라

그리스도의 성령은 항상 신실하게 우리 안에 거하시지만 우리가 기도할 때 더 가까이 다가오신다. 성령은 빛처럼 고요하게 우리의 영혼을 살피시고 아버지의 마음을 밝히신다. 성령은 우리의 정직한 고백을 통해 기도를 도우신다.

#### 성령의 말씀에 귀를 기울이라

성령을 올바로 경외하자. 성령은 무형의 힘이 아니라 거룩한 인격이시다. 성령은 강압하지 않으신다. 성령은 손이 장갑을 움직이듯 우리 몸을 마음대로 사로잡지 않으신다. 우리는 귀한 종이지 소모품이 아니다. 성령은 친절하게 지도하시며 우리를 존중하신다. 이러한 성령을 근심하게 하다니 안 될 말이다! 무슨 말씀을 하시든지 듣겠다는 자세로 의식적으로 순복하라.

청력을 높일 필요는 없다. 다만 듣는 법을 배워야 한다. 영적이거나 심리적인 신호를 분별하는 것은 중요하지만 어렵지는 않다. 성령은 항상 예수님을 높이고 기록된 하나님의 말씀으로 이야기하신다.

**침묵한다.** 노련한 땅밟기 기도자도 성령의 음성에 귀 기울이는 법을 다 배우지 못했다고 고백한다. 침묵하면서 성령과 기도하는 법을 배우라. 걷거나 서 있을 때 침묵하고 집중하라.

**성령은 은사를 통해 주신다.** 상대방의 말에 귀를 기울여 성령의 음성을 듣는다. 분별의 은사가 있는 사람은 자기가 받은 인상을 말하라. 마음을 열고 그들의 말과 다른 사람의 말을 비교하고 검토한다. 가르침의 은사가 있는 사람은 예언의 은사가 있는 사람이 기도할 때 말씀으로 그 기도를 뒷받침할 수 있다. 은사에는 등급이 없다. 하나님의 생명은 몸의 조화로운 일치를 통해 흘러간다.

#### 성령께 순종하라

땅밟기 기도는 하나님과 동행하는 것이다. 하나님은 성령으로 우리 곁에서 기도를 도우신다.

**함께 기도한다.** 은사를 지혜롭게 사용하자. 은사에 대한 관점은 다양해도 하나님이 교회를 세우기 위해 영적 은사를 주신다는 생각에는 이견이 없다. 성령이 주시는 은사는 땅밟기 기도에 유익하게 쓰이지만 독단적인 은사는 없다. 성령은 우리 각자에게 고유한 재능을 주신다.

방언의 은사가 있는 사람은 땅밟기 기도를 할 때 방언 기도를 하라. 땅밟기 기도에 방언 기도는 필수라고 생각하는 사람이 많다. 이 영적 기도가 중요하긴 하지만, 특히 천상과 지상의 거리에서 우리가 친교를 나눌 때 그리스도의 몸을 하나로 지키는 일이 더 중요하다.

바울은 '믿지 않는 사람'과 '갓 믿기 시작한 사람'이 모인 곳에서 영적인 은사를 신중하게 사용하라고 가르쳤다.<sup>고전 14:20-25 참조</sup> 땅밟기 기도는 대개 불신자들이 있는 곳에서 진행하며 여러 교회가 참여할 때는 다양한 은사가 나타나기 때문에 땅밟기 기도를 할 때는 이 지침을 잘 따라야 한다. 하나님은 여러 교회가 함께 기도할 때 은사의 다양성을 강조하신다. 바울은 방언이나 예언을 할 때는 다른 사람의 반응을 살피라고 권면했다. 은사는 각자가 관리해야 한다. 이때는 방언 기도를 열정적으로 하지 않는 편이 바람직하다. 그리스도인은 혼란을 피하고 평화를 위해 몸을 세우는 사랑의 길을 걷는 사람이다.

방언뿐 아니라 모든 은사를 지혜롭게 사용해야 한다. 모두 이해할 수 있는 언어를 사용하여 더 높은 예언의 은사를 함께 갈망하라.<sup>고전 14:39 참조</sup> 하나님의 생각과 마음을 나타내는 믿음의 기도가 곧 예언이다.

**몸으로 기도한다.** 성령이 예언적 의미가 담긴 몸짓으로 기도하게 하실 때가 있다. 처음에는 거부감이 들더라도 순종이 최선이다.

반면에 본인이나 다른 사람이 과거에 했던 예언적 행동은 반복하지 않는다. 하나님의 훌륭한 자녀들은 순종하는 마음으로 기이한 행동을 했고 하나님은 그것을 크게 사용하셨다. 하지만 하나님은 결코 그 믿음의 몸짓이 반복되는 것을 바라지 않으신다. 성령께 새로운 인도를 구하는 것이 중요한 열쇠다.

최근에 우리는 독일에서 땅밟기 기도를 하면서 포츠담 시가 굽어보이는 곳에 올라간 적이 있다. 그래함 켄드릭은 찬양을 인도하고 나는 손을 들어 도시를 축복했다. 독일인들이 열방을 섬기는 나라가 되게 해 달라고 기도하는데 하나님은 내가 손바닥을 위로 하고 손을 드는 행동을 하게 하셨다. 순종하는 마음으로 그 동작을 몇 번 하고 나자 나는 그 유명한 '히틀러 만세'의 경례를 뒤집어 하고 있다는 생각이 들었다. 이 예언적 행동으로 숭고한 겸손을 바라는 기도가 응답되었다는 생각이 들자 기도에 힘이 더해졌다.

기도의 예언적 상징에는 두 가지 종류가 있다. 첫째, 일어나기,<sup>신 10:8; 대하 20:5, 13, 29:11 참조</sup> 하늘을 향해 손들기,<sup>시 28:2, 63:4, 134:2; 딤전 2:8 참조</sup> 하늘 바라보기,<sup>요 11:41, 17:1 참조</sup> 절하기,<sup>대하 20:18; 행 20:36, 21:5 참조</sup> 그리고 우리가 제안하는 땅밟기와 같은 '기초적인 기도 자세와 몸짓'이 있다.

기도의 몸짓에 익숙해질수록 나머지 예언적 상징 곧 때때로 하나님이 시키시는 '특별한 기도 행동'도 자연스레 따를 수 있다. 이 예언적 상징은 우리가 생각하는 것보다 자주 사용할지도 모른다. 설령 이해가 되지 않더라도 성령께 순종해야 한다. 영과 마음과 몸이 집중할 때 작은 믿음은 큰 힘을 발휘한다.

**총명하게 기도한다.** 땅밟기 기도자는 흔히 자료를 수집해 기도를 보강하지만 모든 자료를 기도 제목으로 삼아서는 안 된다. 연구에서 얻은 통찰은 자료의 방대한 부피와 다양한 해석 때문에 활용하기가 어렵다. 정보는 지침이 아니다. 기도 제목을 뽑아낼 안목을 달라고 성령께 구하자. 진실한 중보는 언제나 치우치기 마련이다. 모든 자료를 바탕으로 일일이 기도할 필요는 없다.

같은 주간에 런던의 역사에 관한 책을 읽었다. 런던 역사의 특징은 탐욕이었다. 나는 사람들에게 내 생각을 말했고 우리는 함께 기도했다. 이것이 계기가 되어 좀 더 체계적으로 연구를 시작했다. 기도와 공부의 연속이었다.

**피터 아담스**의 《전투태세를 갖추라》(*Preparing for Battle: A Biblical Strategy for Spiritual Warfare*)에서 인용. 이 책에서 피터는 예수전도단이 후원한 런던 땅밟기 기도를 위해서 어떤 연구를 했는지 설명한다. 연감, 역사서, 오래낸 신문 기사, 런던의 오랜 거주민의 기억을 활용했다. 결국 피터의 연구는 하나님이 런던의 불의한 무역의 영을 깨신 기도 사역에 도움이 되었다.

우리는 이전 사람들이 했던 기도를 다시해야 한다. 우리는 하나님께서 사람들에게 무슨 기도를 시키시는지, 하나님이 그들과 무슨 기도를 함께 하시는지 발견해야 한다. 기도한 것을 적어 두면 그들은 기도 응답을 이미 받았음을 깨달을 것이다. 다니엘은 예레미야의 후대 사람이지만 예레미야의 말을 빌려 기도했다. 조나단 에드워즈는 뉴잉글랜드의 모든 사람이 마지막 부흥의 원동력이 되게 해 달라고 기도했다.

**마크 프리처드**, 보스턴 기도 재단 대표. 이 재단은 보스턴 기도 대회의 주제를 조나단 에드워즈의 기도에서 찾았다.

정보의 범위를 넓히자. 땅밟기 기도자들은 과거의 구체적인 사건이 일어난 현장을 중심으로 역사적인 조사를 하라고 입을 모아 강조한다. 사회적 추세, 인구통계학적 자료, 또는 최근 신문 기사까지 연구하라.
사회 구조를 공부한 덕분에 실제적인 사랑을 품고 거리를 걸으면서 기도했다.

우리는 중국인의 집과 태국인의 집을 구별할 줄 알았다. 어두운 단칸방 공장에서 일하는 노동자는 북동부 지방 사람이었다. 방콕 전역에 있는 매춘부도 대부분 그 지방 출신이었다. 우리는 매춘부들이 대개 부모한테서 팔려왔다는 사실을 듣고 가슴이 미어졌다. 그들과 5분만 이야기해 보면 우리의 가정은 사실로 드러났고, 우리는 30분 동안 열심히 기도했다. 그 사회를 직접 체험하면 정말로 절박한 슬픔과 희망을 품고 기도하게 된다.

**스티브 키즘**, 태국 방콕에서 땅밟기 기도를 했다.

# 8 땅밟기 기도 방법

▎하나님과 함께 기도하면 지루할 틈이 없다. 새로운 기도자들과 친구들과 함께 땅밟기 기도를 하면서 즐겁게 중보 기도를 하는 방법은 수없이 많다. 우리는 다른 사람들과 함께 기도하면서 기도 짝을 관찰하고 모방하면서 중보자로 성장한다. 기도 경험을 쌓고 유익한 방법을 개발하여 다른 사람들과 나누라. 지금부터는 여러 땅밟기 기도자들이 꾸준히 습득한 검증된 방법을 소개한다.

## 기도팀 땅밟기 기도 방법

땅밟기 기도의 가장 큰 기쁨이자 어려움은 팀을 다양하게 구성해 함께 기도하는 일이다.

### 제안 1: 개인 땅밟기 기도

그리스도인들은 오래전부터 혼자 걸으며 묵상하고 기도하는 훈련을 했다. 하나님과의 사적인 이 동행을 성경 인물 에녹의 이름을 따서 '에녹 산보'라고 부르기도 한다. 에녹은 하나님과 동행하다가 사라졌다. 하나님이 그를 데려가신 것이다.<sup>창 5:24 참조</sup> 우리는 개인 경건을 위한 기도도 권장하지만 혼자서 하나님과 걷는 것과 사회를 중보하는 땅밟기는 구별하는 것이 좋겠다. 인위적인 구분 같지만 땅밟기 기도는 그만큼 특별한 중보 기도다.

우리는 두 가지 이유 때문에 적어도 한 사람과는 짝을 지어서 땅밟기 기도를 하도록 권한다. 주된 이유는 집단의 기도가 큰 힘을 내기 때문이다. 하나님은 기도의 연합을 기뻐하신다.[마 18:20 참조]

둘째, 여러 사람이 함께 땅밟기 기도를 하면 혼자서 기도할 때보다 안전하기 때문에 걱정을 덜 수 있다. 우범 지대와 영적 분쟁 지대에서는 영적·신체적 위험이 도사린다. 이러한 위험은 기도를 방해하기 때문에 친구들과 함께 지혜를 모으는 편이 바람직하다.

경고의 말을 덧붙이긴 했지만 개인 땅밟기 기도를 하지 말라는 말은 아니다. 함께 기도할 사람이 곁에 없어도 성령은 때때로 즉석에서 땅밟기 기도를 이끄신다. 혼자서 땅밟기 기도를 할 경우에는 다음과 같은 점을 유념하자.

**큰 소리로 기도한다.** 혼자서 기도할 때는 말문이 막히거나 적막에 휩싸이기 쉽다. 때로 침묵 기도를 해야 할 때가 있기는 하지만 가능하면 소리를 내어 기도하라. 기도할 때 우리 마음은 전쟁터로 변한다. 내 기도를 함께 듣고 '아멘' 해줄 친구가 없으면 사람들은 대개 기도에 집중하지 못한다. 소리를 내어 집중력을 높이라.

현장 기도에 익숙하지 못한 행인은 혼자서 소리 내어 기도하는 사람을 이상하게 여길지도 모른다. 하지만 설명을 하면 그들도 정중하게 대한다. 다른 사람의 생각보다 하나님의 생각에 더 관심을 기울이자.

장대같이 키가 큰 사람이 다가오더니 나에게 지금 뭐하는 거냐고 물었다. 나는 우리가 교회를 개척할 이 매립지를 놓고 기도한다고 말했다. 그는 한동안 나를 쳐다보더니 이렇게 물었다. "매립지를 위해서 기도할 거면 나를 위해서 기도해 주시겠소?"

**어윈 맥마누스**, 이때 그는 텍사스 주 달라스 남부에서 새로운 교회 개척을 시작하고 있었다. 지금은 로스앤젤레스의 처치 온 브래디(The Church on Brady)의 후원으로 더 많은 교회를 개척하고 있다.

나는 학생들이 한 곳에 모여 있을 때 학교 건물에 손을 얹고 하나님이 그들을 만져 주시고 구원해 달라고 즐겨 기도한다. 어느 날 건물에 기대어 학교를 위해 기도하는데 코치가 집회에 참석하러 오면서 나를 향해 미소를 지었다. 우리는 아무 말도 하지 않았지만 그는 내가 기도하고 있다는 것을 알았다. 나는 학교 선생들에게 몸으로 증거하고 있다는 생각이 들었다.

**테리 테이클**, 텍사스 주 칼리지 스테이션의 앨더스게이트 연합감리교회(Aldersgate United Methodist Church) 목사. 그는 거의 매일 달리기를 하면서 고등학교를 위해 기도한다. 이 '달리기 기도'는 목적이 있는 중보 기도다. 그는 출발하기 전에 하나님께 기도할 학교와 지역을 미리 여쭙는다.

**다시 밟는다.** 개인 땅밟기 기도는 땅밟기 기도의 첫걸음이 되기도 한다. 다른 친구들을 불러서 혼자 기도한 길을 따라 걸으며 다시 기도하라. 믿음의 친구들과 함께 같은 기도를 반복하라.

**혼자서 악한 세력과 싸우지 않는다.** 땅밟기 기도를 혼자 할 수밖에 없으면 영적인 세력에 현명하게 대응하라. 땅밟기 기도에는 악한 세력을 공공연히 공격하는 기도가 있고, 바울이 아덴 시를 오래 걸으면서 기도했듯이 탐색하는 기도가 있다. "바울이 아덴에서 그들을 기다리다가 그 성에 우상이 가득한 것을 보고 마음에 격분하여." 행 17:16

바울은 영적 전쟁에 문외한이 아니었다. 그 전에는 빌립보에서 귀신들린 여자를 기도로 고쳤다. 이 행동은 영적 폭발의 도화선이 되었고, 그 도시의 영적, 경제적, 군사적 권력 구조를 뒤흔들었다. 이러한 갈등이 일어나는 내내 바울은 친구들의 후원을 받았다.<sup>행 16:12-40 참조</sup>

하지만 아덴에서 그는 혼자였다. 바울은 악령들을 자극하는 대신 자신의 영혼을 자극했다. 그는 우상의 홍수가 그 도시를 집어삼키는 것을 보았다. 하나님은 바울의 고뇌에 찬 통찰력을 틀로 삼아 그의 생애에서 가장 중요한 메시지를 전하게 하셨다.<sup>행 17:16-34, 특별히 23절 참조</sup>

기도는 대부분 긍정적이다. "이 사람들을 구원해 주세요. 저들에게 회개의 심령을 주세요. 이 사람들을 훈련시켜 주세요." 하지만 사역을 하려면 마귀의 힘을 묶어야 할 때가 있다. 구체적인 내용으로 마귀와 맞설 때 우리는 성숙한 그리스도인들을 부른다. 혼자 힘으로는 오래 버티지 못한다. 그들이 온갖 것으로 공격하기 때문이다.

**팀 데이비스**, 콜로라도 주 하이랜즈 렌치의 사우스 힐스 커뮤니티 교회(South Hills Community Church) 사역담당 목사. 팀은 영적 전쟁팀을 지도하며 땅밟기 기도하는 것을 전도 사역의 하나로 삼는다.

### 제안 2: 가족 땅밟기 기도

땅밟기 기도는 가족의 기도생활에 큰 도움이 된다. 가족 땅밟기 기도는 하나님나라 확장에 어린이를 참여하게 한다.

**어린이와 다닐 수 있는 길을 정한다.** 짧고 다양한 길을 정해 자녀와 함께 계획하라. 승용차나 대중교통을 이용하면 짧은 거리의 길을 수없이 택할 수 있다. 유모차를 이용하면 아기와 함께 먼 길을 걸을 수도 있다.

**대화한다.** 자녀에게 미리 설명을 하면 자녀가 기도의 중요성을 이해하고 즐겁게 참여할 수 있다. 떠나기 전 자녀와 함께 기도 제목을 의논하면 자녀는 부모의 기도를 그대로 반복하는 대신 자기 말로 기도할 수 있다. 가족이 돌아가면서 성경을 읽는 간단한 순서도 마련하라. 실제로 기도하기 전에 연습을 해두는 것도 좋다. 자녀들도 길을 걷다가 사람이든지 사물이든지 눈에 띄는 대상을 위해 스스로 기도를 하거나 복을 빌 수 있다고 일러 준다. 땅밟기 기도를 마칠 때는 하나님나라를 위해 수고했다는 칭찬을 잊지 않는다.

**기도에 재미를 더한다.** 어린이가 어른의 기도를 모두 따라갈 수는 없지만 짧고 충실하게 기도할 수는 있다. 이때는 기도 시간임을 분명히 가르친다. 기도 시간을 짧게 조절해서 자녀의 집중도를 높이라. 중보 기도에 즐거움을 더하라. 대화식 기도의 폭을 넓혀서 재미있게 이야기를 이끌라.

**자녀의 관심을 위해 기도한다.** 자녀가 싫어하거나 좋아하는 것은 무엇인가? 어른이 보기에는 시시한 일이라도 어린이는 믿을 수 없을 만큼 큰 고통이나 재미를 느낀다. 그들이 고민하는 일이 해결되도록 기도하라. 친구 또는 적으로 여기는 급우의 집 근처에서 땅밟기 기도를 하는 것은 어떨까? 방과 후에 학교 운동장에서 자녀와 함께 땅밟기 기도를 해 보라. 그들의 관심과 기도를 조합하는 방법은 수없이 많다. 어린 아들이 소방차를 좋아하면 소방서 앞에서 소방관의 봉사를 통해 이웃을 지켜 달라고 하나님께 기도하라.

가정 예배 때 자녀의 기도 제목을 귀담아 듣는다. 가능하면 그들의 기도와 관련된 곳에서 땅밟기 기도를 하라. 또는 자녀에게 자기와 전혀 다른 인종과 이웃을 소개하면서 함께 기도 모험을 떠나라.

**사람과 장소에 변화를 준다.** 친척이나 친구를 불러 새로운 기도 분위기를 만든다. 아빠와 엄마만 참석하는 시간도 마련한다. 자녀는 부모나 조부모의 기도하는 모습을 오래도록 기억한다. 자녀는 하나님의 기도 응답을 체험할 수 있을 뿐만 아니라 평생 기도의 본으로 삼을 수 있는 가장 중요한 사람들을 관찰할 수 있다.

아이들은 우리가 왜 기도하는지 몰랐기 때문에 그 일은 적절한 증거가 되었다. 우리가 그곳을 돌면서 기도했을 때 아이들은 내가 미쳤다고 생각했을지도 모른다. 어느 날 아침 남편은 신문을 펼치더니 행복한교회가 뷰몬드를 구입했다고 말했다. 아이들은 깜짝 놀랐다. 나는 "너희는 신실하신 하나님을 믿지 못했니? 우리는 기적의 하나님을 섬긴단다" 하고 말했다. 아이들은 이 일로 믿음이 튼튼해졌다.

**니키 로시**, 콜로라도 주 잉글우드에서 두 아이를 키우는 주부. 1986년 로시 부부는 어리둥절해하는 자녀들을 데리고 뷰몬드를 일곱 바퀴 돌았다. 뷰몬드는 입지 조건이 좋았지만 재정 압박을 받던 상가였다. 그들은 하나님께 그 상가를 사용해 달라고 즉석에서 기도했다. 놀랍게도 1년 뒤 그들 교회는 싼 가격에 그 상가를 구입했다.

### 제안 3: 소집단 땅밟기 기도

땅밟기 기도자는 두세 사람씩 짝을 지어 기도하는 경우가 많다. 확실히 정해진 용어는 없지만, 우리는 이 책에서 기도하는 사람들의 집단을 '기도팀'이라고 부르겠다.

**기도팀을 조직한다.** 기도팀은 임의로 구성하되 신중히 조직할 필요가 있다. 안전 문제를 생각해야 한다. 팀 구성원이나 남녀 비율 같은 문제는 지역 사회에 문제가 되기도 한다.

인원이 적을수록 참여도는 높아진다. 인원이 많으면 크고 긴 기도가 이어지고 대화식 기도의 맥이 끊긴다. 말주변이나 용기가 부족한 사람은 때때로 말문을 닫고 팀에서 낙오한다.

**기도팀의 임무를 바꾼다.** 기도팀의 임무를 바꾸면 기도자 모두의 최선을 끌어낼 수 있다. 매우 조직적인 땅밟기 기도 활동의 경우, 거리를 짧게 끊어서 약속 장소에 모인 다음 휴식을 취하고 기도 짝을 바꾸어 계속 기도한다.

유능한 중보 기도자와 갓 배우기 시작한 사람을 한 팀으로 묶으면 장기적으로 큰 효과를 거둘 수 있다. 기도는 쉽게 전염된다고 한다. 땅밟기 기도를 통해 기도를 가르치고 배울 수 있는 기회를 만들라.

**기도팀의 수명을 예상한다.** 3인조 기도는 자칫 지루해지기 쉬운 2인조 기도의 반복적인 대화에 활력을 불어넣는다. 세 사람은 기도팀의 수명을 몇 주나 몇 달까지 연장한다고 검증되었다.

우리나라에서만 수만 명이 3인조 기도팀을 조직하여 그리스도를 믿지 않는 친구들을 위해 기도한다. 우리나라에서 3인조 기도 전략은 친구와 함께하는 '기도 골방' 활동에서 비롯되었다. 지금은 3인조 기도팀들에게 "밖으로 나가 마을의 땅을 밟으라. 당신이 평소에 기도하는 사람들을 위해 거리에서 기도하라"고 말한다. 3인조 기도팀의 수명은 1년에서 1년 반까지 지속된다.

**브라이언 밀즈**의 《3 곱하기 3은 12》(*Three Times Three Equals Twelve*)에서 인용. 그는 영국 복음주의 연맹과 협력해서 기도 운동에 힘쓰고 있다.

### 제안 4: 대집단 땅밟기 기도

일곱에서 스물넷 정도의 대집단도 이상적이다. 예를 들면 여러 지역의 땅밟기 기도팀이 한 곳에 모여서 기도 집회를 여는 경우가 있다. 또는 한 교회의 교인들이 다 나가서 주변 지역을 돌면서 땅밟기 기도를 하는 경우도 있다. 대집단이 땅밟기 기도를 하는 경우에는 다음과 같은 지침에 따르는 것이 좋다.

**경로를 잘 세운다.** 교통량과 신호등을 염두에 둔다. 어디에서 얼마나 오래 머물 것인지 계획을 세운다. 정해진 길을 미리 걸어 보고 소요 시간을 예상한다.

사람들이 군데군데 많이 몰리지 않도록 기도팀을 작게 나누어 행렬을 길게 유지한다. 소집단 기도팀을 1-2분 간격으로 나눠서 출발하게 해도 좋다.

**법을 준수한다.** 어떤 도시에서는 공식 행사가 아니더라도 일정 규모 이상의 사람들이 행렬할 경우에는 미리 허가를 받아야 한다. 어떤 도시에서는 방송 장비를 사용할 경우 법의 제재를 받는다. 다른 영역도 부지런히 창의적으로 살펴보라. 이를테면 지켜야 할 규칙과 미디어 홍보 등이 있다.

이런 행사를 진행하려면 각종 준칙을 잘 알아야 한다. 예를 들면 우리는 책임 보험 가입 의무가 있었다. 그리고 가장 손쉬운 가입 방법은 기존 가입자 밑으로 들어가면 된다는 사실을 알았다. 우리는 보험에 가입한 교회를 물색했고 추가 비용을 지불했다.

**밥 갈 목사,** 도시에서 땅밟기 기도를 계획할 때 확인할 사항에 관해 말한다.

**길을 준비한다.** 땅밟기 기도를 하는 날 행사를 시작하기 전에 노련한 땅밟기 기도자들이 땅을 미리 밟아 두는 것이 좋다. 요단 강을 건널 때와 같이 제사장들이 먼저 물에 들어가야 다른 사람들이 지나갈 길이

열린다.<sup>수 3:14-17 참조</sup>

**예배와 음악을 사용한다.** 때때로 대집단이 이동할 때는 기도와 찬양이 좀 더 공공연해진다. 예배 순서가 있든지 없든지 공개 예배를 즐기라. 순서지를 만드는 일은 어렵지 않다. 순서지가 있으면 때에 알맞은 찬양을 자유롭게 선택할 수 있다. 게다가 순서지를 통해 우리는 일치의 힘을 발휘할 수 있고, 예배에 힘을 얻어 거리에 기도를 쏟아 내게 된다.

찬양 순서가 있으면 진행을 매우 짜임새 있게 구성해야 한다. 적절히 선곡하라. 사람들이 잘 아는 찬양을 선곡하거나 순서지에 가사를 삽입한다. 예배할 때 악기는 대개 기타 같은 간단한 악기를 준비한다. 목적에 맞을 경우 트럼펫이나 트롬본 같은 관악기를 사용하면 분위기를 고조시키고 이목을 끌 수 있다. 휴대용 카세트는 거리의 소음에 크게 제한을 받는다. 땅밟기 기도를 시작하기 전에 미리 점검해서 신행에 차질을 빚지 않도록 한다. 예배를 강조하는 간단한 땅밟기 기도와 대규모 찬양 행진 사이에는 분명히 공통점이 있다. 땅밟기 기도를 시작하기 전에 분명한 목적을 정하고 미리 준비하라.

## 특별한 땅밟기 기도 집회

### 제안 1: 전도 집회

오래전부터 전도 집회를 준비할 때는 현장 기도를 했다. 중보 기도자들은 흔히 집회가 열리기 전에 모임 장소와 그 주변에서 기도한다. 전도 집회가 열리는 동안에는 특별한 현장 중보 기도가 있는데 그 역사는 더 길다.

한번은 기독교 변증가 조쉬 맥도웰을 초청해서 강의를 들었다. 우리는 이 시간을 위해서 미리 열심히 기도했다. 보통 그는 대학에서 세 번 이상 강의하지 않는다. 세 번째 모임은 학생들이 아주 많이 몰려서 그 날 밤에는 매우 이례적으로 강의를 두 번 했다. 그 대학 정원이 약 3만 2천 명 정도인데 사흘 동안 집회에 참석한 인원은 약 1만 2천 명이었다.

**셔먼 브랜드**, 1970년대 후반에 무르익었던 캠퍼스 복음화의 분위기를 전하는 당시 펜실베이니아주립대학교 대학생선교회 대표 간사. 그때는 학교에서 복음을 듣지 못한 학생을 만나 보기가 드물었다. 그들은 모든 전도 활동을 기도로 준비했다. 학생들은 정기적으로 모여 오랫동안 기도했고 두 명씩 짝을 지어 교정을 돌면서 학교를 기도로 덮었다.

지금은 땅밟기 기도자들이 전도 집회가 열리기 전 도시 곳곳을 활보하며 집회 장소뿐만 아니라 가정과 직장에 있는 사람들을 위해 기도한다. 그들은 사람들이 집회에 많이 참석하게 해 달라고만 기도하지 않고 새로운 제자 양육과 교회 개척이 시작되기를 위해서도 간절히 기도한다.

**제안 2: 집회와 시위**

어떤 나라의 그리스도인들은 공공 장소에서 자신의 신념을 담대하게 표현한다. 이로운 명분을 위해 항의하는 곳에 기도자들이 많이 참석하는 것은 좋은 일이지만 기도와 항의를 병행할 때는 신중해야 한다.

낙태 시술소 앞에서 한 소녀가 버스에서 내렸다. 소녀는 자기에게 말을 거는 거리 상담원에게 욕을 퍼부었다. 소녀는 건물 안으로 들어갔다. 거리 상담원들은 모두 모여 소녀를 위해서 함께 기도했다. 몇 분 뒤 소녀는 울면서 밖으로 나왔다. 소녀는 물었다. "정말로 도와주실 건가요? 무슨 방법이 있나요?" 그들은 소녀를 다른 곳으로 데리고 가서 도움을 주었으며 임신 기간 내내 보살폈고 이후로도 몇 년 동안 계속 소녀를 도왔다.

**바버라 말렉**, 네브래스카 주 오마하의 위기 임신 센터 공동 소장. 바버라는 그리스도인들에게 낙태 시술소 맞은 편에서 작은 안내판을 세우고 조용히 기도해 줄 것을 당부한다. 바버라의 지도로 팀원들은 대부분 기도를 하고 상담원은 시술소에 들어가는 여자들에게 다가가 다른 대안을 제시한다.

**공개적인 기도 앞뒤로 기도한다.** 공개적인 기도는 교회의 영혼을 숨김없이 드러낸다. 하나님 앞에서 우리의 삶은 증거가 된다. 만일 우리가 사람들을 모아 놓고 중요한 문제를 연단 위에서 외치기만 한다면 우리 기도는 당연히 힘을 잃는다. 시위 전에, 도중에, 후에 모든 형태의 기도 합주와 함께 조용히 땅밟기 기도를 해야 한다.

**대응하지 않는다.** 그리스도인들은 때때로 시위를 하며 복잡한 문제에 관해 공개적으로 기도할 권리를 주장한다. 속셈을 감추거나 이목을 끌기 위해 기도할 권리를 공개적으로 주장하지 않도록 경계하라. 특히 어떤 문제든지 다른 문제와 얽혀 있는 상황에서는 공개적인 기도를 해서 선례를 남기지 않도록 주의해야 한다. 성경은 다니엘의 사례를 통해서 우리에게 조용히 기도의 습관을 지속하라고 가르친다. 공개적인 기도가 다니엘에게 문제가 되었지만 다른 사람들은 그의 습관적인 기도 행위를 문제 삼았다. 만일 공개적인 기도 자체가 문제가 되면 하나님의 원수가 훼방을 놓는 것이기 때문에 대응하지 말고 내버려 두라.단 6:10 참조

### 제안 3: 특별한 축제일

성령은 종교 축제일, 기념일, 국가나 지방 축제일에 땅밟기 기도에 특별한 의미를 더하기도 하신다. 성탄절과 같은 어떤 전통들은 땅밟기 기도자가 창의적으로 활용할 수 있는 축제일이다. 지역 사회가 퍼레이

드를 펼치기로 했으면 미리 그 길을 밟으면서 기도하고 당일에는 퍼레이드를 따라가면서 또 땅밟기 기도를 한다. 땅밟기 예배자들은 때때로 퍼레이드에 직접 참가하기도 한다. 정부 기관의 개관식이나 기념식 날 그리스도인들은 기도 집회를 열기도 한다.

하나님의 거룩한 불이 이 위대한 새 건물이 서 있는 이곳을, 이 나라를 정결케 해서서 여기에서 일하는 사람들이 공의와 정의 위에 바로 서게 하소서.

**조이스 주크**, 1988년 호주의 새 국회의사당 개관식에서의 기도. 교계 지도자들은 개관식 때 공식 기도를 하지 않는다는 소식을 듣고 호주 역사상 가장 큰 기도 집회를 열었다. 그리스도인 오만 명이 참석했으며 새 국회의사당 주변으로 둥글게 3.5km에 이르는 원을 만들었다. 이 집회에는 호주 원주민을 위해 사역하는 캔버라 천주교회의 조이스 신부를 비롯해 수백 명에 달하는 성직자들이 참석했다.

여러분이 모르는 사실을 알려드리겠습니다. 오늘 밤 약 6만 5천 명이나 되는 호주인들도 이곳에 왔습니다. 그들은 오늘 밤 여러분이 자기를 위해 읽어 줄 기도문을 써서 보냈습니다. 그들의 몸은 여기에 없습니다. 하지만 그들은 기도문과 관심으로 그들의 자리를 대신했습니다.

**탐 할라스**, 호주 예수전도단 대표. 새 국회의사당 건물 개관식에 수천 명이 기도하려고 모인 자리에서 이렇게 말했다. 탐은 이 현장 기도 행사를 조직했다. 특별팀들은 거의 모든 호주 도시를 다니면서 집회 참석을 권유하거나 캔버라에 보낼 기도문 작성을 부탁했다. 수천 명이나 되는 사람들이 집회에 참석해서 기도 제목을 하나씩 큰 소리로 기도했으며 이 기도는 24시간이나 지속되었다.

# 9 땅밟기 기도터 열 곳

▌ 도시를 어렵게 하는 문제는 복잡하다. 이러한 문제의 원인을 한 가지 장소나 죄로 압축해서 간단하게 다룰 생각은 없다. 우리가 문제의 장소에 아무리 가까이 다가가더라도 하나님은 별안간 해답을 주시는 법이 없다. 다만 하나님은 우리에게 기도 제목을 주신다. 하나님이 서둘러 치유하지 않으시는 이유는 우리가 중요한 현장에 가서 기도해야 하기 때문이다

## 특별한 장소에서 기도하라

도시를 바꾸려고 반드시 큰일을 벌일 필요는 없다. 기도를 가장 많이 해야 할 열 곳을 선별하여 아래에 소개한다. 가장 중요한 거점 중 일부는 대부분 아주 평범하다. 나머지 장소는 특별히 지혜가 필요하다.

### 기도 장소 1: 일터

하나님은 흔히 그리스도인들에게 일터를 밟으며 기도하게 하신다. 가장 좋은 시간은 대개 퇴근하고 나서다.

나는 보통 이곳을 지나다닐 때는 이런저런 거래에 골몰하거나 사업에 관한 생각만 한다. 이곳은 사람들로 붐비지만 그들을 볼 여유가 없다. 어느 주말에 기도를 열심히 하는 그리스도인들과 함께 여기에 왔는데 이곳이 얼마나 기도가 많이 필요한 곳인지 절감했다.

**가이 위크와이어**, 보스턴 피델리티 투자사 부사장. 어느 토요일 아침 도시를 위한 기도 집회 때 사무실이 밀집한 거리를 걸으면서 처음 땅밟기 기도를 했다. 그는 가끔씩 주말마다 다른 그리스도인 십여 명과 함께 일터 주위에서 땅밟기 기도를 한다.

나는 오래전부터 덴버에 있는 모든 학교와 교장과 교직원들을 위해서 기도하기 시작했다. 지금은 여러 학교를 실제로 방문해서 그 주위를 밟으면서 복을 빈다.

**리처드 스미스**, 덴버 교육청 부교육감.

## 기도 장소 2: 하나님을 위해 사용할 터

하나님은 교회, 선교단체, 또는 가족에게 부지런히 땅을 밟고 기도하는 토지를 주실 때가 많다. 이와 같이 토지 주위를 걸으면서 기도하고 나서 기적처럼 부동산을 구입했다는 간증은 무척 많다.

어느 날 린 그린은 하나님이 예비하신 듯한 땅을 발견하고는 신이 나서 전화를 했다. "로렌, 믿을 수가 없어. 굉장히 크고 오래된 영국식 대저택이야… 간사와 학생이 백 명이 들어갈 정도로 커. 이름은 홈스테드 매너 Holmsted Manor 라고 해. 그렇게 큰 집은 살 생각도 없었는데, 하지만 우리가 기도했더니 하나님이 주신다는 확신이 들었어."

우리는 차를 타고 크롤리를 거쳐 홈스테드 매너로 갔다. 런던 도심에서 60km 떨어진 곳에 있었다. 50,000m²의 터 위에 예스럽고 세련된 3층 저택과 그 주변에 여러 건물이 있을 줄은 예상을 못했다. 처음 불렀던 가격은 본채 가구 교체 비용 5천 파운드를 포함해 약 6만 파운드였다. 주인은 부동산을 나누어 팔았다. 그는 진입로 한 쪽에 수영장과 축구장이 있는 땅 12,000m²와 그 맞은편 땅 12,000m²는 따로 팔았다. 나머지 땅은 기타 모양처럼 생겨서 기타 목 부근에서 가로수가 있는 긴 진입로를 따라 들어가면 웅장한 본채가 나타난다. 내 속에서, 이것을 영국의 선교 훈련 센터로 너희에게 주고 싶다, 하고 음성이 들렸다.

본채를 둘러본 다음 우리는 주변을 돌면서 이곳을 달라고 하나님께 기도했다. 우리는 큰 기대를 안고 진흙 밭을 걸으면서 필요한 재정을 채우실 하나님을 찬양했다(그때 영국 예수전도단은 은행에 고작 200파운드밖에 없었다. 그나마 그 돈도 토지 측량 비용으로 충당했다).

우리는 '믿음의 땅밟기'를 마치고 나서 가로수가 즐비한 진입로를 지나 고속도로로 나가지 않고 '기타 목' 주변의 땅도 같이 밟았다. 축구장과 수영장이 있는 대지와 맞은편 대지는 우리가 구입할 땅은 아니었다.

린과 마티는 그날 기도 행진을 하고 나서 영국 그리스도인들에게 우리가 홈스테드 매너를 선교 훈련 센터로 구입한다는 계획을 알렸다. 넉 달 만에 6천 파운드를 모금했다. 계약금에 꼭 맞는 액수였다. 믿음의 싸움은 아무래도…싱겁게 끝날 것만 같았다. 혼란스럽고 당황스럽게도, 홈스테드 매너 부동산은 뜻밖에 곧 다른 사람에게 넘어가 버렸다!

우리는 주님께 다시 여쭈었다. "왜 이런 일이 생긴 겁니까? 우리는 그곳이 선교 훈련 센터가 될 줄 알았습니다." 하나님은 침묵하셨다. 그러나 하나님이 '벌써' 대답하셨다는 확신이 조용히 들었다. 홈스테드 매너는 우리 것이었다.

그리스도인 친구들은 그곳이 이미 팔렸다는 소식을 듣고도 홈스테드 매너 구입 헌금을 보냈다. 하나님은 이로써 우리의 확신을 뒷받침해 주셨다. 6만 파운드가 모였을 때 우리는 이 돈을 다른 계좌에 예치했다.

몇 달이 지났지만 하나님은 우리가 포기하지 못하게 붙드셨다. 다른 사람이 홈스테드 매너를 구입할 때 지불한 돈은…우리가 처음 제시한 가격의 세 배였다! 하지만 몇 달이 몇 년이 되자 우리를 믿고 헌금을 낸 후원자들에게 설명할 말이 없었다.

마침내 1975년 여름, 우리가 홈스테드의 진흙 밭과 주변 땅을 밟으면서 기도한 지 4년 만에 주인에게서 연락이 왔다. 그들은 우리가 처음 제시한 6만 파운드에 부동산을 팔기로 했다!

또한 그 사이에 기타 모양의 땅 양 쪽에 있던 땅들이 추가되었다. 이제 우리는 6만 파운드로, 처음에 구입하려고 했던 부동산뿐만 아니라 4년 전에 기도 행진을 했던 축구장과 수영장이 있는 땅과 맞은편 농원까지 구입했다.

우리는 홈스테드 매너에 입주한 뒤 다시 행진을 벌였다. 이번에는 예수전도단 지체들 175명이 찬양을 하면서 그 땅을 밟았다. 우리는 젊은 선교사를 훈련시킬 값진 부동산보다 더 많은 것을 얻었다. 우리는 하나님의 방법에 관해 많이 배웠다.

**로렌 커닝햄**의 《벼랑 끝에 서는 용기》(예수전도단 역간)에서 인용, 예수전도단 설립자.

---

사람들은 대개 부동산 구입을 위한 행진을 하면서 땅밟기 기도를 처음 접한다. 부동산 구입을 위한 땅밟기 기도는 대부분 여리고 성 전투의 주제와 행동을 적용한다. 여리고의 드라마에는 간결한 힘이 있고 사람들은 직관적으로 땅을 밟는 예언적 행동을 이해한다.

땅밟기 기도 입문자는 좀 더 용기를 내서 주변 지역까지 땅밟기 지역을 넓혀 나가는 것이 좋다. 지역 사회로 조금씩 들어가면 토지 구입만을 위해서 기도하지 않고 하나님의 영광이 지역 사회에 나타나도록 축복하는 기쁨을 누릴 수 있다.

트럼펫이 크게 세 번 울리자 행진하던 사람 수백 명은 "할렐루야! 주님을 찬양하라!" 하고 소리쳤다. 멀리 뒤에서 두 번째 무리 수백 명이 이어서 "크고 위대한 일을 행하셨네" 하고 외쳤다. 모퉁이 뒤에서 세 번째 무리가 "우리가 그 이름을 영원히 송축하리" 하고 외쳤다. 그리고 그 사이에 있던 두 성가대가 노래하기 시작했다.

우리는 마지막 일곱 번째 여리고 행진을 벌였다. 6주 전부터 50명이 모여서 대학교 주변 2km를 조용히 걸으면서 기도했다. 오늘은 트럼펫 주자 셋, 기수 둘, 목사 열, 성가대 둘, 각각 단원 백 명이 넘는 찬양단 셋을 포함해 350명이 모였다. 우리는 둘씩 짝을 지어 인도로 행진했기 때문에 대학교를 둘러싸려고 이동할 때는 구불구불한 행렬이 몇 블록에 걸쳐 이어졌다.

지금까지 일요일마다 여섯 차례 행진을 했지만 사고는 없었다. 캘리포니아 남부 대도시에서 우리를 주목하는 사람은 거의 없었고 그들은 관심도 없었다. 랄프 윈터가 대학교 주변을 행진하자고 처음 제안했을 때 직원들은 너무 별난 행동이라며 다 반대했다. "이곳은 여리고 성이 아니에요. 하나님은 우리에게 그런 명령을 내리신 적이 없어요." 어떤 사람들은 아주 단호했다. "우리를 미치광이로 만들 작정입니까? 이 지역 사회에 우리가 미쳤다고 광고라도 하실 건가요?"

그들이 옳았다. 하나님은 그런 명령을 하지 않으셨고 랄프 본인도 왜 행진을 해야 하는지 몰랐다. 그는 단지 행진을 해야 이 학교가 하나님의 것임을 세상에 알릴 수 있다고 느낄 따름이었다. 그는 말했다. "공개적인 선포는 지역 사회는 물론 우리에게도 득이 됩니다."

**로베르타 윈터**의 《여리고의 남은 행진》(*Once More Around Jericho*)에서 인용. 그는 캘리포니아 주 패사디나에서 세계선교센터를 설립할 때 있었던 일을 말한다. 그들은 이 대학을 구입해서 세계 복음화를 완성하기 위해 연구하고 전략을 세우는 곳으로 폭넓게 사용했다.

부동산 구입을 위한 땅밟기 기도는 대개 많은 사람이 참여하는 공개적인 형태를 띤다. 이와 같이 예언적 행동을 할 때는 하나님의 구체적인 인도에 성실하게 곧장 순종해야 한다. 조심하지 않으면 이러한 땅밟기 기도는 스스럼없이 필요한 땅을 구입하거나, 더 나아가 감정을 이용한 모금 활동으로 전락하게 된다.

부동산이 필요한 교회와 선교단체만 이런 기도를 해야 하는 것이 아니다. 하나님의 영광을 위해 모든 매물을 사용하도록 기도하지 말라는 법이라도 있는가?

매물로 내놓은 장소를 구경하고 돌아다녀도 그 누구도 막지 않는다. 우리는 이 도시에서 큰 매물이 나왔을 때 보고만 있지 않았다. '매물' 간판은 성령이 완전한 뜻을 나타내실 기회를 의미한다. 우리는 매물이 나오면 그곳을 밟으면서 기도한다. "하나님, 이것은 주님의 소유입니다. 주님이 선택하신 사람에게 이곳을 주소서. 아버지, 다른 사람이 이곳을 사지 않게 하소서."

**테드 해거드**, 목사. 최근 이 도시는 아주 많은 복음주의 사역 본부의 본원지가 되었다.

**기도 장소 3: 높은 곳**

땅밟기 기도자들은 흔히 높은 곳에서 기도한다.

우리가 예배하고 주님을 높이는데 하늘을 뒤덮은 두꺼운 구름이 열리더니 베링 해 위로 큰 무지개가 나타났다. 예배팀은 이 광경을 보고 신이 났다. 유엘레나 마을로 돌아온 뒤에 마을 사람들이 낯선 무지개를 보고 깜짝 놀랐다는 소식을 들었다. 무지개를 처음 보는 사람이 상당히 많았다. 모든 사람이 물었다. "저게 뭐요?" 이것을 계기로 우리는 하나님이 다시는 홍수로 세상을 심판하지 않겠다고 약속하신 말씀을 나누게 되었다. 사랑이신 하나님의 백성에게 복음을 전할 문이 활짝 열렸던 것이다.

**밥 피츠**, 하와이에 사는 예배 인도자. 예수전도단 팀과 함께 구소련의 동쪽 끝에 있는 어느 높은 곳에서 예배한 적이 있다. 1991년 후반에 무장한 소련군이 그들을 호위하여 시베리아 동북부 지방의 여러 전망대를 다녔다.

높은 곳에서 기도하면 기도가 너무 일반적으로 흐르기도 한다. 좀 더 효과적으로 기도하려면 제목을 분명히 정하라. 자기 도시를 속속들이 아는 사람은 드물다. 큰 건물이나 중요한 영적 의미가 있는 곳을 아는 데만 그치지 마라. 지도를 사용해 도시의 역사적 발전과 성장, 쇠퇴의 흔적을 찾아보라. 여러 지역의 특색과 주민들의 필요를 살펴보라.

80년대 중반에 우리는 오리건 주 포틀랜드에서 가장 높은 카운실 크레스트에 정기적으로 올라가서 도시를 위해 기도했다. 어떤 날은 열다섯이 모이기도 하고 어떤 날은 적어도 열 교회에서 오십 명이 넘게 모이기도 했다. 간단하게 예배를 하고 나면 우리는 둥글게 서서 도시를 위해 기도했다. 우리는 눈을 뜨고 금융가, 공장지대, 서쪽 언덕의 주택단지 등을 보면서 기도했다.

안개가 자욱한 어느 날 아침 아무것도 볼 수 없는 가운데 우리는 노스웨스트 지역 사람들의 커다란 무관심과 자만심을 놓고 기도했다. 시민들은 냉담한 안개 속에 가려서 살았다. 어떤 날은 도시를 지나는 강을 보면서 하나님의 생명의 강이 우리 도시에 넘치기를 기도한 적도 있다.

**랜디 로스**, 캘리포니아 주 오클랜드에 있는 제일언약교회(First Covenant Church) 목사.

**기도 장소 4: 위험한 곳 또는 재난의 터**

어떤 땅밟기 기도자들은 재난이 일어나면 신속히 그곳에 가서 기도하라고 말한다.

우리는 최근 여섯 달 동안 보스턴에서 살인 사건 현장을 빠짐없이 찾아다녔다. 우리는 빨간 완장을 찼다. 살인 사건이 발생한 여든여섯 곳에서 이 땅을 고쳐 달라고 하나님께 기도했다. 이웃 주민들에게 우리가 하는 일을 알렸을 때 현지 주민들은 말했다. "맞아요. 이 도시를 바꿀 수 있는 건 기도밖에 없어요." 이듬해 살인 사건 발생률은 절반으로 줄었다.

**마크 프리처드**, 1990년 전국 기도의 날 행사 중 여러 교회가 참여한 보스턴 땅밟기 기도 대회에서 닐 와일더의 말을 전한다.

로스앤젤레스에 있는 예수전도단 지부는 로드니 킹이 구타당한 장소에서 겨우 1km 남짓 떨어져 있다. 폭동이 일어난 뒤 우리는 그 사건이 일어난 주차장에 가서 예배했다. 하나님 앞에서 손을 들고 서서 "성령의 비가 내리네"를 불렀다. 우리는 온 도시에 폭우가 내리듯 폭력이 휩쓸었으니 "주님, 이제 이곳에 주님의 사랑의 비를 내리소서" 하고 기도했다. 우리는 기도하면서 곳곳을 밟았고, 미움과 폭력의 미사일이 이 주차장에서 전국으로, 특히 로스앤젤레스로 발사되었다고 느꼈다. 그래서 우리는 우리가 서서 예배하고 기도한 자리에서 사랑의 미사일이 발사되기를 기도했다. 우리가 기도하는 동안 덩치가 큰 어떤 라틴 아메리카계 미국인이 소형차를 타고 주차장으로 들어왔다. 그는 창 밖으로 고개를 내밀고 우리가 무엇을 하는지 보려고 가까이 다가왔다. 땅밟기 기도가 시작되자 두 사람이 그에게 다가갔고 그 남자는 10분 만에 주님을 영접했다.

**데이브 구스타브슨**, 예수전도단 로스앤젤레스 지부, 지역 교회를 선교의 강한 동력이 되도록 돕는 글로벌 네트워크의 개발자.

**기도 장소 5: 잘못된 지명이나 저주받은 터**

땅밟기 기도자들은 지명이 바뀌도록 진지하게 기도한다. 한 예로 어떤 교차로나 고속도로는 이를테면 망자의 만곡과 같이 어리석게도 저주의 이름이 붙어 있다. 하지만 지나치게 미신에 의미를 두지 않도록 주의한다.

거짓 신, 범죄자 또는 사탄의 이름을 딴 곳도 있다. 땅밟기 기도자들은 하나님이 정하신 목적에 따라 지명을 바꾸는 의미 있는 기도를 자주 한다.

캘리포니아와 패사디나의 수원지 댐의 이름은 사탄의 수문이다. 우리는 그 이름이 정말로 도시를 저주한다고 강하게 느꼈다. 1947년 〈패사디나 스타 뉴스〉에는 이런 기사가 실렸다. "사탄의 수문은 바위들이 사탄의 형상을 닮았다고 해서 붙여진 이름이다." 패사디나에 오기 전에 주님은 나에게, 엘리사가 여리고의 수원지에 소금을 뿌려서 오염된 물을 정화시킨 말씀을 주셨다.<sup>왕하 2:19-22 참조</sup> 그때 나는 사탄의 수문으로 가서 예언적 중보로써 소금을 뿌리고, 선조들이 이런 이름을 붙인 잘못을 대신 회개하고, 저주를 끊어 패사디나에 부흥을 달라고 기도해야겠다는 생각이 강하게 일었다.

우리는 중보 기도팀을 데리고 댐에 가서 정확히 그렇게 기도했다. 수많은 사람의 메마른 삶에 생수의 강물과 결실이 넘치도록 하나님께 구했다. 당시 캘리포니아 남부에는 5년 동안 가뭄이 이어졌다. 수많은 캘리포니아 주민들도 비가 오기를 기도했다. 8일 뒤 장대같이 비가 쏟아졌고 언론이 그 달을 '기적의 3월'이라고 불렀을 때 우리는 하나님이 우리 기도에 응답하신 것을 믿고 용기를 내었다.

**루 잉글**, 패사디나 선교회 회장. 1991년 초기의 현장 기도 활동에 관해 말한다. 루는 이 지역 전체의 영적 부흥을 위해 일한다.

하하몽나, 이 이름은 옛 패사디나 인디언 가브리엘리노스가, 현재 사탄의 수문으로 알려진 아로요 세코의 북쪽 끝에 있는 100만m²에 이르는 땅에 붙여준 이름이다…영어로 말하면 '풍부한 강물, 비옥한 계곡'이다. 자연 상태로 복원된 뒤 오랫동안 방치한 이 사회 재산의 이름은 '하하몽나'가 더 잘 어울린다고 거의 모든 사람이 입을 모아 말한다.

1992년 11월 〈바디 라이프〉는 민간 간행물 〈패사디나 인 포커스〉의 기사를 인용했다. 패사디나 그리스도인들이 기도한 직후에, 직접 관여하지도 않았는데, 패사디나 시는 일부 산림 지역을 개선하면서 이 원래 지명을 공식적으로 복원하는 일을 시작했다.

### 기도 장소 6: 과거의 죄가 묻힌 터

땅밟기 기도자들은 흔히 장소를 선별해서 오래전에 일어난 사건에 관해 기도한다. 어떤 사람은 벌써 끝난 일을 이제 와서 기도한들 무슨 소용이 있느냐고 묻는다. 사건이 이미 오래전에 끝난 현장에 가서 기도할 필요가 있을까?

부모의 죄가 자손에게 영향을 주듯이 한 세대의 누적된 죄도 대대로 사회 전체에 영향을 준다. 오늘 죄가 만연한 이유는 어제의 죄가 증가한 탓이다. 이런 곳에서 저지른 죄는 마귀의 세력이 출입하는 문이 된 듯하다. 범죄가 반복되면서 이 세력은 오랫동안 죄악의 뿌리를 내릴 기회를 얻었다. 이제 그들의 본거지를 쓸어버릴 때가 되었다.

존 도우슨은 미국 전역을 다니며 아메리카 원주민들에게 물었다. "아메리카 원주민들에게 가장 혐오스럽고 아프고 쓰라린 상처가 무엇입니까?" 원주민들은 흔히 이렇게 대답했다. "우리에게 가장 큰 상처는 샌드 크릭 대학살입니다." 1864년 한 감리교 목사는 사소한 정치적 이해 관계 때문에 콜로라도 주 총독과 손잡고 끔찍한 짓을 저질렀다. 그들은 주로 노인과 어린이로 구성된 우호적인 인디언들을 150명이나 잔인하게 살육하고 유린했다. 그들은 정부가 인디언들을 안전하게 보호한다고 속였다. 인디언들은 미국 국기를 흔들며 백인과 평화를 누리게 되었다고 믿었다.

견고한 진은 해결되지 못한 죄악과 상처의 터로, 원수가 들끓는 곳이다. 이 재난 때문에 마귀의 영향력과 귀신들이 그곳에서 풀려났다. 1992년 1월 우리는 덴버에서 그곳으로 순례를 갔다. 우리는 그 땅의 잔학한 죄와 불의를 인정하고 하나님 앞에서 겸손히 회개하며 함께 참석한 아메리카 원주민들에게 용서를 빌었다. 그들은 부족의 단절된 틈에 서서 용서를 베풀었다.

**진 스티븐슨**, 콜로라도 주 캐슬 록에 사는 그는 민족, 도시, 토지를 그리스도 안에서 치유하고자 하는 아메리카 원주민 화해 연대 회장이다. 진은 사우스다코타 주의 '상처 입은 무릎'(Wounded Knee)과 오클라호마 주에서 끝나는 '눈물의 길'(Trail of Tears)처럼 아메리카 인디언들이 비극을 당한 여러 장소로 순례를 떠났다.

**터를 식별한다.** 어떻게 하면 선조들의 죄를 가까이에서 다룰 수 있을까? 지금도 영향을 미치는 과거의 사건을 다루는 가장 좋은 방법은 그 사건이 일어난 곳으로 직접 가서 기도하는 것이다. 마귀의 세력이 근처에 있을지 없을지는 모른다. 하나님 앞에서 과거의 잘못을 시인하는 것이 마귀의 존재 여부를 아는 것보다 훨씬 더 중요하다.

1906년 부활절 주말에 도시의 광장에서 사람을 매달아 죽인 사건이 발생했다. 한 백인 여자가 강간을 당했다고 주장했고 오천 명에 달하는 성난 군중은 무고한 흑인 세 사람에게 분을 풀었다. 그들은 흑인 두 사람을 광장으로 끌고 가서 매달아 죽이고 시신을 불태웠다. 역설적이게도 그 광장에는 눈을 가리고 정의의 저울을 든 자유의 여신상이 있었다. 군중은 거기서 만족하지 못하고 죄 없이 감옥에 갇혀 있던 나머지 흑인도 빼내어 같이 죽였다. 그후 이틀 만에 흑인 수천 명은 음식을 식탁에 둔 채, 번창하는 사업과 주택과 재산을 버리고 그 도시를 떠나서 다시는 돌아오지 않았다. 20세기 초에는 약 25%까지 성장했던 스프링필드의 흑인 인구 비율은 오늘날 2%에 불과하다.

스프링필드에 사는 흑인은 이 악한 사건을 마치 어제 일처럼 이야기한다. 그들은 광장이 저주를 받았다고 말하며 광장 근처에는 얼씬도 하지 않는다. 우리는 예수 행진을 벌이며 이 재난을 공개적으로 회개했다. 우리는 서로 포옹하고 용납했으며 이에 흑인 사회는 긍정적인 반응을 보였다. 80년 동안 흑인과 백인 사이에 쌓인 적대감이 기도 한 번으로 사라진다고 기대하지는 않는다. 그러나 하나님이 원하시는 돌파구를 진정 보고 싶다면 우리는 견고한 진을 서서히 무너뜨려야 한다.

**커트 비어린**, 미주리 주 스프링필드 복음대학교 사회학자. 미국과 중동의 여러 도시에서 땅밟기 기도 활동을 벌였다.

우리는 지혜롭게 땅밟기 기도를 할 수 없을 정도로 많은 죄악과 사탄의 거점을 발견하게 될 것이다. 도시의 모든 죄악과 영적 세력을 완전히 물리치려고 애쓰지는 마라. 성령은 우리가 감당할 수 있을 만큼 죄를 깨닫게 하시고 알맞은 때에 회개하도록 이끄신다. 우선순위와 시기는 하나님께 맡기라.

모든 것이 낱낱이 드러날 때까지 도시의 역사를 완전히 헤집는 것이 능사가 아니다. 현재의 틀 안에서 미래를 조망해야 한다. 이러한 질문을 하라. 현재 하나님의 역사를 가로막는 과거의 사건이 무엇인가?

**커트 비어린**, 교회가 도시에 집중하도록 돕는 연구자문기관 시티와이드 리서치의 이사이기도 하다.

**사탄을 몰아낸다.** 우리는 악한 세력이 어떻게 출입하는지 모른다. 하지만 과거의 아픔을 치유하면 그들을 몰아낼 수 있다. 사탄을 쫓아내기만 해서는 도시를 치유할 수 없다. 그리스도의 능력으로 과거의 죄를 회개하고, 죄악의 반복을 멈추면 사람들을 죄의 종으로 삼으려는 사탄의 의지는 꺾인다. 풀러 신학교 세계선교대학원의 척 크래프트는 사탄의 세력을 다룰 때 "시궁쥐를 없애고 쓰레기를 버리라"고 말한다.

사탄을 하나씩 저격하는 것만으로는 부족하다. 사람들의 죄, 상처, 우상숭배를 막으면 그들의 출입을 봉쇄할 수 있다. 하나님의 해답은 언제나 그리스도의 십자가 공로로 죄를 깨끗이 씻는 '회개'다.

### 기도 장소 7: 죄가 반복되는 터

죄악의 장소는 비난할 곳이 아니라 회개할 곳이다. 성령의 인도를 주의 깊게 따르라. 현장에 있는 사람들과, 다른 곳에 있더라도 그 죄의 영향을 받는 사람들을 위해서 반드시 기도해야 한다.

우리는 그 리더의 집 근처에서 포르노 가게를 발견했다. 다음 날 우리는 집으로 가는 길에 그 앞에 서서 기도했다. 주님은 그 가게를 저주하라고 말씀하셨다. 이 같은 경우가 흔치는 않지만 우리는 하나님의 인도를 느꼈다. 우리는 가게 주인을 저주하지 않았다. 주인을 위해 기도하고, 가게를 저주했다. 약 4주 뒤에 현지 지도자가 우리에게 신문을 보냈다. 1면에는 불에 탄 포르노 가게가 있었다. 얼마 후 우리는 그 가게 주인이 그리스도인이 되었다는 소식을 들었다.

**크리스 리그**, 영국 브라이튼에 사는 영국 루디아 기도회(Lydia Fellowship) 간사.

우리는 약 2년 동안 매달 취리히를 위해 기도했다. 여러 교파의 그리스도인이 70-90명 가량 모여서 취리히의 교회가 연합하도록 기도했다. 기도 모임이 끝나면 때때로 소그룹이 다시 모여 특별한 장소를 놓고 기도했다. 플라츠 스피츠 Platz spitz는 마약 중독자들이 모이는, 세계적으로 유명한 '주삿바늘 공원'으로 2천 명이나 되는 사람들이 날마다 마약을 거래하고 복용한다. 때때로 소그룹은 공원이나 공원 주변에서 밤을 새워 기도했다. 현재 이 공원은 커다란 철문으로 폐쇄되었다! 그 뒤 어느 날 그리스도인 약 50명이 관청의 허가를 받아 공원 안으로 들어갔다. 우리는 텅 빈 공원에서 하나님의 영광이 가득하도록 주님의 주권을 선포했다.

**피터 혼**, 스위스 대학생선교회.

**기도 장소 8: 견고한 진**

기도의 사람들은 흔히 영적인 황폐함이 외부 지역으로 유출되는 원수의 근거지를 찾는다. 만일 어떤 장소에서 영적 세력의 활동이 의심되면 그곳은 기도해야 할 곳이다. 그런데 원수의 요새에서는 어떤 기도를 해야 할까? 악의 요새를 포위하고 공격하는 것은 흥미롭지만 성경은 사람의 마음에 있는 악의 은신처를 쳐부수라고 강조한다. 바울은 사람의 마음에는 궤변의 벽돌과 교만의 시멘트로 지은 견고한 진이 있다고 말한다.

> 오직 어떤 견고한 진도 무너뜨리는 하나님의 능력이라 모든 이론을 무너뜨리며 하나님 아는 것을 대적하여 높아진 것을 다 무너뜨리고 모든 생각을 사로잡아 그리스도에게 복종하게 하니(고후 10:4-5).

바울은 견고한 진을 악한 존재가 머무는 공간이 아니라 "하나님의 지식을 가로막는" 방해물이라고 말한다. 이런 점에서 바울은 영적 전쟁의 목표를 악한 존재가 견고한 진에서 떠나는 것에 두지 않고 불순종의 노예로 잡혀 있는 사람들을 "그리스도께 복종"시키는 데 두었음을 알 수 있다. 영적 전쟁의 기본 목표를 설명할 때도 사로잡아 복종시키는 비유가 다시 사용된다. 영적 전쟁의 목표는 사람들을 구해 내어 교회의 몸으로서 하나님을 알고 순종하는 기쁨을 누리게 하는 것이다.

운명론적 사고방식으로 악명 높은 도시들이 많다. 이러한 마음가짐이 있으면 절대로 바뀌지 않고 변함없는 일상의 슬픔에 갇혀 체념하게 된다. 종교 철학은 이러한 절망의 생각을 뒷받침하고 사람들은 우상과 점쟁이에게서 한줌의 위로를 얻는다. 놀랍게도 가장 예수님을 잘 따를 것 같은 사람들이 예수님께 있는 소망의 복음을 믿지 않는다. 주님의 진리가 관심을 끌지 못한다. 왜 믿지 않으려고 하는 것일까? 영적인 견고한 진이 사람들로 소망을 품지 못하게 가로막고 있기 때문이다.

견고한 진은 절망이 낳은 마음가짐으로, 하나님의 뜻에 어긋나는 것을 알면서도 절대로 바뀌지 않을 거라 생각하며 체념하게 만든다.

**에드 실보소**, 추수전도선교회(Harvest Evangelism) 설립자. 에드는 아르헨티나의 모든 도시에 복음을 전하는 종합 전략의 일환으로 도시 땅밟기 기도를 조직한다.

우리는 다 마귀에게 속아서 교만한 생각으로 하나님께 맞선 적이 있다. 수많은 사람이 기만적인 망상에 사로잡히는 '집단 사고'의 힘에 관해 생각해 보라. 만일 이런 사고에 사로잡혀 있는 사람들이 일정한 지역에 있으면, 땅밟기 기도는 영적 전쟁의 중요한 축을 이루고 이 어두운 지역 사회에 빛을 비춘다.

기만의 견고한 진이 있는 곳에서는 사도행전 26장 18절에 따라 하나님이 "그 눈을 뜨게 하여 어둠에서 빛으로, 사탄의 권세에서 하나님께로 돌아오게" 기도한다. 견고한 진을 다룰 때 하나님이 주신 영적인 권위를 온전히 현명하게 행사하라. 바울은 견고한 진을 쳐부수는 것보다 교회 세우기를 갈망했다. 주님께서 주신 이 권위는 넘어뜨리라고 주신 것이 아니라 세우라고 주신 것이다. 고후 13:10, 10:8 참조

**기도 장소 9: 도시의 관문**

오늘날 성곽에 둘러싸인 도시는 거의 없다. 대문이 있는 도시는 더

더욱 없다. 도시의 관문에서 기도하라는 말은 무슨 뜻인가? 어떤 사람들은 마치 지옥으로 내려가는 통로가 있다고 생각하고 이 보이지 않는 문을 찾아서 막으려고 한다. 도시의 관문과 '지옥의 문'을 혼동하면 곤란하다.

성경 시대에 성문은 악을 물리치고 명예로운 것을 들이는 여과 장치와 같은 역할을 했다. 성문은 존경받는 원로들이 회의를 하는 장소였다. 성문의 자리는 왕이 통치하는 옥좌는 아니지만 오늘날의 시청, 법원, 회의장 같은 명예로운 사회 제도였다.

하나님은 수많은 민족이 도시에 함께 모여 살면서 위용을 갖추게 하셨다. 관문이 제 구실을 하면 사람들 사이에서 명예의 흐름이 열리고 악의 흐름은 막힌다.

오늘날 도시에는 다른 지방 사람들이 많고, 토박이가 아닌 그들은 환영받지도 존경받지도 못한다. 도시에 오래도록 거주한 시민도 이방인처럼 산다. 사탄이 여러 세대의 누적된 찌꺼기로 도시의 관문을 막는 바람에 사람들은 서로 용납하지 못하고 부패마저 묵인한다.

오늘날 우리의 도시는 가장 위대한 최후의 도성을 닮았는가? 그 마지막 도성은 관문을 활짝 열어 열방의 영광과 명예는 끊임없이 들이고 모든 악은 철저하게 내친다.계 21:24-27 참조

과거에 관문 역할을 하던 장소들은 굉장한 분별력이 없어도 쉽게 찾을 수 있다. 도시의 역사와 정치를 살피면 된다. 대개 초기의 성벽과 관문은 오늘도 변함없이 중요한 의미를 지닌다.

이스탄불의 구시가지 성곽에는 대문이 일곱 개가 있다. 베오그라드대문은

현재 전쟁으로 폐허가 된 유고슬라비아의 베오그라드 방향으로 열려 있다. 이 대문은 수세기 전에 터키의 회교도들이 베오그라드의 세르비아 사람들을 위해 세운 관문이었다. 우리는 이 대문 꼭대기에서 터키인과 세르비아인의 화해를 위해 기도했다. 우리 가운데 한 터키 형제가 터키 민족을 대표하고 한 크로아티아 형제가 세르비아 민족을 대표했다. 성문 위에서 두 사람은 팔짱을 꼈고 우리는 그들을 위해 기도했다. 기도하는 도중에 천둥번개가 쳤다. 우리의 기도가 돌파구를 만들었다는 생각이 들자 햇빛이 다시 비쳤다. 잠시 뒤에 한 터키 형제가 하늘에 뜬 무지개를 가리켰다. 그 형제를 비롯한 여러 사람들은 이스탄불에서 몇 년 동안 무지개를 본 적이 없다고 말했다. 터키 신자들은 하나님이 우리 기도를 들으셨다는 증거로 하늘에 무지개를 나타내셨다고 감격했다.

**게니 브루어**, 터키 선교사. 그는 이스탄불 구시가지에서 땅밟기를 하며 팀을 데리고 각 대문에서 하나님의 바람을 분별하고 그 바람대로 기도했다. 그들은 하나님의 인도에 따라, 세르비아인의 잘못과 그들에 대한 적의에 관해 베오그라드대문을 용서의 관문으로 회복했다.

관문을 위해 기도하는 손쉬운 방법은 행정, 무역, 통신, 판결과 치안의 터에서 중보 기도를 하는 것이다. 오래전에 지도자들이 악한 세력과 무슨 약조를 맺고 권한을 넘긴 행정의 터가 있을지도 모른다. 이러한 권력 거래의 틈으로 들어온 악한 세력은 여전히 그 터에 자리를 잡고 있을 공산이 크다. 우리는 악한 세력이 어떻게 영향력을 발휘하는지 모르며 알 필요도 없다. 영적인 악의 부패한 사슬은 우리의 기도로 끊어진다.

기도가 과거의 모든 부패한 결정을 뒤집지는 못하지만 회개는 부패의 흐름을 뒤집는다. 권위의 자리에 있는 사람들을 위해 기도하라. 홀륭한 지도자가 일어나 정의를 바로잡도록 하나님께 구하라.

### 기도 장소 10: 높은 산당

성경에서 높은 산당은 정치를 의논하는 도시의 관문과는 기능이 다르다. 이 산당의 유일한 기능은 우상숭배다. 오늘날과 마찬가지로 성경에서 높은 산당은 지리적으로 높은 곳에 자리한다. 하지만 지리적 조건이 중요한 요소는 아니다. 높은 산당은 일정한 틀을 갖추어 하나님 외에 다른 우상을 계속 숭배하는 장소다.

하나님은 도시의 관문과는 달리 높은 산당은 회복하지 않고 허무신다. 하나님은 사람의 우상숭배를 질투하시며, 거짓 예배는 땅을 저주하기 때문에 하나님은 일찍부터 거짓 예배의 터를 허물라고 명령하셨다. 하나님은 우상을 마치 모욕거리처럼 밀씀하신다.민 33:52; 왕하 1/7:11, 18:4; 시 78:58; 렘 19:5; 32:35 참조 여호수아는 우상을 완전히 없애라는 임무를 받았다. 오늘날에도 그리스도는 신자들에게 이러한 곳이 말끔히 치워지도록 기도하라고 명하시고, 나아가 우상숭배자들의 마음까지 바꾸신다.

나는 이곳 스웨덴에 있는 뉴에이지 센터에 기도팀을 데리고 갔다. 우리는 이 센터의 배후가 루시퍼라고 판단했다. 그들이 운영하는 커피 가게에 앉아 커피를 마시는 척하면서 기도했다. 루시퍼에 맞서 기도했다. 예수님을 왕으로 선포했다. 겉모습은 영락없이 토론하는 모습이었다. 두 달 뒤 그 지역에서 전도 집회가 열렸고 뉴에이지 추종자들은 다 이 집회에 참석했다. 그들 가운데서 네 명이 구원을 받았다.

**켈 죄베르크**, 스웨덴 목사. 여러 나라에서 기도 사역을 섬기며, 십여 개 이상의 나라에서 땅밟기를 인도했다.

높은 산당을 다루는 데 일정한 기준은 없다. 다만 가벼운 마음으로 출입해서는 안 된다. 어떤 땅밟기 기도자들은 그리스도의 인도에 따라 이런 장소에 서서 또는 둘러싸서, 사람들의 발길이 끊기거나 아예 없어지기를 하나님께 구한다. 우상을 훼손하거나 거짓 예배를 방해하는 행동은 금물이다. 모든 일은 기도로 성취해야 한다.

우리는 계곡이 보이는 높은 곳에 모였다. 맞은편에는 히말라야에서 유일하게 등반이 금지된, 신들의 집으로 알려진 산이 보였다. 우리는 하나님의 말씀을 기다리면서 예배했다. 주님은 우리를 따라온 열다섯 살 된 네팔 소년에 관해 통찰을 주셨다. 소년의 이름은 크리스토퍼가 될 것이고 이 지역에 그리스도의 빛을 전하는 지도자가 될 것이라는 지식의 말씀이었다. 우리는 말씀을 받으면서 기도했지만 소년은 영어를 몰랐다. 기도가 끝난 뒤에 통역사는 소년의 네팔 이름은 크리쉬나라고 말했다. 불과 일주일 전에 소년의 마을에서 예수 영화를 상영했다. 소년은 주님을 영접했고 전도지를 읽고 있었다. 소년의 사명과 리더십, 그리고 하나님이 소년을 부르셨음을 뒷받침하는 말이었다. 이것은 소년의 삶에 내린 복이자 선언이었다.

**웨스 툴리스**, 예수전도단 선교전략학교 리더.

높은 산당은 스스럼없이 의식을 벌이는 장소이므로, 더 강한 마법을 부리는 것처럼 기독교의 기도 의식을 반복해서 악한 세력의 손에 놀아나지 않도록 경계해야 한다. 어린아이처럼 순수하게 현장에서 예배하여 공허한 종교 관행의 힘을 물리치라. 그리스도의 주권을 선포하며 진리 대결을 강조한다.

## 도시의 사회 계층

가장 충실한 기도는 한 도시의 특정 사회 계층을 꾸준히 품고 그들에게 다가가려고 애쓰는 기도다. 시민 계층의 예를 들면 공장 노동자, 노인, 실직자, 교사, 외국인 유학생, 고위 공무원 등이 있다.

도시에는 대부분 한 사람이 여러 계층에 속하는 경우가 많다. 따라서 여러 가지 방법으로 도시를 위해 기도할 수 있다. 우리가 기도할 계층이나 계급을 알려 달라고 성령께 구하고 그들에게 다가갈 방법을 찾으라. 예를 들면 어린이를 위해 기도할 때는 학교나 놀이터에 간다. 마을을 걸으면서 특별히 어린이를 위해서 기도한다. 어린이들과 눈을 맞추면서 반갑게 축복한다. 구성원이 수천 명이 넘는 집단을 위해 기도할 때는 한두 사람을 따로 선택하는 것이 좋다. 그들이 집단을 대표한다고 생각하면서 기도한다.

우리가 기도를 가장 많이 하는 집단은 불신자들이다. 집과 사무실을 지나면서 기도할 때 복음을 듣지 못했거나 그리스도를 따르지 않는 사람들을 위해서 기도하자. 기도가 특별히 필요한 다른 집단들도 찾아서 기도하라. 우리가 기도를 가장 많이 하는 집단의 예는 다음과 같다.

### 연령별 집단

어린이, 노인, 청소년 등을 위해 기도한다. 세대를 나이로 구분해서 기도한다. 이를테면 386세대가 있다. 시간을 적당히 정해서 특정 연령 집단을 위해서 땅밟기 기도를 한다. 기도하는 집단에 속한 사람을 만나면 그 사람을 대표로 삼아 기도한다.

### 지도자들

우리는 왕들과 높은 지위에 있는 모든 사람을 위해서 기도할 의무가 있다.디모데전서 2:1-2 참조 부모, 교사, 목사, 심지어 언론까지 포함해도 좋다. 도시 고위 공무원들의 집이나 관청 주위를 걸으면서 그들을 위해 기도한다. 학교를 지날 때는 교사의 이름을 말하면서 기도한다.

주님은 우리 주州의 주도를 포함해 캔사스 주의 일곱 도시를 위해 기도하라는 마음을 주셨다. 우리는 허가를 받아 주지사 집무실에 들어가서 주지사를 위해 기도했다. 국회의원들의 사무실에서도 기도했다. 우리는 주에 영향을 미치는 결정을 내리는 장소에서 기도하고 싶었다. 우리는 하나님이 보시기에 올바른 결정을 집행해서 하나님의 뜻이 이루어지고 하나님의 목적이 성취되도록 기도했다.

**얼 피카드**, 캔사스 주 위치타의 대학생선교회 국내기도 담당자.

### 종족 집단

선교사들은, 오랜 세대에 걸쳐 유사성이 형성되어 교회를 세울 수 있는 집단을 엄밀한 의미에서 '종족 집단'이라고 부른다.

자국 문화 안에서 교회의 힘이 강하지 못한 종족 집단은 아직 수천에 달한다. 이러한 집단을 흔히 '미전도 종족'이라고 부른다. 이 집단은 특유의 언어, 인종, 문화를 그리스도 안에서 새롭게 바꾸는 복음을 아직 듣지 못했다. 이미 수많은 그리스도인은 먼 나라의 미전도 종족을 위해 헌신하고 기도한다. 하나님은 우리 도시에 사는 미전도 종족을 위해서 기도하게도 하신다.

기도로 모든 사람을 품으면 목자의 마음이 생긴다. 땅밟기 기도를 하면 하나님이 찾으시는 가족을 연구하고 찾게 된다. 엄밀히 말하면 미전도 종족은 아니지만 도시의 소외된 집단을 위해서도 특별히 기도해야 한다. 동성애 집단이나 과격 여권주의 단체와 같은 일부 집단들은 비성경적인 생활방식과 철학을 주장한다. 그들은 하나님나라에 맞서는 폭력적인 집회를 열어 우리의 기도를 방해하기도 한다. 이웃과 직장에서 그들을 만나면 그들을 위해 기도하라. 다른 종교를 믿는 사람들을 위해서도 기도해야 한다. 과부와 노숙인과 같이 슬픔과 사회적 압박에 눌린 사람들도 우리가 품고 기도해야 한다.

# 10 | 기도의 세 가지 차원

▌거리에서 기도하면 기회가 아주 많이 생긴다. 이 장에서는 실제적인 제안을 세 가지 범주 곧 제사장의 기도, 전쟁의 기도, 관계의 기도로 묶었다. 이 세 가지 차원은 앞에서 말했던 예배, 영적 전쟁, 영접의 세 가지 동력과 일치한다.

## 1. 예배의 차원: 제사장의 기도

마르틴 루터가 옳았다. 그리스도인은 모두 하나님의 제사장이다. 그리스도인은 하나님께 기쁨의 제사를 드려야 한다. 그 예배의 자리는 대부분 자신이 사는 동네다. 제사장답게 기도하는 세 가지 방법은 다음과 같다.

### 1) 하나님 '앞에서' 경배한다.

성경에 기록된 제사장의 주된 임무는 하나님을 섬기는 것이다.<sup>출 19:6, 28:3-4, 29:44; 대하 29:11; 겔 44:15-16 참조</sup> 우리는 하나님의 제사장으로서 "예수 그리스도로 말미암아 하나님이 기쁘게 받으실 신령한 제사"<sup>벧전 2:5</sup>를 드려야 한다. 하나님은 평범한 신자들을 제사장으로 삼아 풍성한 예배의 선물을 주신다. "너희를 어두운 데서 불러내어 그의 기이한 빛에 들어가게 하신 이의 아름다운 덕을 선포하게 하려 하심이라."벧전 2:9 하나님이 기쁘게 받으시는 특별한 선물은 우리가 선포하는 찬양이다. 하나님은 마땅히 우리의 예배를 받으셔야 하지만 이와 동시에 주님도 진심 어린 선물을 바라신다.

가장 간단한 찬양의 선물은 '감사의 제사'다. 우리는 모든 사람을 대신해 감사해야 한다.딤전 2:1 참조 하나님은 수많은 사람에게 한결같이 은혜를 강물처럼 베푸시지만 사람들은 대개 전혀 감사하지 않는다. 이것은 단순한 문제가 아니다. 하나님을 인정하지 않거나 감사하지 않는 사람들을 대신해 감사하는 것은 땅밟기 기도자의 막중한 책임이다.롬 1:21 참조 주택가, 병원, 교회, 학교 주변에는 하나님이 받으셔야 할 감사의 보물이 무한정 쌓여 있다.

우리는 또한 '미래의 영광스러운 선물'을 고백하는 찬양의 선물을 하나님께 드릴 수 있다. 지나간 일에는 감사한다. 미래의 영광스러운 선물은 하나님을 높여 드리는 예언적 찬양이다. 이것은 미지의 사람이 하지도 않은 순종을 보이지 않는 하나님께 바치는 것이기 때문에 막연한 느낌이 들지도 모른다. 하지만 열방의 모든 민족이 돌릴 영광을 하나님께 미리 돌리는 것은 제사장의 값진 특권이다.

미래의 영광스러운 선물을 하나님께 드리는 두 가지 간단한 방법이 있다. 첫째, 어떤 이웃이나 가족에게 성경의 가장 값진 약속이 이뤄지도록 성실히 기도한다. 거룩한 상상력을 동원하면 우리의 간구가 조금이라도 이뤄질 때 시민들의 생활이 어떻게 변할지가 눈에 선하다. 우리의 도시에서 그리스도의 목적이 성취되는 광경을 담대히 바라보자. 닫힌 대문과 창문 너머에는 어떤 은혜의 보물이 숨겨 있을까? 모든 사람이 돌이켜 하나님을 사랑할 때 그분은 얼마나 기뻐하실까?

둘째, 도시 사방의 광경과 소리를 보고 들으면서 하나님은 도시의 영광을 받으실 분이라고 말한다. 수많은 사람이 구원받고 하나님께 돌아올 것이라고 말한다.

도시의 권세와 부와 지혜와 힘과 존귀와 영광과 찬양이 하나님께 돌아갈 것을 기대한다.<sup>계 4:11, 5:12, 7:12, 특별히 21:24-26 참조</sup> 어린양이 고난의 대가로 받으실 천국 최고의 기쁨을 우리는 지금도 맛볼 수 있다.

사탄은 "세상의 모든 나라와 그 영광"에 대한 지배권을 문제 삼아 예수님께 직접 싸움을 걸었다.<sup>마 4:8-10 참조</sup> 가장 큰 유혹은 분명히 예배의 문제다. 예수님은 거짓 거래를 준엄하게 물리치셨다. "이에 예수께서 말씀하시되 사탄아 물러가라 기록되었으되 주 너의 하나님께 경배하고 다만 그를 섬기라 하였느니라."<sup>마 4:10</sup> 그 뒤에 예수님은 주기도문의 마지막 구절에서 이러한 사탄의 제안을 미리 봉쇄하는 방법을 제자들에게 가르치셨다. 이 기도는 제사장다운 목소리로 우렁차게 모든 인류의 나라와 권세와 영광을 받으실 하나님을 높이며 마친다.<sup>마 6:13; 계 11:15 참조</sup> 우리의 소망의 예배는 훗날 실제로 하나님이 받으실 남자와 여자와 어린이의 충실한 예배를 대신하지 않는다. 하지만 우리가 제사장답게, 하나님은 이러한 사랑을 받으실 분임을 찬양하면 우리가 바라는 영광을 앞당길 수 있다.

우리는 이집트의 알렉산드리아 거리를 걸으며 기도했다. 하나님은 이 회교도 마을 사람들을 이 비참한 동네에서 빼내실 것 같아 보이지 않았다. 그들이 구원받을 자리는 바로 이곳이었다. 모세 때의 출애굽과는 달리 이곳에서 벗어나는 것이 구원을 의미하지 않았다. 우리는 하나님께 제2의 출애굽을 구하면서도 미래의 신자들이 가족과 거리를 떠나지 않고 이 사회에 머물도록 기도했다. 우리는 "내 백성을 보내어 나를 예배하도록 하라!" 하고 기도했다. 시간이 더 지나야 예수님을 따르는 사람이 많이 생길 것이다. 하지만 우리가 "이 사람들의 사랑을 받기에 합당하신 하나님"이라고 말할수록 더욱 강한 확신이 들었다. 미래의 신자들이 어떤 시련을 당할지 알았기 때문에 아직은 그들이 불신자라 하더라도, 하나님을 사랑하는 대가를 치르게 될 그들이 대견했다.

**스티브 키즘**, 그는 최근 이집트 도심의 어느 가난한 회교도 지역으로 기도 여행을 다녀왔다.

주님은 이곳에 기꺼이 자신을 바치는 모든 사람의 참된 예배를 받으실 분이십니다. 가까이 오소서. 지금 오셔서 그들의 예배를 받으소서. 주 예수님!

**린 우드링**, 인도 마두라이에 있는 거대한 미낙쉬푸람 사원을 출입하는 수많은 힌두교도 사이를 걸으면서 기도했다.

### 2) 도시와 '함께' 회개한다.

우리는 하나님 앞에서 제사장으로 서는 것처럼 이웃과 깊이 교감하면서 '함께' 은혜를 구할 수 있다. 예언자의 심정으로 도시를 두루 살피며 하나님의 미래를 보아야 한다. 임박할 심판의 재앙을 보게 될지도 모른다. 예수님은 미래에 평화가 오지 않고 재앙이 닥치며, 복되게 영접을 받으나 소망이 지연되어 슬퍼하시며 설명하셨다.

> 예수께서…그 도성을 보시고 우셨다…그 날들이 너에게 닥치리니…너와
> 네 안에 있는 네 자녀들을 짓밟고(눅 19:41-44).

예수님은 기뻐하실 수도 있었는데 너무나 갑작스럽게 앞날의 슬픔에 젖으셨다.눅 19:37 참조 예수님은 평소에도 도시를 위해 기도하실 때 깊이 슬퍼하셨을 것이다. 당연하게도 예수님은 감람산 근처에 있는 예루살렘이 훤히 보이는 겟세마네 동산에서 즐겨 기도하셨다.눅 22:39-41; 요 18:1-2 참조 그러나 예수님은 다른 은신처도 있으셨다. 베다니 근교의 마리아, 마르다, 나사로의 집은 언제든지 편하게 찾아가셨다.요 11:18, 12:1-3 참조 하지만 예수님이 자주 기도하시던 장소는 도시 전체가 눈에 들어오는 곳이었다. 예수님은 한밤에 그곳에서 모든 인류를 위해 슬픔의 잔을 마시며 애통하셨다.

우리는 도시를 보면서 정죄하거나 슬퍼하는 두 가지 부적절한 충동을 받는다. 둘 다 하나님의 방법이 아니다. 다른 사람의 잘못을 대신 갚기 위해 그들의 죄를 '지지' 마라. 우리는 제사장이지 제물이 아니다. 우리의 슬픔을 대신 질 수 있는 분은 한 분밖에 없다. 하나님은 이 잔을 예수님께만 주셨다.

반면에 멸망할 도시의 운명을 보고 '정죄'하는 것도 잘못이다. 요나는 이런 식으로 땅밟기 기도를 악용했다. 요나에게는 사랑이 부족했던 것일까? 니느웨는 둘러보는 데만 사흘길이나 되는 아주 큰 성읍이었다. 요나는 겨우 하룻길을 걸으며 끝냈다.욘 3:3-4 참조 어쩌면 이러한 비판적인 태도 때문에 요나는 절망하고 죽고 싶었을지도 모른다.

우리의 제사장다운 책임은 무엇인가? 도시의 죄를 대신 지지 않고

도시를 보살피는 방법은 한 가지밖에 없다. 또한 도시를 정죄하지 않으면서 도시와 싸우는 방법도 이 방법밖에 없다. 우리는 도시와 하나가 되어 회개하고 은혜를 구해야 한다. 도시와 하나가 되어 제사장답게 기도하는 단계는 다음과 같다.

**첫째, 죄인과 하나가 되라.** 세대와 이웃의 누적된 죄를 회개할 때는 일인칭 주어로 기도하라. "그들이 죄를 지었습니다" 대신 "우리가 죄를 지었습니다"라고 진실하게 고백한다.

다니엘에게서 이러한 기도의 본을 배울 수 있다. 하나님을 거역한 세대와 다른 시대에 살면서도 자기를 그들과 하나로 여기고 은혜를 구했다. "주여 수치가 우리에게 돌아오고 우리의 왕들과 우리의 고관과 조상들에게 돌아온 것은 우리가 주께 범죄하였음이니이다마는." 단 9:8

**둘째, 은혜를 구하라.** 예수님의 말씀에 나오는 사람처럼 구하라. "하나님이여 불쌍히 여기소서 나는 죄인이로소이다." 눅 18:13 죄를 변명하고 설명하거나 해결하려 하지 말고 부족한 자에게 자비와 사랑을 베풀어 달라고 호소하라.

**셋째, 회개하라.** 회개는 스스로 하는 것이지 남이 대신해 줄 수 없다. 모든 사람은 스스로 하나님께 나아가야 한다. 하지만 우리의 회개가 마중물이 될 수는 있다. 예수님에 따르면 도시는 하나의 개체로서 회개할 수 있다. "예수께서 권능을 가장 많이 행하신 고을들이 회개하지 아니하므로 그때에 책망하시되." 마 11:20 우리 말고 누가 도시를 위해 회개하겠는가?

아메리카 원주민들 앞에서 연설을 시작하는데 뜻밖에 나는 눈물을 흘리며

울고 말았다. 나는 말했다. "우리 백인 조상이 여러분의 조상에게 저지른 죄와 잔학 행위를 용서해 달라고 청하지 않고는 여러분 앞에 설 면목이 없습니다." 모두 이 말을 듣고 눈물을 흘렸다. 사람들은 내가 구한 사죄가 정말로 의미가 깊었다고 말했다. 그들은 이러한 것을 처음 경험했다. 그들은 마음이 치유되었다.

오랜 세월 동안 유지된, 국가의 죄는 견고한 진을 형성한다. 개인이나 집단의 회개는 이 견고한 진을 부수고 원수를 공격하는 한 가지 방법이다. 내가 만난 모든 아메리카 원주민은 거의 500년 동안 백인들이 동족에게 자행한 온갖 불의 때문에 원한을 품고 살았다. 그들은 원한을 덮어두고 잊고 산다. 어떤 아메리카 원주민들과 좋은 관계를 맺게 되자 그들은 나에게 찾아와 자기가 백인을 미워하는 줄 몰랐다고 말했고 일부는 용서를 구했다. 우리는 회개를 통해 기적과 같은 치유가 오는 것을 여러 번 목격했다.

**진 스티븐슨**, 아메리카 원주민 연대 회장. 최근에 원주민들과 백인 신자들의 모임을 열었다. 진은 하나님의 치유가 사회 전체에 임하도록 힘쓰고 있다.

## 3) 도시 '가운데' 서서 축복한다.

축복은 하나님의 마음을 입술로 전하는 선물이다. 하나님의 선하심을 분명하게 선언하라. 하나님은 말씀으로 천지를 창조하셨다. 사람이 축복을 하면 하나님 말씀의 창조적 기운을 받아 하나님의 약속을 어느 정도 실현할 수 있다.

하나님은 직접 복을 내리시지만 특히 부모와 제사장의 입술에 축복의 권위를 주셨다. 성경에는 이삭과 야곱이 아버지의 축복을 받으려고 애쓰는 장면이 나온다.창 27:1-33, 48:8-20, 49:1-28 참조 우리는 하나님이 가족, 세대, 도시, 나라에 주신 약속을 선언할 중요한 의무가 있다. 축복은 예언적인 기도다. 축복은 중보와 방향이 반대다. 구하는 것 없이 기도의 응답을 믿음으로 선포한다. 미래는 이러한 축복이 결정한다. 운명은 바뀌고 또 열린다.

하나님은 제사장을 정결하게 하시고 "여호와 앞에 서서 그를 섬기며 또 여호와의 이름으로 축복하게" 신 10:8 하신다. 이와 비슷한 다른 전형적인 본문을 보면 제사장이 사람들에게 하나님의 선하심을 선포하더라도 복을 내리는 분은 하나님이시다. "그의 아들들 제사장들에게 말하여 이르기를 너희는 이스라엘 자손을 위하여 이렇게 축복하여 이르되… 내가 그들에게 복을 주리라." 민 6:23-27 이 고귀한 특권을 담대하고 신중하게 사용해 보라. 축복의 말을 하는 방법은 다음과 같다.

**하나님의 마음을 이해한다.** 하나님을 우리가 위해서 기도하는 모든 집의 아버지로 여기라. 만일 하나님이 자기의 간절한 마음을 말로 표현하시면 무엇이라고 말씀하실까? 추측하지 않아도 된다. 성경에는 하나님의 후한 약속이 가득하다. 마을을 걸으면서 성경의 약속을 깊이 생각하라. 하나님의 높은 뜻을 입술로 선포하라.

**축복은 간구에서 나온다.** 먼저 무엇이든지 간구하면 사람들을 축복하는 기도가 쉽게 나온다. 제사장의 축복에 관한 가장 좋은 예는 히스기야 왕 때에 있었다. "그때에 제사장들과 레위 사람들이 일어나서 백성을 위하여 축복하였으니 그 소리가 하늘에 들리고 그 기도가 여호와의 거룩한 처소 하늘에 이르렀더라." 대하 30:27 하나님은 그들의 축복을 기도로 받으셨다.

**축복하는 사람들에게 다가간다.** 축복은 기도지만, 축복하는 사람은 거의 항상 축복받는 사람이 있는 곳에서 복을 빈다. 축복은 대개 축복받는 사람에게 직접 한다. 성경 기록에 따르면 축복받는 사람이 없는 곳에서는 제대로 복을 빌 수가 없다. 하나님은 아담에게 동물을 데리고 가서 이름을 짓게 하셨다.창 2:19 참조 작명은 축복이다. 이삭은 야곱처럼 자녀들에게 손을 얹어서 축복했다.창 27:1-28:4, 49:1-28 참조 발락은, 백성을 보면서 축복하라며 발람을 데리고 왔다.민 22:41, 24:2 참조

하나님은 흔히 접촉을 통해 축복의 말에 효과를 더하신다. 예수님은 친밀하게 축복하셨다. 한번은 어린이들을 반갑게 대하고 "그 어린아이들을 안고 그들 위에 안수하시고 축복하시니라."막 10:16 그리고 예수님은 지상에서 마지막으로 "예수께서 그들을 데리고 베다니 앞까지 나가사 손을 들어 그들에게 축복하시더니."눅 24:50

우리는 매우 조용하게 집집마다 다니며 축복했다. 누군가가 우리 모습을 보더라도 문고리에 작은 선물을 걸어 놓는다고만 생각했을 것이다. 우리는 대문을 두드리지 않았다. 주민들과 대화하는 것이 주된 목적이 아니었다. 대화를 하게 되더라도 상관은 없었다. 하지만 그것이 핵심은 아니었다. 가정을 위해 구체적으로 기도하고 축복하는 것이 목적이었다. 우리는 잠깐이라도 집집마다 안수하고 기도의 접촉점을 만들고 싶었다.

**테드 해거드**, 콜로라도 주 콜로라도 스프링스의 뉴 라이프 교회 목사.

처음 인도네시아의 이 섬에 왔을 때 우리는 큰소리로 예배하지 않았다. 대신 일주일 동안 마음의 '골방'에서 기도하면서 모든 길을 걸으며 섬 전체를 다녔다. 여러 사찰을 방문했다. 또한 회교 사원에도 들렀다. 우리는 회교 지도자들을 최대한 많이 만나서 악수를 나누었다. 가능한 많은 사람과 눈을

맞추고 손을 잡았다. 우리는 그들과 악수만 해도 하나님이 그들을 거룩하게 하신다고 믿었다.

**마크 게퍼트**, 동남아기도센터 소장. 이 팀의 기도와 이어진 사역의 결과로 그리스도께 헌신한 주민이 많이 생겼다. 심지어 어떤 불교 지도자마저도 회심했다.

**소리 내어 축복한다.** 축복이 감정에 젖어 마음속에 묻히지 않게 하려면 소리 내어 축복하라. 히스기야 때 제사장들은 백성들이 듣도록 축복했지만, 가장 중요한 청취자는 하나님이셨다. 축복받을 사람들에게 축복을 선포하라.

축복의 선언은 큰 힘과 절박함의 문제다. 잠언 11장 11절은 힘 있는 언어의 대결로 도시의 흥망을 그린다. "성읍은 정직한 자의 축복으로 인하여 진흥하고 악한 자의 입으로 말미암아 무너지느니라." 하나님은 의로운 사람들이 하나님의 마음을 선포하고 축복이 끊임없이 흘러가기를 바라신다.

## 2. 영적 전쟁의 차원: 전쟁 기도

### 권한이 없으면 기도할 수 없다

하늘은 자원봉사자들에게 일을 맡기지 않는다. 제 힘으로 기도의 큰 권위를 얻을 수 있는 사람은 없다. 우리가 흔히 말하는 "권위를 가지고"라는 말도 정확하지 않다. 권위는 하나님이 주신다.

권위는 관계의 실체다. 권위는 무릎을 꿇은 시간만큼 쌓인다는 율법주의의 실수를 범하지 마라. 권위는 획득할 수 없다. 그 안으로 들어갈 수 있을 뿐이다. 중보 기도의 권위는 두 방향으로 성장하는 관계의 실체다. 곧 정결하고 친밀하게 하나님 앞으로 나아가는 것과 하나님이 기도하라고 맡기신 사람들을 사랑으로 대하는 것이다.

성경의 영적 용사들은 기도의 권위자였다. 그 권위는 그들의 지식에서 나오지 않고 그들의 기도생활 때문에 그들을 찾아오신 분에게서 나왔다. 하나님과 천사들은 그들을 알았다. 핵심은 우리가 누구를 아느냐가 아니라 누가 우리를 아느냐이다.

다니엘은 천사의 방문을 받고 자기의 오랜 기도 때문에 하늘에서 전쟁이 터졌다는 소식을 들었다. 천사가 그를 어떻게 부르는지 살펴보라. "하나님께 큰 사랑을 받은 사람 다니엘아." 단 10:11, 표준새번역 다니엘은 하늘의 명망가였다. 그의 기도는 강한 힘을 발휘했지만 우리가 알기로 그는 기도하면서 영적 전쟁을 하지도 않았고 하나님이 하늘에 있는 악한 영들을 꺾으신 것을 알지도 못했다.단 10:1-21 참조

예수님의 이름을 주문처럼 사용했던 스게와의 일곱 아들을 생각해 보라. 그들은 악귀가 들린 사람에게 "내가 바울이 전파하는 예수를 의지하여 너희에게 명하노라" 하고 말했다. "내가 예수도 알고 바울도 알거니와 너희는 누구냐" 하는 악귀의 대답에서 우리는 바울이 마귀들 사이에서 유명하다는 사실을 알 수 있다. 그들은 하나님의 보좌 앞에서 아무 권위도 없이 귀신들을 상대한 탓에 봉변을 당했다.행 19:13-17 참조 (마귀가 바울을 인지했던 것으로 보아 바울은 그곳에서 2년이 넘도록 살면서 도시를 다니며 기도로 일을 많이 했을 것이다. 행 19:10-17 참조.)

예수님은 일흔 제자를 파송하시면서 귀신을 제어하는 권위에 관해 말씀하지 않으셨다(눅 10:1-16; 마 10:1에서 열두 제자에게는 말씀하셨다). 그들은 예수님의 이름으로 기도했을 때 일어난 권능에 놀라서 돌아왔

다. "주여 주의 이름이면 귀신들도 우리에게 항복하더이다." 눅 10:17

예수님은, 그들이 결코 보거나 들어가지 못하는 권위의 전쟁터가 있다고 말씀하신다. "사탄이 하늘로부터 번개같이 떨어지는 것을 내가 보았노라." 눅 10:18 예수님은 그들이 행사한 권위는 그들에게 곧 말씀하실 내용이나 그들의 예상보다 훨씬 더 크다고 말씀하셨다.

문제의 핵심은 그들에게 주어진 권위는 하늘에서 내려왔다는 것이었다. 그들은 본래 강한 사람들이 아니었다. "내가 너희에게 뱀과 전갈을 밟으며 원수의 모든 능력을 제어할 권능을 주었으니 너희를 해칠 자가 결코 없으리라"(눅 10:19, 악을 밟아서 이긴다는 것에 주목하라).

예수님은 침착하게, 악을 이겼다고 기뻐하지 말고 매우 중요한 문제에 관심을 가지라고 타이르셨다. 그들의 이름이 하늘에 알려진 것이다. "그러나 귀신들이 너희에게 항복하는 것으로 기뻐하지 말고 너희 이름이 하늘에 기록된 것으로 기뻐하라 하시니라." 눅 10:20 이름을 천국에 올린다는 것은 정식으로 구원을 받는다는 뜻은 아닐 것이다(물론 이것은 틀림없는 사실이다). 당시 사회에서는 명예를 가장 중요하게 여겼다. 예수님은 그들이 자라온 사회가 중요하게 여기는 가치관으로 그들의 관심을 돌리셨다. 곧 하나님이 주시는 영원한 명예다. 이 명예는 그들이 귀신을 짓밟은 것과 무관했다. 그들은 사랑받는 자녀로서 하나님 앞에서 인정을 받았다.

그들이 현명하고 막강한 용사였기 때문에 권위가 생긴 것은 아니었다. 기도의 권위는 인정받는다고 생기지 않는다. 그들은 하나님의 자녀로서 하나님은 그들을 통해 기쁘게 목적을 성취하셨다. 눅 10:21-24 참조

### 방심하지 말라

우리는 기도로 최고의 권위를 추구해야 한다. 안주하지 말고 긴장하고 기도하라. 우리는 다니엘과 일흔 제자가 배웠던 것처럼 우리가 모르는 권위를 사용하고 있을지도 모른다. 이와 동시에 영적 전쟁을 할 때는 지혜롭게 권위의 정도를 지키고, 예수님이 일을 맡기시면 마음을 단단히 먹고 힘써 기도하라.

우리는 모두 영적 전쟁에서 여러 가지 싸움을 싸워야 한다. 하나님은 각각의 싸움에 알맞은 힘을 주신다. 예를 들면 하나님을 따르는 모든 신자는 끊임없이 죄와 정욕과 마귀와 싸워야 한다. 주님은 변함없이 우리 곁에 계시고, 우리가 싸워서 이길 영적 힘을 충분히 주신다. 하지만 개인의 삶에서 부딪히는 싸움도 있다.

어떤 싸움은 이른바 '전략적인 수준'에서 일어난다. 전략적인 전쟁은 전도·기도·섬김을 동원해 특정 지역에서 수많은 사람의 구원을 위해 싸우는 싸움이다. 영적 전쟁의 관점에서 보면 천사들은 계급에 따라 지역을 지배한다. 하늘에 있는 이 악한 영들이 얼마나 힘이 강한지는 모르지만, 하나님은 기도의 용사들을 중보 기도의 힘이 크고 작은 부대로 나누어 배치해서 계급에 맞는 적과 싸우게 하신다는 생각은 아주 잘못되었다. 아무리 지식이 없는 자녀라 할지라도 하나님이 맡기신 일에 따라 효과적으로 기도할 수 있다.

그리스도께 초점을 계속 맞추면 우월감과 열등감을 말끔히 버리게 된다. 우리의 힘과 권위는 주님이시다. 주님은 매일 권능으로 우리와 함께하신다. 주님만이 하나님이 주신 것 곧 하늘과 땅의 모든 권세를 영원히 유지하고 사용하실 수 있다.<sup>마 28:18 참조</sup>

영적 전쟁은 힘든 일이다. 소매를 걷어붙이고 악착같이 싸워야 한다. 마술 지팡이는 없다. 나는 사람들이 수많은 사람이 수백 년 동안 자유 의지로 마귀의 세력과 하늘에 있는 악한 영들을 영접하고 권위를 넘겨준 지역에 가면서 그 지역을 순식간에 바꿀 마술 지팡이가 있다는 식으로 말하는 것을 들으면 마음이 아프다. 그들이 자유 의지로 선택한 논리적인 결과를 무시하고 우리가 땅밟기 기도팀 하나를 보내 성구를 하나 인용하거나 감동적인 찬양의 후렴구를 불렀다고 수백 년 동안 물든 마귀의 세력이 갑자기 사라지지 않는다. 유감이지만 이런 일은 일어나지 않는다. 마술 지팡이는 없다. 하지만 의인의 간절한 기도는 큰 힘을 발휘한다. 만일 이 구절 "그러므로 너희 죄를 서로 고백하며 병이 낫기를 위하여 서로 기도하라 의인의 간구는 역사하는 힘이 큼이니라"<sup>약 5:16</sup>가 성경에 없었으면 우리의 상황은 아주 나빠졌을 것이다. 우리 가운데 두려움이 있었을지도 모른다. 그 다음 구절은 기적을 행한 엘리야에게도 마술 지팡이는 없었다고 말한다. 그는 "우리와 같은 성정을" 가졌다. 그저 "간절히" 기도했을 뿐이다.<sup>약 5:17 참조</sup>

**조지 오티스 주니어,** 센티넬 그룹의 대표이자 영적 도해라고 부르는 새로운 선교 연구 분야의 권위자. 악한 세력의 지배를 받는 넓은 지역으로 중보 기도팀을 데리고 가서 영적 분쟁 지대를 연구하고 기도한다.

우리 가운데 어떤 사람들은 마을을 지배하는 이런저런 악한 영들이나 세력에 관해 말하기 시작했다. 그런데 그들은 정말로 파괴적으로 변했다. 나는 주님이 그들에게 그러한 권위를 주셨다고 생각하지 않는다.

**밥 브랜치,** 매사추세츠 주 프레밍햄의 빈야드 크리스천 펠로우십(Vineyard Christian Fellowship) 목사. 밥은 자신의 교회와 다른 교회 교인들로 구성된 기도팀을 데리고 정기적인 땅밟기 기도를 하고 있다.

**전쟁 기도의 단계**

땅밟기 기도자는 어떻게든 틀림없이 도시의 영적 전쟁에 참전한다. 여기서는 영적 전쟁의 전체 그림을 살피는 대신 전쟁 기도의 기초 단계만 살펴보도록 하자. 이 내용은 땅밟기 기도자들의 경험에서 나왔다. 이것은 특정 지역과 도시에 관한 내용이라는 점을 염두에 두자.

이 간단한 주제의 주된 가치는 전략적인 순서에 있다. 첫째 단계는 출발점이자 나머지 단계의 밑바탕이다. 하나님이 명확한 지시를 하시면 그 다음 단계로 넘어간다. 대부분은 첫째나 둘째 단계 이상 넘어갈 필요가 없다.

**전쟁의 첫 번째 단계: 하나님께 직접 호소하라**

전쟁의 중심부로 바로 들어가라. 사물이나 사람에 '맞서기' 전에 천지의 주재 '앞에' 경건하게 나아간다. 하나님의 보좌 앞으로 나아가라. 어전 회의가 열린다. 하나님의 보좌가 모든 영적 전쟁을 주관한다. 만일 천사들을 파병해야 한다면 이곳에서 임무를 하달한다. 두렵고 즐거운 마음으로 하나님 앞에 서서 정신을 차린다. 무섭고도 아름다운 만유의 왕이 우리를 자녀로 부르신다. 예수님을 믿는 믿음을 통해 우리는 담대하게 당당하게 나아갈 수 있다. 가까이 나아가 간절히 아뢰라.

바울은 영적 전쟁의 무기를 설명하면서 육신의 무기가 아니라…하나님의 능력이라고 말했다. 고후 10:4 참조 무기 자체가 강하다는 뜻이 아니다. 문장 전체를 직역하면 이렇다. "우리의 무기는…하나님의 능력이라." 고후 10:4 참조 어전 회의에서 사용하는 '하나님 앞에서'라는 말로 보아 바울은 영적 전쟁이 하나님의 보좌 가까이에서 일어나는 것처럼 인식하고 하나님의 즉각적인 감독과 승인 아래 이뤄진다고 여겼다. 이 무기들은 기다란 전선에 연결되어 있을 뿐이다.

시편 18편에서 위대한 용사 다윗은, 다른 시편에서와 마찬가지로, 영적 전쟁의 핵심은 몸을 피하는 것이라고 말한다. 다윗은 하나님의 성전에 몸을 숨기고 거기서 하나님께 간구했다.<sup>시 18:2, 6 참조</sup> 그리고 이렇게 고백한다. 하나님은 "높은 곳에서…나를 강한 원수와 미워하는 자에게서 나를 건지셨음이여."<sup>시 18:16-17</sup> 영적 전쟁은 본래 하나님의 구출 작전이다. 다윗은 그 사실을 알았다. 그 결과 그는 원수와 싸우는 법을 하나님께 훈련받는다.<sup>시 18:34 참조</sup> 하지만 모든 일은 피신에서 시작되고 "큰 구원"<sup>시 18:50</sup>으로 끝난다.

다윗의 노래는 같은 형태가 반복된다. 다윗이 하나님께 나아가면 주님이 직접 싸우신다. 다윗은 **몸**을 피하면서 전쟁을 시작한다. 이것은 퇴각이 아니라 큰 승리다. "내가 지존하신 하나님께 부르짖음이여 곧 나를 위하여 모든 것을 이루시는 하나님께로다 그가 하늘에서 보내사 나를 삼키려는 자의 비방에서 나를 구원하실지라 하나님이 그의 인자와 진리를 보내시리로다."<sup>시 57:2-3</sup> 시편 144편에서 다윗은 '자기 손'은 전쟁에 익숙하도록 훈련되었다고 말한다.<sup>시 144:1 참조</sup> 하지만 그는 '주님의 손'에 큰 소망을 품었다. "여호와여 주의 하늘을 드리우고 강림하시며…위에서부터 주의 손을 펴사…나를 구하여 건지소서."<sup>시 144:5-7</sup>

하나님의 높은 어전 회의는 계속 전쟁의 무대로 묘사된다.<sup>시 76, 82편 참조</sup> 다윗은 자기가 만유의 하나님께 나아가 간구할 수 있음을 알았다. 하물며 그리스도 안에 있는 신자는 하나님의 보좌 앞으로 더 확실히 나아가 승리를 간구할 수 있지 않겠는가?(히 4:16과 엡 3:12의 특권을 바탕으로, 히 2:8-16과 엡 3:10에 비추어 읽으라).

신자는 어떻게 이와 같이 싸울 수 있을까? 방법의 문제가 아니라 관계의 문제다. 예배자로 나아가라. 하나님의 빛나는 보좌 앞에 실제로 선 것처럼 겸손하게 말하면 하나님은 천지의 모든 일을 제쳐놓고 우리에게 온전히 주목하신다. 성경이 묘사한 장면은 실제로 일어난 사건이지만 함부로 상상하지는 마라. 우리가 눈으로 그리스도를 볼 수는 없지만 주님은 정말로 하나님의 보좌 우편에 앉아 계신다.<sup>막 16:19; 엡 1:18-23 참조</sup> 우리가 마음을 두어야 할 곳은 다른 데에 있지 않다. "위의 것을 찾으라 거기는 그리스도께서 하나님 우편에 앉아 계시느니라."<sup>골 3:1</sup> 어전 회의에서 의견을 말할 때는 무엇이든지 천사들을 거칠 필요가 없다. 하나님께 직접 아뢰라.

보좌에서 일어나 원수를 심판해 달라고 하나님께 담대히 구하라. 영적 전쟁에서 심판은 하나님의 중요한 행동이다. 하나님은 심판을 내리고 자기를 대적하는 원수를 벌하고 선택한 자들을 구원하신다. 하나님이 약속하신 구원을 호소하라. 상대가 누구든지 우리가 천사에게 직접 호통을 칠 필요는 없다(시 7, 17, 20, 94편은 대하 20:5-23의 여호사밧, 왕하 19:14-37의 히스기야, 특별히 행 4:23-31에 나타난 교회의 유사한 기도와 이어지는 맥락이 있다).

하나님, 어떻게 8억 5천만 명이나 되는 사람들을 이렇게 내버려 두십니까? 반드시 일어나셔서 이들을 구원해 주십시오. 주님의 역사를 보고 싶습니다.

**마크 게퍼트**, 네팔의 어떤 힌두교 사원 앞에서 한 기도.

우리는 우리가 입양한 나라의 여러 도시에서 여리고 행진을 하면서 마귀를 상대하는 법을 배웠다. 유다서 **특별히 8-10절**는 영적인 권세자를 경솔하게 상대하지 말라고 가르친다. 거의 모든 상황에서는 마귀의 세력에 직접 외치는 것보다 "주님께서 너를 꾸짖으시기를 바란다"라고 말하는 것이 더 적절하다. 그래서 우리는 주님께 집중하고 기도했다. 우리는 주님의 권세와 주권을 찬양하고 십자가로 사탄을 결박하셨음을 선포했다. 그러고 나서 우리는 귀신들을 꾸짖고 결박해 달라고 하나님께 구했다.

**조슈아 브링클리**, 기독교를 박해하는 북아프리카 어느 나라에서 일하는 선교사. 조슈아가 입국했을 때 이 나라에는 신자가 한 사람도 없었다. 현재 처음으로 작은 교회가 성장하고 있다.

**전쟁의 둘째 단계: 하나님에 관한 진리 대결**

영적 전쟁의 또 다른 기초는, 신자들이 그리스도와 그 나라에 관한 진리를 선포하는 '진리 대결'이다. 하나님의 우세한 권능이 분명히 드러나서 '능력 대결'로 완전히 발전하는 영적 전쟁은 드물다. 하지만 거의 모든 영적 싸움에는 진리 대결이 있다.

거리를 걸으며 예수님에 관한 진리를 공중에 선포하라. 짐짓 마귀의 세력을 향해 선포할 필요는 없다. 그렇게 해서는 안 된다. 우리는 악한 세력을 잡아들이는 검찰이 아니다. 우리는 그저 천국의 소환장을 받고는 지상의 어떤 상황에서 그리스도를 증언할 따름이다. 마귀의 세력을 정죄하려는 충동을 누르라. 마귀에 대해 분노하고 빈정대지 마라. 이러한 악담은 우리의 생각을 조악하게 만들 뿐이다. 하늘의 법정에서 선서한 것처럼 복음의 진리를 똑바로 증언한다.

하늘은 예수님에 관한 증언을 기뻐한다. 하나님 아버지가 사랑하는 독생자를 위해 어떤 일을 하셨는지 증언하라. 예수님이 하나님을 사랑하고 순종하셨다고 선포하라. 성령의 놀라운 역사를 전하라. 선언적으로 성경을 읽으라. 성경의 이야기를 자세히 설명하게 될지도 모른다.

기도하면서 내가 어떻게 구원받았는지 고백하라. 우리의 증언은 놀라운 힘을 발휘하는 무기다.<sup>계 12:11 참조</sup> 고린도후서 10장 3-6절에서 바울이 말한 무기는 하나님을 알지 못하게 가로막는 견고한 요새마저 무너뜨린다. 사탄은 억측 뒤에 숨어서 눈먼 교만으로 사람들을 지배한다. 우리가 진리를 선언하면 하나님 앞에서 기만의 계략을 폭로하는 굉장한 사건이 될지도 모른다.

우리의 도시에서는 사람들이 어떤 기만에 속는가? 어떤 거짓말이든 지간에 그것에 상응하는 진리를 선포하라. 그러면 나중에 전도자들이 불신자들과 입씨름을 하면서 낭비하는 시간이 많이 절약될지도 모른다.

모든 거짓 신과 천사들은 결국 하나님 앞에 무릎을 꿇고 경배한다는 성경의 선포를 다시 선포하라.<sup>시 29:1-2, 97:7; 빌 2:10-11; 히 1:6 참조</sup> 천사들에게 복음을 전한다고 상상하거나 조롱하지 말고 주 예수 그리스도께 복종하고 경배하라고 선포하라.

우리는 이집트에서 기도 여행을 하면서 부활절을 맞아 고린도전서 15장을 묵상했다. 나는 부활절 아침에 고린도전서 15장 3-11절에 기록된 복음의 모든 진리를 회교가 부정하고 있음을 깨달았다. 예수님의 죽음, 예수님에 관한 성경의 증언, 죄 때문에 죽으셨다는 것, 매장되신 것이나 부활하셨다는 것을 회교는 부정한다. 우리는 그 날부터 몇 주 동안 이러한 복음의 기초적인 사실을 사람들에게가 아니라 여러 마을의 공중에 선포했다.

**스티브 키즘**, 이집트 기도 여행 인도자.

**전쟁의 셋째 단계: 하나님을 위한 성품 대결**

땅밟기 기도자는 흔히 그리스도와 그 나라를 위해서 기도하지, 사탄과 악에 맞서 기도하지 않는다. 영적 전쟁의 목적은 그리스도께 영광을 돌리는 것이다. 하나님은 대부분 신자의 약함을 통해 그리스도의 성품을 나타내어 악의 허세를 물리치신다.

선을 득세하게 하려고 악의 뿌리를 뽑는 것은 하나님의 기본 전략이 아니다. 그 대신 하나님은 사람을 통해 자기의 선을 강하게 나타내 악을 제압하신다. 그래서 부활하신 구세주께 "원수들 중에서 다스리소서"라고 말씀한다.시 110:2 하나님은 모든 사회를 예수님의 화려한 선으로 공략하실 독특한 계획을 세우셨다. 땅밟기 기도자는 그리스도의 성품이 마침내 나타나 악을 제압하고 제거하도록 부지런히 기도해야 한다.

바울은 이러한 승리를 간단하게 요약했다. "악에게 지지 말고 선으로 악을 이기라."롬 12:21 교회는 날로 극심해지는 악의 세력이 우리에게 속삭이는, 불에는 불을 놓으라는 유혹(또한 분노에는 분노로 갚으라는 유혹)을 물리쳐야 한다. 그리스도인은 추악한 증오를 꾸준히 견디고 모든 사람과 평화롭게 지내면서 가장 강한 전투 방법인 "하나님의 진노하심"롬 12:19에 맡기고 싸워야 한다.

같은 편지에서 바울은 신자들에게 선한 일에는 슬기롭고 악한 일에는 순진하라고 권면한다.롬 16:19 참조 악의 존재와 이름을 백과사전처럼 자세히 안다고 해서 그리스도인이 승리한다는 보장은 없다. 하나님은 정말로 사탄을 짓밟으시지만 신자들의 순진한 발밑에서 짓밟으신다. "평화의 하나님께서 곧 사탄을 쳐부수셔서 여러분의 발 밑에 짓밟히게 하실 것입니다."롬 16:20, 표준새번역 땅밟기 기도자는 마을을 돌면서 이러한 모습을 쉽게 상기한다. 길을 걸을 때는 하나님의 선한 일에 마음을 집중하라. 하나님은 우리의 발걸음으로 악의 못된 계략을 짓밟으신다.

하나님께 육체의 행실을 이기는 성령의 열매를 맺게 해 달라고 기도하면서 성품 대결에 나선다. 갈라디아서 5장 19-21절에 기록된 부패는 도시에서 흔히 볼 수 있다. "육체의 일은 분명하니 곧 음행과 더러운 것과 호색과 우상 숭배와 주술과 원수 맺는 것과 분쟁과 시기와 분냄과 당 짓는 것과 분열함과 이단과 투기와 술 취함과 방탕함과 또 그와 같은 것들이라 전에 너희에게 경계한 것같이 경계하노니 이런 일을 하는 자들은 하나님의 나라를 유업으로 받지 못할 것이요."

이러한 것들이 나타난 바로 그곳에서 갈라디아서 5장 22-23절의 열매가 열리도록 기도하라. "그러나 성령의 열매는 사랑과 기쁨과 평화와 인내와 친절과 선함과 신실과 온유와 절제입니다." <sup>표준새번역</sup> 마치 우리가 땅에 씨앗을 심고 흙을 덮고 기도의 물을 주는 것처럼 성령의 열매를 위해서 기도하라. 음행이 있는 곳에는 신실과 절제가 열리게 기도하라. 다툼이 있는 곳에는 친절과 온유가 열리게 기도하라. 술취함이 짓누르는 곳에서는 기쁨과 인내의 열매가 열리기를 기도하라.

온갖 종류의 관계를 새롭게 해주시기를 기도하고 도시의 영적인 토양을 경작한다. 화해는 도시의 일상 아래에서 부패한 죄를 부추기는 사탄의 노력을 물거품으로 만든다. 가족, 친구와의 관계를 회복하면 자신 안에 하나님의 성품이 성숙하여 열매가 몇 갑절로 증가하는 정결하고 비옥한 환경이 마련된다.

### 전쟁의 넷째 단계: 하나님의 원수와 싸우는 기도 대결

땅밟기 기도를 하면서 치르는 영적 싸움은 앞의 세 단계로 충분하다. 그러나 때때로 하나님은 신자들에게 하늘의 세력에 직접 대항하라고 명하신다. 이 점에 관해서는 의견이 분분하다. 어떤 사람들은 귀신에게 호통을 쳐서 쫓아내야 한다고 주장한다. 어떤 사람들은 그리스도인이 까닭 없이 귀신에게 말 한 마디만 해도 높고 강한 천사장들을 모욕하는 위험을 자초한다고 생각한다.<sup>벧후 2:10-12 참조</sup> 또 중간 입장도 있다. 이러한 문제는 결국 시기와 권위의 문제로 요약된다.

하나님의 허락보다 자기의 분별력이 앞서는 사람이 많다. 우리는 정말로 견고한 진이나 마귀의 계략, 또는 하늘에 있는 악한 영들의 이름을 정확하게 알게 될지도 모른다. 그렇다고 해서 우리가 반드시 공격 명령을 받은 것은 아니다. 하나님의 마음을 아는 것이 악의 계략을 분별하는 것보다 더 중요하다. 어떤 지역이나 가정에서 귀신을 쫓아내라고 하나님이 허락하셨는가? 주님의 뜻을 분명히 파악하는 데는 단 몇 초가 걸리기도 하고 며칠이 걸리기도 한다. 시간이 얼마나 오래 걸리든 원수와 영적 전쟁을 벌이기 전에 하나님의 인도를 구하라. 특히 어떤 지역의 영적인 영향력과 싸울 때는 더욱더 하나님의 인도를 구해야 한다. 하나님이 다른 계획을 세우고 계신지 주의하여 파악한다.

원수를 제압하는 시기도 중요하다. 예수님은 원수를 묶으라고 말씀하실 때는 반드시 사람을 풀고 구하라고 말씀하셨다.<sup>마 12:29, 16:19, 18:18; 눅 11:20-26 참조</sup> 하나님은, 우리가 악에 관해 통찰한 내용을 바탕으로 일을 많이 하면서 때를 기다리라고 말씀하실지도 모른다. 하나님의 때를 기다리면서 여러 교회는 연합하고 악을 효과적으로 제압할 뿐만 아니라 알

찬 계획을 통해 사람들을 해방하고 의를 세울게 될지도 모른다. 기도할 때는 복음의 결실을 충분히 거둘 수 있도록 어둠의 세력을 무력화한다고 생각하라. 기도하기 전에 금식을 하고 싶을지도 모른다. 기도의 결과를 기대하고 추수를 준비하고 싶을지도 모른다. 어쨌든 절박함과 성급함은 다르다.

대다수의 그리스도인 지도자들은 기독교가 마귀의 억압에서 개인을 해방한 경험은 풍성한 반면, 지역의 영들에 관해서는 - 그들의 정체가 무엇이든 - 우리가 아는 것이 비교적 없음을 인정한다. 귀신들린 사람에게서 귀신을 내쫓는 방법은 마을이나 지역에서 귀신을 내쫓는 방법과는 다르다.

이러한 사례는 권한이 각각 뚜렷이 주어질 뿐만 아니라 말과 행동에 대한 지시가 분명한 독특한 경우라고 가정하는 편이 안전하다. 지역의 세력과 싸워 이겼다고 느낀 사람들도 전쟁의 '넷째 단계'에서 악한 영들과 직접 대결하는 경우는 거의 없었다. 보통 간접적인 싸움으로도 충분하다. 배치된 지역에 거하는 천사장들을 호령하며 이겼다고 주장하는 사람들은 자랑하는 법이 없었다. 그들은 대개 억제하는 말 한 마디만 했다. 그들은 흔히 상징적인 몸짓과 함께 간결하고 권위 있는 말로 호령했다.

어떤 사람들은 예수님이 새로운 지역에 들어가려고 하실 때 그 지역의 영들이 바람과 파도를 일으켜 예수님을 막았다고 말한다. 날씨와 그 배후의 세력에게 하신 예수님의 말씀에는 이러한 영적 전쟁에 필요한 간결함과 믿음이 있다. "고요하고 잠잠하라." 막 4:35-41 참조

이 싸움에서 이기고 나서 예수님은 사람의 몸보다 그 지역에서 나가

지 않으려고 더 맹렬히 저항하는 군대 귀신을 만나셨다.<sup>막 4:1-20, 또한 10장 참조</sup> 하지만 주님은 무적의 권능으로 그 지역을 더 이상 공략하지 않으셨다. 주님은 소수의 영접을 받고, 다수의 거절을 받아 떠나셨지만 모두 주님을 찬양했다.<sup>막 5:17-20 참조</sup>

영적 전쟁에서 우리가 할 일은 이 지역의 강한 자들이 자기를 영접하고 지배권을 내어준 사람들의 마음과 영혼에 겨누고 있는 '끌어가는 광선'을 무력화하는 것이다. 우리는 여기서 하나님의 은혜가 널리 퍼지기를 기도했다. 전세계에서 복음이 가장 적게 들어간 지역에 사는 이들 스스로가 기만을 당하겠다고 선택했기 때문에 속아 넘어갔다. 로마서 1장 18-23절은 분명히 말한다. 그들은 진리를 알고 있었다. 하지만 진리를 불의와 맞바꾸었다. 그들은 거짓을 믿기로 결정했다. 원수는 이 짐을 이용해 종교 관습에 생명을 불어 넣어서 그것들을 초자연적으로 붙여놓았다. 그리고 이 종교 관습은 견고하고 기만적인 겉치레로 변했다.

우리는 그들을 그리스도인으로 만들어 달라고 하나님께 구하지 않았다. 하나님은 사람들을 억지로 그리스도인으로 만들지 않으신다. 우리는 자격 없는 그들이 구할 수 없는 것 곧 진리를 따를 기회를 다시 달라고 하나님께 구했다. 우리는 중보 기도를 하며 하나님께 이 사람들을 미혹하는 것을 부수어 달라고 청했다. 나중에 전도자들이 왔을 때 추수할 영혼이 많아지도록 우리는 땅을 고르게 했다.

**조지 오티스 주니어.** 몽골에 그리스도인이 한 사람도 없을 때 몽골을 방문했다. 그보다 앞서, 또는 그의 뒤를 이어 선교에 힘쓴 사람이 많았다. 현재 몽골 교회는 활발하게 성장하여 신자가 수천 명에 이른다. 그는 아시아와 중동에서 복음이 가장 적게 들어간 지역에서 현장 기도를 했다.

북아프리카의 어떤 나라에 우리가 처음 도착했을 때는 나라 전체에 신자가 한 사람도 없었다. 개신교 선교사는 우리밖에 없었다. 처음 입국했을 때 마치 벽을 향해 걸어가는 것만 같았다. 첫 해에 그리스도를 영접한 회교도가 한 사람도 없었다. 이대로 가면 20년을 사역해도 교회를 세울 수 없을 것만 같았다.

1년 뒤 우리는 '여리고 행진'을 시작했다. 우리는 하루 종일 금식했고 어떤 때는 이틀이나 사흘까지 금식했다. 우리는 안전 문제 때문에 한밤중에 도시를 돌면서 주님을 찬양하고, 도시를 위해 기도하고, 그리스도의 주권을 선포하고, 이 나라와 도시의 귀신들을 결박했다. 우리는 대도시마다 다니면서 여리고 행진을 했다.

어떤 도시에서 세 번째 여리고 행진을 하다가 새벽 1시 정도에 나는 성령의 분명한 인도로 그 도시의 악한 세력에 관해 기도했다. 사실 나는 성령이 우리에게 이 나라의 호국신을 호령할 구체적인 권한을 주신다고 느꼈다. 나는 말했다. "이 나라의 호국신아, 너를 꾸짖는다. 너를 결박한다. 너를 내쫓는다." 나는 사람들이 흔히 하는 대적 기도를 전부 동원했다. 대적 기도를 마쳤을 때 아내와 나는 하늘에게 무언가 깨지고 갈라졌다는 느낌이 들었다. 사실 우리가 본 것은 측지선 돔처럼 온 나라에 뻗어 있는 사탄의 권세였다. 이 돔이 깨져서 흔들렸고 그 사이로 빛이 쏟아져 들어왔다. 그 다음 주에 우리는 첫 현지인 결신자를 얻었다. 그 뒤 두 달에 한 명 꼴로 사람들은 꾸준히 그리스도를 영접했다.

내가 공중 권세 잡은 자를 전멸시켰을까? 한 달 뒤에 우리는 마귀의 저항력이 다시 회복되었음을 감지했다. 내 말은 우리가 악을 호령할 때는 반드시 성령의 인도를 받아야 한다는 뜻이다. 만일 내가 "너를 결박해서 무저갱으로 내쫓는다" 하고 말했으면 어둠의 세력이 그 지역에서 더 이상 발붙이지 못했을 것이라는 생각은 어리석은 생각이다. 싸움은 계속된다. 나는 우리의 사역이 상당히 나아졌다고 생각하지만 예수님이 다시 오시기 전까지 그 악한 영적 세력은 자취를 감추지 않을 것이다.

**조슈아 브링클리**, 북아프리카 어느 국가의 선교사.

## 3. 영접의 차원: 관계 기도

'관계 기도'는 사람들에게 직접 기도하는 경우를 말한다. 이러한 현장 기도는 대개 공동체가 예수님을 영접하도록 이끈다.

예수님은 사람에게 직접 기도하셨다. 주님은 찾아온 사람을 위해 기도하셨다.눅 5:12-15, 7:2-10, 17:12-19 참조 때로는 대화를 나누다가도 기도를 하셨다.눅 7:11-15, 13:12 13 참조

**1. 사람을 사귄다.** 물론 누구를 위해서, 언제 기도해야 하는지 하나님께 순종해야 한다. 어떤 교회들은 마을의 모든 주민을 위해 체계적으로 기도하기도 하지만 땅밟기 기도자들은 대개 직감에 따른다.

주님은 전지역의 모든 주민을 위해 기도하라고 말씀하셨다. 모든 사람은 평등하게 성경과 기도를 받을 기회가 있어야 한다. 땅밟기 기도를 통해 그 지역은 그야말로 기도하는 그리스도인들의 물결에 잠겼고 우리는 하나님이 일하실 준비를 마쳤다고 믿었다.

**캐롤라인 에릭슨**, 캘리포니아 주 반 누이스의 처치 온 더 웨이(Church on the Way) 성도. 캐롤라인은 남편 래리와 함께 이 교회의 땅밟기 기도 사역인 '집중 포화'를 시작했다.

기도해 주고 싶은 사람을 만나면 간단히 자기를 소개한다. 자신이 누구이며, 무슨 일을 하는지 설명한다. 설명이 길어지면 설교를 하게 될지도 모른다. 오해를 받아도 괘념하지 마라. 마을에 무슨 문제가 있기 때문에 기도하고 싶다는 암시를 주지 않도록 하라.

순수하게 기도하고 싶다는 뜻을 전한다. 상식에 맞게 행동하고 상대방의 시간을 배려한다. 편안하고 정중하게 대화한다.

기도하는데 상대방이 그리스도인인지 아닌지는 구태여 알 필요가 없다. 그리스도인은 대개 자기의 신앙을 밝힌다. 기도 제목은 간단하게 묻는다.

**2. 허락을 받는다.** "예수님의 이름으로 기도해 드릴 일은 없습니까?"와 같은 질문을 해서 상대의 허락을 받고 한두 가지 기도 제목을 듣는다. 친절하게 기도해 주겠다는 사람을 문전박대하는 경우는 거의 없다.

우리는 사람들에게 다가가서 "우리는 그리스도인인데 이 마을을 지나면서 하나님의 복을 빌고 있습니다. 오늘 여러분을 위해서 기도해 드릴 일은 없습니까?"하고 말한다. 대체로 열에 아홉은 이런저런 상황을 위해 기도해 달라고 부탁한다. 어떤 남자는 어머니가 아버지와 사별한 뒤에 힘들게 지낸다고 말했다. 그는 우리에게 어머니를 위해서 기도해 달라고 부탁했다. 우리는 그의 어머니를 위해서 기도하면서, 그가 어머니를 잘 보살피고 적절히 위로하고 사랑과 용기를 주도록 그를 위해서도 기도했다.

그리고 우리는 사람들에게 안수해도 괜찮은지 묻는다. 우리는 "당신을 위해서 기도하면서 안수해도 괜찮겠습니까? 만약 예수님이 여기 계시면 당신에게 안수하셨을 것입니다. 사실 예수님은 여기 계십니다. 예수님은 오늘 우리를 여기 보내서 예수님의 사랑을 전하게 하셨습니다. 예수님은 지금 당신을 만나고 싶어 하십니다" 하고 말한다. 그리고 간단히 기도한다. 사람들은 기도를 받는 것을 무척 좋아한다. 우리는 한 번도 "그 손 치워요. 어딜 만져요. 당신 누구요?" 하고 말하는 사람을 보지 못했다.

**머리 밀리칸**, 텍사스 주 오스틴의 미션 힐스 교회(Mission Hills Church) 부목사. 머리는 때때로 동역자와 함께 아파트 단지를 걸으면서 만나는 사람들과 함께 기도를 한다.

**3. 용건만 간단히 하라.** 특히 신자를 처음 만나는 사람에게는 기도의 본을 보인다는 사실을 기억하라. 우리가 떠난 뒤에도 상대방이 따라서 기도할 수 있도록 쉽게 기도한다. 기도할 때는 장황하게 설교하는 습관을 버리라. 기도를 시작하기 전이나 마치고 나서 설교하지 않는다. 기도를 간단하게 마쳐 상대방을 놀라게 하라.

**4. 이웃의 곁을 지킨다.** 기도의 결과를 알 수 있는 방법을 찾으라. 예를 들어 나중에 와서 또 기도하겠다고 제안하라. 누구를 위해서 무슨 기도를 했는지 기록하는 습관은 하나님이 기도에 응답하셨음을 믿는다는 증거다. 우리의 기도는 몇 년 동안 대화의 주제가 되기도 한다.

이분이 누군지 기억할 필요는 없지만(이 쪽지와 함께 있는 예수님의 사진을 가리킨다) 우리는 이번 주에 이분의 이름으로 당신을 위해 기도하고 있습니다.

영국 위건에 있는 성 나다니엘 성공회 교회가 각 가정에 남긴 쪽지. 이 쪽지는 예수님이 십자가에 달리신 사진과 함께 땅밟기 기도나 여러 기도 모임에서 기도해 온 가정에 전한다. 그 뒤에 이 교회의 어떤 교인은 다른 쪽지를 만들어 개인이나 가족의 기도 제목을 보내 달라고 각 가정에 요청했다. 4년 뒤 이 교회의 교구 사제 브라이언 그레고리는 땅밟기 기도가 순찰 경찰과 다름없이 이 지역 사회의 특징이 되었다고 말했다. 땅밟기 기도자들의 기도로 싹튼 우정 덕분에 사람들은 교회로 몰려왔다.

관계 기도는 교회 예배 모임에 포함될 때 제 기능을 발휘한다. 그러면 간단한 기도 행사가 노방 전도나 상담으로 바뀌는 부담을 덜게 된다. 소통의 기회는 또 생긴다. 관계 기도는 하나님의 때를 붙잡거나 훗날 추수할 씨앗을 뿌린다. 하나님의 때를 분별하는 법을 배우라. 관계 기도에 간증이나 전도 기술을 덧붙일 필요는 없다. 하나님이 기도에 응답하실수록 우리는 복음을 설명할 기회를 수없이 얻게 된다.

에드 실보소는 아르헨티나 전도자들을 훈련시킬 때 이웃 주민을 위해 기도하면서 기도 제목을 수첩에 기록하고 기도 응답을 적을 여백을 남기라고 말한다. 기도를 받은 사람에게 기도 응답을 받으면 연락해 달라고 부탁하고 응답 여부를 수첩에 기록한다. 응답받지 못한 기도 제목은 꾸준히 기도한다. 기도가 응답되었다는 소식은 하나님의 선하심을 찬양하는 놀라운 계기가 되고 그 사랑을 더 많이 전할 기회가 된다.

PRAYER WALKING

4부

땅밟기
기도의 전략

# 11 | 도시 땅밟기 기도

▎도시 땅밟기 기도는 유동적으로 발전하며 여러 교회와 민간 지도자가 참여한다. 모든 도시에는 고유한 기도 전략이 필요하다.

### 도시 땅밟기 기도의 이상적인 조건

신자들이 자기 도시에서 땅밟기 기도 계획을 세울 때는 대개 다음과 같이 네 가지 이상적인 조건을 추구한다.

**현지 교인** 현지 교인들은 사랑을 품고 자기 도시를 위해 꾸준히 기도한다. 전세계의 그리스도인들도 자기가 방문하는 도시를 위해 기도할 수 있다. 하지만 실질적인 일은 그 지역에서 나고 자란 사역자들이 한다.

**교회 연합** 교회와 가정에서부터 도시를 기도로 덮는 일을 시작하면 더할 나위 없이 좋다. 교회는 흔히 이러한 시도에 힘입어 다른 교회와 연합하여 도시를 위해 기도한다. 모든 교회가 땅밟기 기도에 즉시 동참하지는 않을 것이다. 하지만 모든 교회를 위해 기도하면 그들을 동참시킬 수 있다.

땅밟기 기도와 축제는 인종과 교단을 초월한다. 거리의 교회가 되려면 단순해져야 한다. 우리의 공통점은 예수님이다.

**데이비드 맥아담**, 1992년 6월에 열린 도시를 위한 땅밟기와 기도 집회인 '92 보스턴 기도 대회'의 음악 총괄 책임자. 이 집회에는 여러 교회에서 교인 약 천 명이 참가했다. 신자들은 시청 광장에서 기도하면서 '그리스도 예수 안에서 하나'라는 문구가 적힌 풍선 수백 개를 날려 보냈다.

**집중 기도** 중보 기도는 독보하지 않으나 지배한다. 다른 핵심적인 사역 활동들, 이를테면 전도나 교회 개척은 땅밟기 기도와 통합되지만 오랫동안 지속하는 일치된 기도는 독특한 위치를 차지한다.

**모든 지역** 도시 땅밟기 기도는 한 번에 그치기도 하고 계속 이어지기도 한다. 때때로 넓은 지역의 거리나 마을 전체를 위해서 기도할 때도 있고, 모든 거리의 모든 가정을 위해서 기도할 때도 있다. 공업 지역이나 상업 지역을 위해서 기도할 때는 가정을 위해서 기도할 때와는 다른 지침에 따라야 한다.

### 도시 땅밟기 기도의 가치

**교회가 협력한다.** 교인 두세 명이 합심하면 기도의 힘이 강해지는 것처럼 교회가 협력해서 교인들이 거주하거나 활동하는 지역을 위해 기도할 때 중보 기도의 힘은 확대된다.

**비전이 넓어진다.** 사람들은 자연히 자기 이웃에 집중하게 마련이다. 도시를 위해 기도할 때는 기도할 필요가 없다고 생각하는 지역도 포함하여 가장 문제가 많은 지역과 균형을 맞춰야 한다. 예를 들면 부유층 거주지와 중산층 거주지가 있다. 하나님 앞에서는 도시 전체가 다 빈곤하다. 이렇게 균형을 맞춰야 자원을 피상적으로 분배하지 않고 하나님을 의지하게 된다.

**사역에 참여한다.** 바쁜 그리스도인들에게 사회를 섬기라고 압박하는 것만큼 실속없는 짓은 없다. 그리스도인에게는 하나님이 주시는 사역을 하고 싶은 바람이 있다. 신자들은 진심으로 하나님을 사랑하고 하나님의 뜻대로 살고자 애쓴다. 하지만 하나님이 주시는 사명 의식과 권위가 부족한 교인이 많다. 교회가 지역 사회 안으로 들어갈수록 압박이나 과장 없이도 교인들은 정직한 관심과 성경적인 사랑으로 성장하게 된다.

기도의 폭이 도시 전체로 확장되면 교인들도 이웃 중심의 기도에서 벗어난다. 그렇지 않으면 교인들의 기도는 현상 유지를 방어하는 감시인의 기도로 쉽게 전락한다.

**우정이 깊어진다.** 여러 교회의 평범한 신자들은 땅밟기 기도를 하면서 친분을 맺는다. 이웃에 사는 교인을 만나면 단순하고 소중한 접촉점이 형성된다. 그들은 지역 선교를 위해 우정을 나누고 교회의 추수를 위해 함께 그물을 짠다. 부흥의 물결이 도시를 휩쓸면 이러한 인연은 전도와 섬김의 기반 시설이 된다.

우리는 9월 11일 태평양 표준시로 새벽 4시에 모여서, 그 날 각 시간대에서 아침 7시에 시작할 모임을 위해 기도했다. 지도를 보면서 기도할 때 하나님의 손이 전국을 지나가는 느낌을 받았다. 어쩌면 하나님의 관점을 어렴풋이 감지한 것에 불과할지도 모른다. 나는 아주 많은 교단과 단체에서 모인 수많은 사람이 연합해서 이 나라의 청소년을 위해 주님께 기도하는 것이 얼마나 굉장한 일인지 깨달았다. 그것도 초대형 단체나 예산도 없이 말이다! 나는 학생들이 학원 복음화를 위해 절박하게 기도하면서 자기 비전을 찾아가는 모습을 보았다. 그들은 모임에 참석하고 자기가 모르는 그리스도인들이 있음을 알게 된다. 그들은 국기 게양대에서 함께 기도하면서 자기가 혼자가 아님을 알게 된다.

**척 플라워스**, 남침례교 총회 학생 복음화 담당목사. 일 년에 한 번 등교 시간 전에 교내 국기 게양대에서 모여 기도하는 학생 중심의 국제적인 기도 모임 '국기 게양대에서 만나자'(See You at the Pole) 기도 운동을 시작한 사람들 가운데 하나이기도 하다. 1992년 9월 16일 아홉 나라 이상에서 150만 명에서 200만 명에 달하는 학생들이 이 행사에 참여했다. 이 기도 운동은, 1990년 텍사스 주 전역에서 학생들이 학교 국기 게양대에 모여 자기 학교를 위해 중보 기도를 하기로 결정하면서 시작되었다.

**부흥을 앞당긴다.** 사람들은 흔히 하나님이 교회를 폐쇄적인 건물 밖으로 밀어내신다고 생각한다. 우리는 그 이유가 부흥의 계절을 맞아 교회가 사회에 구원의 길을 제시하도록 준비하시기 때문이길 바란다.

교회와 사회 사이의 담장을 부술 때 부흥은 시작된다.

**잭 그래함**, 텍사스 주 달라스의 프레스턴우드 침례교회(Prestonwood Baptist Church) 목사.

다른 사람들에게 조직적인 땅밟기 기도에 참여하라고 권유할 때는 앞에서 열거한 모든 가치에 비추어 땅밟기 기도의 장점을 지나치게 과장하지 않도록 주의해야 한다. 처음에는 목적을 제한해서 하나님이 주시는 큰 비전을 품게 해야 한다. 어떤 기도 사역이 마지막 부흥을 앞당길 것이라고 말하지 말고 하나님이 우리 도시에서 어떤 일을 하기 바라신다는 소망을 명확히 말하라. 그리스도인은 무관심과 열정 사이를 오가는 시소 놀이에 싫증을 낸다. 땅밟기 기도를 권유할 때는 이론과 예측 대신 자기 도시를 기도로 섬기는 다른 사람의 간증을 통해서 권유한다. 부흥이 온다고 거짓 보증을 하면 역효과만 생기고 어떤 사람들은 완고한 자기만족에 빠져 버린다.

**세 가지 도시 땅밟기 기도**

도시 땅밟기 기도는 크게 세 가지 범주로 나뉜다. 이웃 땅밟기 기도는 보통 주택가 근처에서 지속적으로 실천하는 기도다. 준비 땅밟기 기도는 특별한 예배, 전도 또는 기도합주 집회를 준비하는 기도다. 또한 집중 땅밟기 기도는 교회를 개척하여 도시 전체에 복음을 전하려는 계획의 일부인 조직적인 기도다.

**1. 이웃 땅밟기 기도**

이웃 땅밟기 기도는 땅밟기 기도자의 집이나 직장을 목표로 삼는다. 이웃 땅밟기 기도는 대개 집에서 몇 백 보 안에 있는 장소에 집중하고 몇 달이나 몇 년 동안 지속한다.

그들은 어떤 주택단지에서 땅밟기 기도를 했을 때 가장 큰 효과를 거두었다. 그곳은 사탄의 저항이 꽤 심한 장소였다. 마녀 집회가 열리고, 마약을 거래했다. 땅밟기 기도자들은 한동안 매주 일요일 저녁에 그곳에 가서 한두 시간 기도를 했다. 결국 마녀 집회는 사라지고 마약 거래 일당은 경찰에 체포되었다. 현재 그곳에는 가정 성경공부 모임이 생겼다.

존 호튼의 《땅밟기 기도》(Prayerwalking)에서 인용, 영국 이스트 서섹스의 헤일섬 크리스천 펠로우십의 땅밟기 기도팀에 관해 이야기한다.

이웃 두 사람이 시간을 정해서 만나면 간단한 팀이 구성된다. 여러 가정은 거의 매일 자기 이웃을 부지런히 걸으며 기도한다. 학생들은 때때로 학교에서 기도한다. 직장인들은 동료와 함께 직장의 이곳 저곳을 밟으며 기도한다.

이웃 땅밟기 기도는 대개 자유롭게 시작하지만 지속적인 효과를 거두려면 체계를 잡는 것이 바람직하다.

**허락을 받고 시작한다.** 자세한 계획을 세우기 전이라도 교회 목사나 중요한 지도자와 상의한다. 그들에게 기도와 축복을 부탁한다.

**동역자를 구한다.** 친구 한 사람이면 족하다. 큰 모임에서 사람을 구하기보다는 새로운 동역자를 구해서 친구를 사귄다. 같은 동네에 사는 다른 교회 교인을 찾아보자. 가장 훌륭한 땅밟기 기도 활동은 소그룹 모임에서 시작된다. 기존 기도 모임의 인도자는 땅밟기 기도를 기도의 새로운 형식으로 소개하기도 한다.

**일정을 짧게 정한다.** 땅밟기 기도를 시작하기 전에 기간을 몇 주 또는 몇 달로 제한한다. 평가를 거친 뒤에 기간은 얼마든지 연장할 수 있다. 사람들은 "예수님이 오실 때까지 도시를 걸으며 기도합시다"라는 말에 선뜻 나서지 않는다.

**땅밟기 기도자들을 가르친다.** 초보자들을 위해 짧게 훈련 시간을 마련한다. 이 책 1-3장의 기초 지식을 간단히 검토하고 나서 질문에 답한다. 이러한 훈련은 20분이면 충분하다. 부록1에 유익한 입문 자료를 정리해 두었다.

어쨌든 땅을 밟아야 한다. 아무리 짧은 거리를 걷더라도 훈련 경험을 쌓는 셈치고 땅밟기 기도를 한다. 하지만 가장 좋은 성과를 거두려면 두 시간은 해야 한다. 초보자는 숙련자와 함께 땅밟기 기도를 할 때 기도를 제대로 배운다.

앞에서 말했듯이 익숙하지 않은 환경에서 처음 몇 백 보가 중요하다. 집에서 500m만 벗어나도 새로운 길을 걷는 기쁨을 누리게 된다.

**시간을 정한다.** 다른 기도와 똑같이 땅밟기 기도도 시간을 정해서 해야 한다. 기도팀들은 흔히 토요일 아침이나 일요일 저녁과 같이 주 단위로 모인다. 좀 더 의욕적인 이웃 땅밟기 기도 모임은 순번을 정해서 매일 기도한다. 일정한 방법을 선택하더라도, 조금씩 시간을 바꿀 권한을 기도팀에 준다.

**기도팀을 조직한다.** 특별한 날에 대집단을 여러 팀으로 나눠서 기도할 경우에는 먼저 기도의 효과를 거둘 수 있는 조합을 따져본다. 반면에 평일에 모이는 경우에는 기도팀의 집중과 동기를 유지할 수 있는 구성을 생각한다. 가장 튼튼하고 자발적인 기도팀의 크기는 세 사람이다.

**절차를 밟기보다 길을 밟는다.** 어떤 중보 기도자들은 같은 장소를 계속 지나가면 따분해한다. 경로 지도 master map를 펼쳐 놓고 새로운 길을 찾도록 하자. 어떤 사람들은 손으로 그린 작은 지도에 기도 대상자 명단과 집의 위치를 표시해서 들고 다닌다.

**매회 결과를 보고한다.** 두세 사람이 모이더라도 각자 기도한 내용과 배운 점을 토의한다. 기도한 내용, 깊이 다가온 성경 약속, 기도한 사람과 장소, 참석자의 이름을 간단히 기록한다. 참석자의 소견을 받아서 보관한다. 지속적인 가치를 생각하면 보고는 어려운 일이 아니다. 보고를 하면 모든 사건이 우연이 아님을 알게 된다. 믿음이 명확해지고 비전을 공유한다. 중요한 기도는 좀 더 쉽게 반복할 수 있다. 성과를 점검하고 기도 응답을 받으면 하나님을 찬양한다.

미국의 어떤 도시에서 여러 그리스도인 부부가 평일에 아파트 단지를 돌며 땅밟기 기도를 하기로 했다. 그들은 한 부부씩 돌아가며 매일 밤 땅밟기 기도를 했다. 예상과 달리 몇 주 만에 처음 품은 열정이 식었다. 고심 끝에 그들은 부부를 팀으로 만들었기 때문에 그 날 기도한 내용이 다른 팀에게 전달되지 않고, 결국 모두 함께 기도한다는 느낌이 들지 않는다는 사실을 깨달았다. 서로 점검할 계획을 따로 세우지 않았기 때문에 보고할 시간이 없자 용기를 얻고 책임을 인식할 기회를 얻지 못했다. 그들은 다른 형태로 기도를 다시 하기로 했다. 그들은 이러한 실수에서 간단하게라도 기도 내용을 보고하라는 교훈을 배웠다.

### 2. 준비 땅밟기 기도

특별한 행사를 준비하거나 사회 곳곳에서 영적인 돌파구를 마련할 때 '준비 땅밟기 기도'를 한다. 이 기도는 계속 이어지기보다 일회성 행사의 성격이 강하다. 이 기도에 많은 교회가 참여한다. 특별한 전도 집회, 특별한 예배 축제 대회나 연합 기도 집회를 준비할 때 준비 땅밟기 기도를 한다.

우리는 행사 내내 기도 위원회에서 성령의 역사로 사람들이 주님을 믿고 죄를 회개하게 해 달라고 기도한다. 할 수 있으면 기도 위원회는 스타디움의 관중석을 미리 다니며 그 자리가 특별한 자리가 되도록 간구한다.

**프레드 더스턴**, 빌리 그레이엄 전도 협회 대회사역부 부장.

준비 땅밟기 기도는, 하나님의 사람들이 자기 도시가 역사적인 갈림

길에 서 있다고 느낄 때 제 몫을 다한다. 이때 땅밟기 기도는 역사적 중요성을 띠고 온전히 빛난다. 교회들의 기대를 이끌고 관계를 유지하는 현명한 지도력은 매우 중요하다. 이러한 지혜는 비싸지도 복잡하지도 않다. 다른 사람들이 말하는 유익한 제안은 아래와 같다.

**다른 교회 친구를 초대한다.** 광고나 주보로 기도 모임을 알려서는 신자들을 모을 수 없다. 도시를 위한 기도 요청은 두 부류의 몫이다. 곧 목회 지도자와 신뢰하는 친구이다. 다행스럽게도 목회자는 믿을 수 있는 친구이기도 하다. 교회 주변이나 이미 기도를 했던 장소에서 땅밟기 기도 모임을 열고 목사를 초대한다.

목사도 다른 목사와 함께 도시를 위해 기도해야 한다. 여러 목사가 땅밟기 기도를 직접 해보고 호평하면 한 교회의 중보 기도자들이 다른 교회의 땅밟기 기도에 참석하게 되어 기도 운동은 쉽게 발전한다. 여러 교회에서 핵심적인 땅밟기 기도자들이 생기면 하나님이 인도하실 때 과대 선전을 하지 않아도 대규모 땅밟기 기도를 시작할 수 있다.

목사들이 땅밟기 기도에 관심을 보이지 않으면 대규모 도시 땅밟기 기도를 하지 않는 것이 좋다. 그 대신 조용히 '밑에서 자라는' 계획을 꾸준히 추구한다. 하나님의 때가 이를 때까지 이웃 땅밟기 기도를 계속하고 연합 기도 모임에 힘쓴다.

**날짜와 장소를 현명하게 정한다.** 보통 준비 땅밟기 기도의 기본 개념은 제한된 시간 안에 도시의 주요 장소에서 미리 기도한다는 것이다. 물론 먼저 하나님의 인도를 구한다. 하지만 목사, 장로, 사업가, 기상 전문가와 상의하고 행사 일정을 확인해 가장 좋은 날짜와 장소를 택한다.

가능하면 도시의 경로 지도를 보면서 기도한다. 적당한 출발 장소를 찾는다. 많은 사람을 좁은 지역에 집약하는 편이 기도자들을 도시 곳곳으로 흩어놓는 것보다 낫다. 사전 답사 경로는 주택가와 관청을 중심으로 짧게 정한다.

우리는 함께 모여서 기도하고 찬양하고 선포하고 싶었지만 먼저 행진하고 싶었다. 그래서 보스턴 시내를 열 구역으로 나누었다. 그리고 각 구역을 다시 열 구역으로 나눠서 땅밟기 기도를 했다. 시청과 가까운 지역을 백 개 구역으로 나누었다. 모든 경로가 표시된 지도를 준비하고 그것을 '기도 병풍'이라고 불렀다. 사람들은 지도, 성경 구절, 각 지역의 역사적 사건, 기도 예문을 받았다. 땅밟기 기도 경로는 1시간이 걸리지 않도록 정했다.

**데이비드 머피,** 보스턴 기도 대회 위원회 위원. 1992년 6월 27일 시청 광장에 약 천 여 명이 운집했다. 시청에서 기도하는 사람도 많았지만 수백 명은 여섯에서 열둘씩 짝을 이루어 '기도 병풍'을 들고 사방으로 흩어졌다.

땅밟기 기도자는 흔히 한 지역에서 며칠 또는 몇 주 동안 기도한다. 지도를 마련해서 기도하는 지역을 숙지하고 마감일을 예상한다. 텍사스 주 오스틴에서는 땅밟기 기도자들이 기도한 지역을 경로 지도에 체계적으로 정리해서 도시 전체를 모두 두 번 밟았다. 땅밟기 기도자들은 어떤 구역을 정해서 기도할 때 해당 지역을 확대한 지도와 간단한 땅밟기 지침을 받는다.

하나님이 자기 백성에게 주시는 주제를 찾으라. 앞에서 말했듯 우리는 저마다 자기 이웃을 영적으로 보호하려고 한다. 도시 땅밟기 기도 대회에서는 흔히 이러한 개인의 관심을 이용해 자기 이웃을 위해 기도하는 시간을 마련한다. 비전은 소통하기 쉽지만, 기도를 열심히 하는 그리스도인들이 모든 지역에 골고루 사는 경우가 드물기 때문에, 도시 전체를 기도로 덮을 수가 없게 된다. 지역을 골고루 나누어 기도하지 않으면 누락하는 지역이 많이 생긴다. 도시를 여러 구역으로 작게 나눠서, 자기 집과 가까운 곳과 먼 곳 두 지역을 위해서 기도하도록 권하면 어떨까?

**특별한 장소를 정한다.** 도시 전체를 품고 기도로 준비하려면 장소를 정해서 기도한다. 행사가 열리는 장소를 특별히 부각한다.

이 대회는 로스앤젤레스에서 예수 그리스도의 주권을 선포하려고 조직한 '대군 작전'입니다. 축복 기도의 지층을 높이는 것이 목적이지요. 그날 토요일 아침, 우리는 셋 또는 다섯씩 짝을 지은 뒤 열두 곳 가운데 한 곳에서 기도할 겁니다. 열두 지역은 기본적으로 로스앤젤레스 시를 포함합니다. 자, 이제 여러분이 키가 2m가 되는 사람이라고 칩시다. 한 발은 콜리세움을, 또 한 발은 할리우드 파크 경마장을 밟고 로스앤젤레스 시 위로 두 손을 뻗어서 축복합니다. 하나님은 자기 백성의 기도를 통해 복주시기 때문입니다. 도시를 축복하며 이렇게 기도합시다. "주님, 우리는 아브라함의 씨앗이오니 로스앤젤레스 시민들과 다른 여러 나라 사람들을 축복합니다. 주님의 구원과 치유, 해방과 화해를 내려 주소서."

잭 헤이포드, 국제복음교회 대표, 킹스(The King's)신학교 설립자. 그는 여러 교회에서 모인 교인 수 백 여 명에게 1984년 올림픽이 열리기 전에 로스앤젤레스 전역을 밟는 기도를 권했다.

나는 예배 시간에 1992년 예수 행진이 열리기 전에 몇 주 동안 기도할 장소가 떠올랐다. 도시에서 가장 높은 보넬 산. 텍사스 대학교. 대학교에 있는 탑 바로 밑에는 "진리를 알지니 진리가 너희를 자유케 하리라"는 문구가 적혀 있다. 이 두 곳을 포함해 모두 다섯 곳이었다. 우리는 함께 기도한 적이 있는 다른 교회 친구들을 불렀다. 우리는 예수님을 우리 도시의 주인으로 높이면서 이 행사를 준비했다.

**조앤 데이비스**, 텍사스 주 오스틴.

**목회자를 위한 특별 모임.** 목회자들은 흔히 제3의 장소에서 만나면 편하게 기도한다. 관심과 비용을 조금만 들이면 도시를 위해 깊이 기도할 수 있는 장소에서 이러한 기도 모임을 열 수 있다. 다리 위, 산꼭대기, 강둑, 고층 빌딩 최고층에서 모이면 눈을 열어 도시를 바라보며 기도할 수 있다.

누군가가 캘리포니아 주 반 누이스에 있는 처치 온 더 웨이에 로스앤젤레스 전경이 내려다보이는 집을 헌납했다. 이 집의 전략적인 위치 때문에 로스앤젤레스 현지 목사 몇 명은 한동안 이 집에 모여서 기도했다. 이 기도 모임은 결국 도시 전역의 목사들이 모이는 'LOVE LA'라는 큰 모임으로 발전했다. 팔백 명이 넘는 목사를 수용하려고 이 기도 모임은 다른 곳으로 장소를 옮겼고, 석 달에 한 번씩 모여 도시를 위해 기도했다.

### 3. 집중 땅밟기 기도

집중 땅밟기 기도는 조직적으로 마을에 복음을 전하는 방법이다. 이 땅밟기 기도는 대개 교회 개척 활동의 일부로 쓰인다. '집중 땅밟기 기도'는 한 지역의 모든 거주지에서 지리적으로 또 문화적으로 교회를 충분히 많이 개척하는 사역 활동을 말한다.

**땅밟기 기도를 계획에 포함한다.** 여러 입증된 교회 개척 사역에 의하면 땅밟기 기도를 전체 계획의 한 부분으로 명확히 삼는 것이 기도와 교회 개척을 연결하는 가장 좋은 방법이다. 이렇게 하면 기도가 강조되고 독립적인 활동으로 비치지 않는다. 기도하지 않고는 교회를 개척하지 않고, 열매 없는 땅밟기 기도는 하지 않는다는 것이 중요하다.

우리 활동에는 대략 네 단계가 있다. 첫 단계는 중보 기도다. 이 단계는 마지막 단계까지 지속된다. 다음 단계는 우리가 기도한 지역에 초점을 맞춘 선포다. 성령은 지역을 미리 만지신다. 셋째 단계는 혁신이다. 이 말은 새로운 일이 생긴다는 뜻이다. 보통 새로운 교회가 생긴다. 마지막 단계는 배가다.

**캐롤 데이비스**, 캘리포니아 주 로스앤젤레스 처치 온 브래디 사역 대표.

우리는 교회를 개척할 때 땅밟기, 영적 전쟁, 전도, 영접의 네 가지 전략을 쓴다. 땅밟기는 도시를 향한 하나님의 마음을 품는 일이다. 땅밟기는 실제로 걸으면서 하지만, 도시의 영적인 체온을 느끼고 도시의 외침을 듣는 일이기도 하다. 한번 도시의 영과 고통을 분별하고 하나님이 속으로 외치시는 사랑을 감지하고 나면 우리는 하나님의 인도에 따라 영적 전쟁에 돌입한다. 그 다음에 셋째, 넷째 단계인 전도와 훈련으로 넘어간다.

**사이먼 토마스**, 영국 런던의 익투스 크리스천 펠로우십. 사이먼은 여러 곳을 다니며 교회의 영적 전쟁과 교회 개척을 장려한다.

땅밟기 기도는 우리가 하는 영적 전쟁의 아홉 가지 활동 가운데 한 가지 영역에 불과하다. 땅밟기 기도의 효과를 따로 구분하는 것은 불가능하다. 우리는 결코 땅밟기 기도만을 하지 않는다. 하지만 어떤 마을에서 이런 일이 있었다. 사람들은 처음 두 주간 기도하고, 땅밟기를 했으며, 지도를 보며 밤

새워 기도하고, 현장에서 주민들을 위해 기도하고, 등대 역할을 하는 기도 모임을 만들어 주민들의 치유를 위해 계속 기도했다. 그 다음 우리는 몇 달간 교회와 지역 사회의 접촉을 위해 온갖 활동을 하며 하나님의 간섭하심을 보았다. 연말이 되자 우리 교회에는 새신자 2만 명이 모였다. 땅밟기 기도가 얼마나 큰 역할을 했는지 모른다. 땅밟기 기도는 우리가 해야 할 일의 일부다. 하지만 창의적이고 필수적인 부분이기도 하다.

**존 허프먼**, 라틴 아메리카 선교회 사역자. 고향 코스타리카에서 '도시에 그리스도를 전하라'는 통찰력이 있는 사역을 이끈다.

**조직적인 땅밟기 기도.** 어떤 비전은 모든 가정을 위해 조직적으로 기도하라고 한다. 어떤 단체는 거리에서 땅밟기 기도를 마친 뒤 관계 기도를 준비한다.

조직적인 기도는 집집마다 대문에 서서 길게 선언하는 기도가 아니다. 어떤 장소에서는 보통 속도로 걸으며 분별하는 것보다 더 많이 기도 해야 한다. 존 허프먼은 기도팀이 지도를 잘 활용해 선별한 가정을 위해 간절히 기도하는 법을 가르친다. 기도자들에게 모든 가정을 지도에 표시하는 훈련을 시킨다. 중보 기도자들도 처음으로 마을에서 폭넓은 땅밟기 기도를 마친 뒤 기도실에서 지도 활용하는 법을 배운다.

한 도시를 위해 철저히 기도하는 것은 좋으나 지리적 땅밟기 기도 자체가 중요하진 않다. 부단한 인내와 창의력이 있어야 즐겁게 기도를 지속할 수 있다.

그 예로 캘리포니아 주 반 누이스의 처치 온 더 웨이는 130만 명이 거주하는 산 페르난도 밸리 San Fernando Valley의 모든 거리에서 땅밟기 기도를 시작했다. 그들은 분명한 목표를 세우고 경험을 바탕으로 계획을 수정해 나갔다. 이 교회의 배리 레이지먼 목사는 다음과 같이 설명한다.

우리는 먼저 산 페르난도 밸리 전체를 밟기로 했다. 보통 계획이 아니었다. 이전에는 그 넓은 지역에서 땅밟기 기도를 조금밖에 못했다. 그래서 이 지역의 중심인 반 누이스 지역으로 표적을 좁히고 구역을 나누었다. 우리는 넉 달에 한 번씩 이 지역 전체를 밟았다. 이 사역을 집중 포화라 부른다. 우리는 지도를 이용해 거리보다는 가구수를 중심으로 반 누이스를 492구역으로 나누었다. 천 명이 땅밟기 기도를 하면 기도로 반 누이스를 거의 덮고, 토요일 아침에 두 사람씩 짝을 지어 걸으면 두 시간 반 안에 기도가 끝난다.

지도와 지침을 다 챙기려면 관심 있는 중보 기도자들의 자원봉사가 절실하다. 우리는 구역마다 팀장을 세워 행사 전에 현장을 조사한다. 그들은 각 구역에서 언어와 특별한 필요를 조사하며 그 지역의 강한 세력을 미리 묶는 기도를 하기도 한다. 우리는 결국 10개가 넘는 언어를 사용하게 되었다. 교인들은 자기소개와 "우리는 당신을 위해서 기도하러 왔습니다. 집에 성경이 없으면 성경을 선물로 드리겠습니다"와 같은 말을 하는 것을 배운다.

집중 포화 사역은 성공을 거두었지만 지도자들은 계획을 조금 수정하려고 한다. 참가자 수를 최대 천 명에서 몇 백 명으로 줄였다. 지도자들은 교인들에게 땅밟기 기도를 하라고 압박하는 대신, 자기 마을을 위해 사명을 가지고 기도하는 교인 수십 명을 찾아냈다. 지도자들은 교인들에게 땅밟기 기도를 계속 권유하면서 땅밟기 기도의 사명을 받은 사람들이 지속적으로 땅밟기 기도를 하도록 도와줄 방법을 찾는다.

**탐구적인 땅밟기 기도.** 땅밟기 기도자는 자기 지역을 파악한다. 로스앤젤레스 주 처지 온 더 브래디의 사역 대표 캐롤 데이비스는, 교회 개척 훈련을 받으면서 땅밟기 기도를 했던 팀들 가운데서 다른 점을 발견했다. "실제로 땅밟기 기도를 한 팀들은 그 지역의 거리와 가정에 정이 든다. 그들은 다른 팀들과 지역을 보는 눈이 다르다. 나는 중보 기도 때문에 그들의 영혼이 성령과 일치하는 초자연적인 일이 일어났다고 생각한다. 그들은 변한다. 아무도 그것을 막을 수가 없다."

땅밟기 기도자 대다수는 사회의 장기적인 비전을 발견한다. 땅밟기 기도는 사역을 시작할 때 하나님의 인도를 구하는 훌륭한 방법이다.

어떤 교회 개척자들은 고넬료와 같이 하나님이 준비하신 '평화의' 사람들이 머무는 가정을 찾는다.<sup>눅 10:6; 행 10:1-4 참조</sup> 또는 기도 과정은 중요한 집을 찾아 좁혀 가는 제거 과정이 되기도 한다.

'믿음의 땅밟기'가 여드레째 이어지던 날, 기도팀은 이동주택 주차장으로 갔다. 짝을 지어 기도하는데 사람들이 다가와 무엇을 하느냐고 물었다. 그들은 기도팀의 대답을 듣고 자기 집을 성경공부 모임 장소로 제공했으며 열두 사람이나 자기 집에서 성경공부 모임을 열고 싶다고 해서 깜짝 놀랐다.

**W. D. (닥) 린지**, 디트로이트 남침례교 선교부 대표. 이 이동주택 주차장에서 두 가정 교회를 개척했다. 닥은 가정 교회 개척 전략을 가르친다. 이 전략은 현장에서 14일 동안 기도하면서 시작한다. 그들은 친구와 가족을 성경공부 모임에 많이 초대할 수 있는 '평화의 사람'을 만나게 해 달라고 기도한다.

라틴 아메리카 선교회의 존 허프먼은 남미의 여러 도시에서 마을을 위해 기도하고 복음을 전하는 검증된 방법을 많이 알고 있다. 그는 마을을 위한 2주간의 땅밟기 기도 계획에서 기도 응답을 위해 따로 하루를 떼어 놓는다. 허프먼의 계획을 보면 여러 땅밟기 기도팀은 동일한 주택가와 사회를 위해 반복해서 기도한다. 그들은 기도한 내용과 사역 기회, 필요들을 기록한다. 담당간사는 이 보고서를 받아서 비교·분류한다. 또 비전, 환상, 지식과 지혜, 분별의 말씀을 통해 우리에게 주신 통찰과 부담감을 검토한다.

담당간사는 하나님이 여러 중보 기도자들의 마음에 주신 부담감 가운데 어떤 확증이 있는지 살핀다. 추려낸 가정을 대상으로 더 깊이 기도한다. 기도팀은 달라도 내용은 같은 경우가 심심치 않게 나온다. 그러면 하나님이 어떤 가정에 영감을 주시고 기도에 응답하셨다고 확인할 수 있다. 허프먼은 이를 기도 부담감의 일치라고 부른다. 그는 보고서를 비교하고 기도의 부담감을 확인하는 일에 관해 이렇게 말한다.

우리의 경험에 따르면 한 교회만 땅밟기 기도를 할 경우 응답률은 31% 정도다. 여러 교회가 참석하면 응답률은 50%가 넘는다. 하나님의 백성이 함께 기도할 때 큰 힘을 발휘한다. 적어도 두 군데서 기도가 응답된 가정을 방문하면 대부분 사역과 전도를 긍정적으로 받아들인다.

**존 허프먼**, 《참여 선교사 기도 안내서》에서 인용.

우리는 헌팅턴 파크의 모든 거리를 다니며 기도했다. 그 도시의 모든 거리를 밟는 데 여덟 달이 걸렸다. 그 다음 우리는 선포나 전도 단계에 들어갔다. 첫 토요일에 우리는 기도했던 가정에 선포하기 시작했다. 모든 가정의 어른 한 명 이상이 영접했다.

**어윈 맥마누스**, 로스앤젤레스 처치 온 브래디, 캘리포니아 헌팅턴 파크에서 실행했던 새로운 전도 전략을 설명한다.

## 12 먼 도시를 향해 나아가는 기도 여행

▌ 땅밟기 기도자는 대부분 고향의 지평선을 넘어 먼 도시와 장소로 떠난다.

우리 팀은 300만 명이 사는 도시에서 100일 동안 머물면서 문화를 익히며, 대다수가 회교도이고 교회가 하나도 없는 이곳에서 그리스도의 몸을 세울 수 있는 방법을 찾았다. 우리는 흔히 11층짜리 숙소 긴물 옥상에서 도시를 위해 기도했다. 하지만 '여호수아 땅밟기 기도'를 하면서 도시 곳곳을 밟았을 때가 가장 좋았다. 커다란 지도를 하나 구해서 매주 우리가 밟은 지역을 표시했다. 지역을 대충 숙지하고 두 명씩 짝을 지어 거리에 나갔다. 땅밟기 기도를 하면서 자연스럽게 현지 친구를 사귀었고 도시에 정이 붙었다. 얼마가 지나자 우리는 어떤 지역에서도 겁을 내지 않았고 예수님의 손길이 이 도시에 닿지 못한다고 느끼지도 않았다. 이것은 깊은 의미가 있었다.

**스티브 키즘**, 캘리포니아 주 패서디나에서 공부하던 학생 시절에 처음 이 땅밟기 여행에 참가했다.

지역 교회 신자들은 흔히 미전도 종족으로 기도 여행을 떠나 큰일을 해낸다. 어떤 사업가는 이렇게 말했다.

나는 조금 회의적이었다. 집에서 할 수 있는 기도를 굳이 밖에서 할 필요가 없다고 생각했다. 하지만 그 아이들의 얼굴을 보면서 집과 직장에서는 결코 기도할 수 없었던 방식으로 기도하는 내 모습을 보고 깜짝 놀랐다. 특히 어떤 아이들은 그리스도인에게 기도를 받은 적도 없고 앞으로도 몇 년 동안 기도를 받을 기회가 없다는 말을 듣고 더 놀랐다. 기도는 그 아이들에게 큰 의미가 있었다. 하지만 나에게는 더 큰 의미가 있었다.

중서부에 있는 어느 연합감리교회는 아시아 미전도 종족을 위해 교회를 개척해야 한다는 책임을 느꼈다. 하지만 어느 도시에서, 어느 미전도 종족을 위해, 어떻게 교회를 개척해야 하는지 몰랐다. 외국 도시에 있는 선교회나 교회와 어떻게 협력해야 하는지도 몰랐다. 교회를 개척해야 한다는 강한 책임 때문에 담임목사와 장로들과 사역자들은 아시아의 몇몇 도시에서 땅밟기 기도를 하기로 했다. 그들은 방콕과 봄베이에 갔다. 그들은 그곳에서 하나님의 인도를 전혀 받지 못했다. 사실 그곳에서 사역을 하면 안 된다는 확신이 들었다. 하지만 몇 달 뒤 그들은 중앙아시아 지역에서 땅밟기 기도 여행을 하고 돌아온 중보 기도자들의 보고를 들었다. 그 교회는 중앙아시아에서 교회를 개척하는 것이 하나님의 뜻임을 강하게 느꼈다.

금요일에 회교 사원에 갔다. 사람들은 기도를 하고 있었다. 나는 다른 사원을 방문할 때와 마찬가지로 반감이 들 줄 알았다. 그런데 참된 하나님을 예배하고 싶은 간절한 열망이 생겼다. 의아했지만 그리스도께 나아가 하나님을 예배했다. 그때 나는 하나님이 우리를 위해 중앙아시아의 문을 여시는 것을 느꼈다. 하나님은 "내게 청하여라. 내가 확실히 이 땅을 너에게 주겠다" 하고 말씀하시는 것만 같았다. 우리 교회는 이번에 땅밟기 기도를 하면서 하나님이 사역의 문을 여신다는 것을 확인했다.

**빌 제임슨**, 인디애나 주 출신의 선교사. 아시아 여러 곳에서 땅밟기 기도를 하다가 하나님의 부르심을 받았다.

기도 여행을 해외로만 떠나는 것은 아니다. 각국의 수도는 기도 여행자들이 자주 찾는 장소다. 1981년 10월 영국의 중보 기도단체인 루디아 기도회 회원 260명은 런던에 모여서 짜임새 있는 땅밟기 기도를 했다. 참가자 가운데는 런던 시민이 많았지만 다른 지역 사람들도 많았다. 그들은 어느 토요일 아침 6시에 땅밟기 기도를 시작했다. 200명이 넘는 첫 번째 무리는 두세 사람씩 짝을 지어서 런던 주변으로 약 200km의 땅을 밟았다. 그들은 미리 정해진 장소에서 출발하여 더 이상 걷지 않았다. 두 번째 무리는 웨스트민스터 지구에서 땅밟기 기도를 했다. 중보 기도자들은 어느 도심 교회에 집결했다. 여러 사람들이 행사 전부터 금식하고 기도하며 마지막 애찬식을 준비했다. 애찬식의 절정은 세족식이었다(어떤 땅밟기 기도자들은 맨발로 걸어서 예언적 몸짓을 표현했다). 이 땅밟기 기도는 그 뒤에 이어진 여러 현장 예배와 기도 집회의 밑거름이 되었다. 그 가운데는 예수 행진도 있었다.

캘리포니아 주 새크라멘토에 사는 바버라 보그스는 미국의 주州의회 의사당 터에서 중보 기도팀을 이끌고 오랫동안 현장 기도를 했다. 바버라는 자기가 아는 중보 기도자들을 불러 주도州都의 특별한 기도 장소에서 금식하고 기도했다. 그들은 고대 이스라엘의 천막을 본뜬 특별한 천막에서 기도했다. 이 기도 여행팀은 매일 의사당과 그 주변에서 땅밟기 기도를 했지만 주로 의사당 터에서 24시간 철야 기도에 힘썼다.

처음에 거절했다가 다시 허가를 주었기 때문에 그들은 눈에 띄지 않는 곳에 기도 천막 자리를 내주었다. 하지만 그 자리는 건물 바로 옆이어서 국가 지도자들은 우리가 내는 소리를 들을 수밖에 없었다. 국회의원들은 우리의 끊이지 않는 예배와 기도 소리를 즐겁게 들었다.

**바버라 보그스**, 최근에 뉴멕시코의 주도 샌타페이로 기도 여행을 다녀왔다. 바버라는 레마 비스타 사역(Rhema Vista Ministries)에서 전국 기도 운동을 섬긴다.

### 기도 여행과 원정 기도

장거리 땅밟기 기도는 크게 두 가지로 나눈다. '기도 여행'은 장거리 땅밟기 기도의 가장 일반적인 형태다. 기도 여행을 하는 중보 기도자는 자기 도시가 아닌 다른 도시에서 땅밟기 기도를 하며, 어떤 도심 지역을 중심으로 특별한 장소나 사회 집단을 위해 기도한다.

장거리 땅밟기 기도의 또 다른 기본 형태인 '원정 기도'에서는 중보 기도자가 전략적인 경로를 따라 걷는데, 흔히 광활한 지역을 가로지르며 국가나 대륙 전체의 필요를 놓고 기도한다.

기도 여행과 원정 기도를 할 때는 그 지역에 사는 사람들 사이에서 하나님의 영광을 위해 기도와 축복을 올린다. 중보 기도자는 필요에 따라 영적인 강한 진을 대적하기도 한다. 그리스도인들은 대개 기도 여행을 해외로 가기 때문에 다른 문화를 경험한다.

기도 여행과 원정 기도는 모두 특수한 땅밟기 기도이므로 떠나기 전에 몇 가지 기본적인 준비를 해야 한다. 준비는 복잡하지 않지만, 오늘날 도시에서는 해야 할 일이 아주 많기 때문에, 장거리 땅밟기 기도를 하려면 시간과 돈을 많이 투자해야 하는 것은 물론이고, 철저한 준비를 해야 한다.

이 장에서는 지금까지 설명한 내용을 바탕으로 기도 여행을 다녀오는 방법을 살펴보자. 조금씩 차이는 있지만 기도 여행의 내용은 대부분 원정 기도에도 해당한다. 원정 기도에 관해서는 다음 장에서 자세히 살펴보도록 하자. 기도 여행에 관한 실제적인 제안은 시간 순서에 따라 여행하기 전, 여행하는 동안, 여행한 뒤로 나누었다.

## 여행하기 전에는 준비하라

**하나님의 파송을 받는다.** 이것은 땅밟기 기도자 대다수가 기도 여행에서 가장 중요하게 여기는 부분이다. 이 기도 여행 사제는 하나님의 마음에서 나와야 하며, 하나님은 간절히 우리를 보내기 원하신다. 하지만 먼 땅의 절박한 필요를 안다고 해서, 반드시 기도 여행을 가야 하는 것은 아니다. 복잡한 계획을 세우기 전에 하나님의 생각과 때를 구체적으로 여쭈라.

**목회자의 허락을 받는다.** 교회의 파송을 받는다. 기도 여행을 가야겠다는 생각이 들면 목회자의 허락과 지혜를 구한다. 어떤 교회들은 교회 자체적으로 후원해 줄 수 없더라도 기꺼이 다른 교회와 후원을 연결해 줄지도 모른다.

이와 같은 팀은 지역 교회의 지도자들이 파송해야 한다. 이것은 영적 전쟁이고 하나님은 교회에 권위를 주셨기 때문에 목회자의 뒷받침이 있어야 한다. 나는 목회자의 지원을 받지 않으면 팀을 파송하지 않는다. 나는 정기적으로 목사들을 만난다. 목사들이 내가 보지 못하는 것을 발견해 주기를 바라고 그들이 잘못을 지적하면 즉시 고친다.

잔 레닝턴, 캘리포니아 주 샌디에이고의 스카이라인 감리교회(Skyline Wesleyan Church). 잔은 지난해 크로아티아로 기도 여행을 다녀왔다.

**현명한 조언을 구한다.** 기도를 열심히 하는 지혜롭고 나이 많은 어른들의 조언을 구한다. 진행 과정 전체를 감독할 임시 자문 위원회를 구성해도 좋다.

**목표와 한계를 정한다.** 교회 지도자들과, 가능하다면 선교사와 국내 지도자들의 도움을 받아서 목표를 정한다. 목적을 명확히 해야 한다. 선교 목표를 전도나 구제 또는 어떤 분야로 세울 것인가? 장로들에게 필요한 권한과 자원을 받는다.

하나님의 인도를 받더라도 기도 여행을 할 때에는 기도를 가장 중요한 사역으로 여긴다. 전도처럼 직접적인 사역을 하고 싶으면 현지에서 하나님이 어떤 일을 하고 계시는지 알아보라. 예를 들면 10/40창(북위 10도와 40도 사이에서 복음이 가장 적게 들어간 지역) 안의 많은 지역과 미전도 종족에는 교회가 없다. 이러한 상황에서 성급하게 전도를 하면 새신자가 생기더라도 고아처럼 버려지는 더 복잡한 문제가 생긴다.

만일 전도를 자신의 주된 사역으로 여긴다면 우리는 그리스도가 주시는 풍년을 위해 기도하지 못한다. 예수님이 일흔 제자에게 주신 첫째 임무를 생각해 보라. 추수할 일꾼을 보내 달라고 기도하는 것이었다. 잠깐 방문하는 도시를 완전히 복음화하려는 생각은 더 많은 일꾼을 보내 달라는 믿음의 표현이 아니다.

반면에 기도 여행팀들은 공개적인 예배 전도 집회를 열어 자기의 믿음을 증거하고 사람들과 기도를 하기도 한다.

우리는 복음을 전하면 보복을 당하는 엄격한 회교 국가에 있었기 때문에 단기 선교의 목적에 따라 전도를 하지 않기로 결정했다. 하지만 우리에게 예수님에 관해 질문하는 회교도들이 많았다. 그래서 우리는 그들의 질문에 답하기 전에 심사숙고하기로 다시 결정했다. 만일 하나님이 원하시면 기회는 다시 생기게 마련이다. 그래서 우리는 사역을 계속했다. 하지만 우리의 처음 목적과는 달리 끝에 가서는 모두 복음을 전할 기회가 한 번씩은 있었다. 여호수아는 가나안 땅에 처음 들어갔을 때 그 땅을 정복하지 않고 과일만 몇 개 가져왔다. 우리는 우리의 사역을 '포도 채집'이라고 불렀다.

**대니얼 움블리**, 로스앤젤레스에 사는 그는 기도아 연구를 위해 중동으로 기도 어행을 나녀왔나.

기도 여행은 항상 유익하다. 기도 여행은 이미 성취된 일을 살찌우고 또 다른 사역의 길을 연다. 기도 여행을 하면서 어떤 도움을 줄 수 있는지 하나님께 묻는다.

**팀 구성은 하나님께 맡긴다.** 가장 알찬 팀은 교회의 인정을 받고 그리스도가 파송하는 팀이다. 팀원은 불특정 다수에게 홍보하기보다는 직접 선택하거나 데려와야 파송의 힘이 더 강해진다.

어떤 사람이 적합할까? 무엇보다도 땅밟기 기도자는 성숙하고 정직해야 한다. 하나님과 친밀하게 동행하는 사람이라면 주님과 동행하는 땅밟기 기도도 잘 할 것이다. 땅밟기 기도를 모르는 사람이 많기 때문에 후보자들은 땅밟기 기도 경험이 없을지도 모른다. 하지만 모든 팀원은 기도를 열심히 하는 사람이어야 한다.

어떤 사람들은 난이도가 다른 여러 땅밟기 기도를 해보고 팀원을 선택한다. 신앙이 성숙하지 못한 그리스도인에게는 분명히 기도 여행이 힘든 일이겠지만 모든 땅밟기 기도의 결과를 정확히 측량하기는 불가능하기 때문에 이런 문제는 하나님께 맡긴다.

후보자를 선택하기 전에 해당 땅밟기 기도의 어려운 점을 글로 적어 본다. 그러면 영혼과 감정의 성숙 외에도 일정한 기준을 마련할 수 있다.

또 사람을 뽑기 전에 팀의 인원과 구성을 미리 생각한다. 현지 주민들이 우리 팀을 보고 어떤 반응을 보일지 예상해 보라. 남녀 비율은 중요한 요소다. 예를 들면 어떤 문화권에서는 미혼 남녀가 함께 다니는 모습을 못마땅히 여긴다. 또 어떤 도시에서는 여자끼리 다니면 오해를 받는다. 다양한 재능, 나이, 기능을 따져보아 최적의 팀을 구성한다.

기도 여행은 두 명에서 스무 명 정도가 적당하다. 하지만 열두 사람이 넘을 경우 활동에 제약이 따르고 노련한 리더가 있어야 한다. 팀이 제대로 움직이려면 지도력이 명확해야 한다. 사소한 갈등을 해소하는 가장 좋은 방법을 예측하여 팀의 단결력을 높인다.

**서약서를 만든다.** 기도 여행팀에 참가하는 모든 사람에게 서약서를 받는다. 서약서는 팀원의 비전과 헌신을 하나로 묶어 준다. 팀이 기대하는 높은 이상을 쓰고 행동을 제약하는 규칙은 나열하지 않는다. 서약서에 들어갈 내용의 예는 다음과 같다. 팀원을 사랑한다. 기도를 열심히 한다. 매일 경건 훈련을 한다. 권위에 순종한다. 팀 동료와 현지인을 존중한다. 서약서는 간단하고 짧게 작성한다. 항목은 적을수록 좋다.

팀 서약서는 성실한 자원봉사자들의 참여를 유도하면서도 팀의 일치를 유지한다. 팀원들의 동료애는 합심기도의 중요한 동력이다. 새로운 동료는 기도를 자극하고, 지도하고, 풍성하게 한다. 팀에 관한 정보와 서약서와 비용을 정리한 유인물을 준비한다. 이러한 자료는 팀원을 모집할 때 훈련 조건과 이상을 설명하는 데 유용하게 쓰인다.

**팀의 폭을 넓힌다.** 현지에 모교회의 연고가 있는지 살핀다. 연고가 없으면 현지 목회자나 선교사를 찾는다. 이때 그들의 안전에 피해를 주지 않도록 주의한다. 현지 목회자의 지혜와 협조를 받으면 팀은 힘을 크게 얻는다. 현지 목회자의 권위를 인정하고 따르기로 마음을 먹으라.

목적한 도시에 도착하면 현지 신자들과 함께 기도하는 것이 바람직하다. 하지만 서로 보조가 맞지 않을지도 모른다. 처음에는 새로운 친구들이 사역을 방해하는 것만 같아서 놀라기도 한다. 하지만 선교지 신자들과는 매우 쉽게 친해지기 때문에 따로 시간을 내어서 그들을 만나고 함께 기도하는 것이 현명하다.

현지인의 환대에 어떻게 반응할지 사전에 생각해 보고, 기도 사역의 성취와 타문화권 신자와의 우정 사이에 균형점을 찾으라. 가난한 현지 신자들은 숙소를 제공할 여력이 없을지도 모른다. 현지인 가정에 머물 경우에는 집주인이 팀원의 안전 문제 때문에 일정한 절차를 지키게 요구라도 하게 되면 기도 사역이 지나치게 복잡해진다.

조니는 기대하던 회교도 가정에 정착하고 나서야 새로이 사귄 사나아가 하산의 둘째 부인인 것을 알게 되었다. 조니가 머물던 사아나의 가정은 하산의 두 번째 집이었다. 하산의 첫째 부인이 조니에게 자기 집에서도 머물라고 요구하자 상황은 정말로 복잡해졌다. 조니는 뜻밖의 갈등에 심기가 불편

했다. 조니는 아랍인의 가정에 머물고 싶었던 마음을 쉽게 포기하지 못하고 사흘 동안 이러지도 저러지도 못했다.

**케이티 왓슨**, 시리아 다마스커스에서 기도 정탐 여행을 할 때 동료가 겪은 곤경에 관해 말한다.

'중보 기도 선교사'는 외국 도시에서 몇 달 또는 몇 년 동안 머물며 기도에 전념한다. 이 보기 드문 중보 기도자들이 머무는 복된 장소에 갈 때는 그들에게 조언을 구하고 기도하면서 발견한 것을 알려 준다.

땅밟기 기도는 더 크고 지속적인 목표에 포함될 때 가장 큰 효과를 거둔다. 문제를 성급하게 해결하고 싶은 욕심은 가장 흔히 저지르는 잘못이다. 어떤 지역에서 주 예수님의 나라가 확장되기를 순수하게 바란다면 현지 형제자매들의 지속적이고 깊은 헌신에 동참해야 한다. 우리는 그들을 섬기러 가지 주님이 바라지도 않으시는 승리의 분위기를 만들러 가는것이 아니다.

외부 단체들은 때때로 수백 년 동안 얽힌 복잡한 사회 문제를 인식하지 못한다. 때로는 영적인 세력을 정확하게 파악하더라도 어설프게 싸우기만 한다. 영적 전쟁을 제대로 하려면 끝까지 싸워야 한다. 헌신해서 싸울 생각이 없으면서 지역의 영들을 들쑤셔 놓기만 하는 것은 현지 교회를 축복하는 행동이 아니다. 영적 전쟁은 현실이다. 끝장을 볼 때까지 싸울 마음이 없으면 지역의 영을 건드리지 말아야 한다.

특히 정치 문제가 겹겹이 쌓여 있는 경우 지속적인 싸움이 쉽지 않다. 우리는 콜롬비아 메들린과 같이 마약이 기승을 부리는 마을에서 사역한다. 또는 살인 사건이 흔한 지역에서 사역한다. 또는 신전을 봉헌할 때 약 8만 명을 희생시킨 아스텍 족 신들의 나라 멕시코시티에서 사역한다. 이러한 영적 세력은 수백 년 동안 이런 신들에게 끊임없이 바친 제사를 바탕으로 성장했다. 이것은 마치 벌집을 건드리는 것과 같다. 그래서 우리는 현지의 지속적인 사역을 기반으로 삼지 않는 외부 기도 단체들은 달갑게 여기지 않는다.

**존 허프먼**, 코스타리카에 사는 선교사. 라틴 아메리카 선교회와 함께 남미의 현지 교회를 섬긴다. 또한 현지 기독교 지도자들과 협력하도록 여러 기도 여행팀을 지도한다.

**재정 후원팀을 세운다.** 기도 여행을 하려면 재정이 필요하고 재정 후원을 받으려면 예산을 유연하고 명확하게 세워야 한다. 재정 후원을 잘 받고 있는 교회 사역이나 선교단체의 도움을 받으면 가장 좋다.

일반적인 단기 선교 예산 항목을 참고하라. 흔히 국제전화 요금, 현지인에게 줄 선물, 보험료 등이 필요하다. 책임 보험과 건강 보험은 기도하면서 생각해 볼 문제이며 전문가의 도움을 받아야 한다.

예산을 명확하고 자세하게 세워야 각자 재정이 얼마나 필요한지 쉽게 알 수 있다. 예산을 잘 짜면 다른 사람들도 우리가 쓸 재정을 위해 함께 기도할 수 있다. 우리가 시작하려는 사역은 관심 있는 그리스도인들의 애정 어린 선물을 받을 가치가 있는, 전략적이고 소중한 일이다. 겁을 먹지 말고 용기를 내어 다른 사람에게 기도나 재정을 부탁하라.

**기도 후원팀을 세운다.** 이것은 필수 항목이다. 기도 후원은 가장 소중한 재산이다. 기도 여행을 할 때는 하루도 거르지 않고 기도 후원을 받아야 한다. 기도 후원에는 두 가지 종류가 있다. 첫째, 매일 나를 위해 기도해 줄 개인 중보 기도자를 모집한다. 평소에 나를 위해 기도하는 사람들에게 기도를 부탁한다. 둘째, 교회의 여러 기도 모임에 기도 후원을 부탁한다. 그들에게 기도를 부탁할 때는 창의적인 기도 방법을 찾는다. 그들이 나를 '위해서'만 기도하면 안 된다. 우리가 방문하는 도시의 필요를 알고 나와 '함께' 기도해야 한다.

우리는 목표로 삼은 중동의 도시에서 땅밟기 기도를 할 때, 정확히 같은 시간에 고향에서 우리를 위해 기도해 줄 기도팀을 조직했다. 우리가 걷는 길을 그들이 지도로 보면서 기도한다는 생각을 하면 힘이 솟았다. 어떤 사람들은 시차 때문에 기도하기가 여의치 않았다. 하지만 그들은 우리와 함께 기도하면서 감동을 받았다고 말했다. 어떤 식으로든지 우리가 매일 밟는 길을 고향 기도팀에게 알리는 일은 분명히 가치가 있었다. 그들은 지도를 보면서 기도하는 일이 얼마나 재미가 있는지 처음 알았다고 말했다. 교인들은 모두 우리가 기도를 같이 한 것 같다고 말했다.

**웨이드 심슨 목사,** 어떤 교회가 중동에서 장기 사역을 준비하려고 땅밟기 기도를 할 때 일주일간 합류한 적이 있다.

짜임새 있는 파송 예배의 즐거움을 놓쳐서도 안 된다. 현지 소식을 전화나 팩스로 계속 알려 주면 파송의 열정을 유지할 수 있다.

**설명을 듣는다.** 떠나기 전에 미리 목적지에 관해 공부하면 기도하는 데 도움이 된다. 하지만 책이나 강의를 지나치게 많이 읽고 들을 필요는 없다. 우리가 알아야 할 것은 대부분 현장에서 배운다. 정보를 적당히 알아두면 겸손하고 자신 있게 첫 발걸음을 뗄 수 있다. 목적한 도시에 가면 내가 아는 내용은 놀랍게도 기도 제목으로 변한다. 역사, 경제, 인구통계학이나 사회 구조에 관한 자료를 구석구석 찾아서 요약하라. 기독교 전래 전후에 일어난 영적인 역사에 특별히 주의를 기울인다.

영적인 역사는 현지 사역자의 확인을 받아야 한다. 내막을 모르면 억측하기 십상이다.

나는 아프리카 짐바브웨에서 기도에 관해 강의를 했다. 짐바브웨 유적으로 알려진 장소에서 오래전에 어린이를 제물로 바쳤다는 이야기를 들었다. 나는 악한 세력을 묶는 기도를 하기 전에 현지 목사들에게 이 사실을 확인했다. 놀랍게도, 현지 사역자들은 짐바브웨 유적에서 영적인 악을 감지하고는 있지만 대수롭지 않게 여겼다. 그들에게 더 중요한 영적 전쟁은 무당과 거의 모든 마을의 조상신 숭배였다. 현지 목회자들은 미국에서 온 팀들이 그 유적에서 정성을 다해 기도한 뒤에 큰 영적인 문제는 해결되었다고 선포하고 떠나는 모습을 많이 보았다. 그들은 입으로만 영적 전쟁을 말할 뿐 현지 사정에는 까막눈이었다. 현지 사역자들은 우리가 그들을 정말로 괴롭히는 문제를 돕겠다고 말하면 크게 반긴다.

**캐시 쉘러**, 캘리포니아 주 템플 시티에 사는 캐시는 여러 나라에서 사역자들에게 중보 기도와 영적 전쟁을 가르친다.

문화 충격은 큰 문제다. 문화의 차이를 실제로 경험해 보고 극복 방법을 익힌다. 강의를 듣고 몇 차례 모의 훈련을 하면 충분하다. 다른 교회에서 현지 사정에 밝은 사람을 찾아보고 유익한 지혜를 경청한다.

**보안 지침을 마련한다.** 이른바 '폐쇄 국가'(선교사의 입국과 활동을 금지하는 국가)에서 사역할 때는 특별한 어려움에 부딪힌다. 복음의 진입을 정식으로 차단하는 정부는 대개 원색적인 반감이 아니라 정치적 불안 때문에 복음을 거절한다. 보통 종교적 반발은 불안한 상황에서 힘을 발휘하기 때문이다.

보안 문제는 대개 정치 상황이 불안할 때 다뤄지기 때문에 현 정권에 반대한다든가 군사 작전, 소수 종족 문제, 분쟁 지역에 관심을 두는 인상을 풍겨선 곤란하다. 정부를 존중하고 적대적 태도는 피해야 한다.

경찰은 우리를 심문하며 우리가 가지고 있던 문서를 자세히 살폈다. 나는 "그리스도를 위해 나라를 취하라", "기도로 공략하라", "그 땅을 정탐하라", "복음의 침투" 등과 같은 표현을 쓰지 않은 것에 안도하며 가슴을 쓸어내렸다. 현지 정부는, 관광객으로 가장해서 입국하는 폭력 집단 때문에 골머리를 앓고 있었다. 경찰은 그런 표현을 당연히 폭력과 연결한다.

**게니 브루어,** 게니는 중동으로 기도 여행을 다녀왔다. 비밀경찰은 기도 여행팀의 경로와 임의적 접촉을 의아하게 여기고 중보 기도자들을 불러 세워서 여행 목적을 확인했다. 현재 게니는 자기가 기도했던 나라에서 일하고 있다.

보안에 신경을 쓰면 이로운 점이 많다. 기도 여행을 하면서 이목을 끌지 않도록 주의하고, 더욱이 현지 그리스도인들의 믿음과 생존을 위협하지 않도록 조심한다. 경찰에게 의심을 사면 현지에 다시 가고 싶은 열망에도 차질이 생긴다.

조심해야 할 영역은 두 가지다. 바로 본국에서 소통할 때와 현지에서 소통할 때다. 본국에서 소통할 때는 노련한 선교사의 도움을 받으라. 이를테면 광고를 하거나 재정 후원을 받을 때 국가명을 삭제한다든지 대륙명으로 대체해야 하는지 확인한다(예를 들면 '리비아' 대신 '북아프리카'라고 말한다). 또 기도 여행을 다녀온 뒤에 보고하고 광고할 때 주의할 점은 무엇인지 점검한다.

현지에서는 편지를 보내거나 받고, 기도일지나 활동 내용을 기록하고, 거리에서 서로 대화할 때조차도 정부와 종교에 관해 경솔하거나 솔직한 언행은 삼간다.

1990년 이라크에서 기도 여행을 할 때 열여섯으로 구성된 어떤 팀은 비밀경찰의 감시를 느꼈다. 그들은 안내원과 함께 유적지를 구경하러 다닐 때는 암호를 써서 기도했다. 이스라엘은 '마이클의 나라'이고, 사담 후세인은 '여보게'이고, 회교도는 '음악가'이고, 선교단체는 '회사'이고, 할렐루야는 '호놀룰루'라고 외쳤다.

복음사역자들을 자주 만나지 못하는 현실을 받아들이라. 보안에 주의하는 선교사들은 취업 비자를 받아 일하면서 목회자 선교사라는 편견을 받지 않으려고 노력한다(때때로 바울의 직업을 본떠서 그들을 텐트메이커, 곧 자비량 선교사라고 부른다). 방문하는 팀을 현지 선교사가 너무 자주 만나면 장기 계획에 차질이 생긴다. 좀 더 심각한 조사를 받으면 1세대 개종자들은 믿음 때문에 가혹한 박해를 받게 된다. 우리는 그들을 간절히 만나고 싶고, 또 그들은 우리를 극진히 대접하고 싶어 하지만, 내개 서로 만나지 않는 것이 최선이다.

관광객이 조용히 기도하는 것을 막는 나라는 없다. 하나님은 공공연한 기도와 예배를 명하실 수도 있다. 어떤 경우에는 이목을 끌지 않는 것이 현명하다. 어쨌든 의심을 사지 않도록 주의하라.

지역에 따라 어떤 기도 여행은 매우 조용히 준비해야 하고, 어떤 기도 여행은 광고를 크게 해야 한다. 공개하고 기도를 많이 받는 것이 좋은지, 공개를 하면 현지 교회 활동에 지장이 생기는지 현지 사정에 밝은 사람에게 물으라.

보안 지침을 마련하는 이유는 하나님을 믿는 믿음을 잘 표현할 수 있는 활동의 기준을 세우기 위해서다. 지침을 정했으면 하나님을 의지하고 마음을 놓으라. 최고의 보안은 정결한 마음이다.

**기간을 정한다.** 기도 여행은 대개 1-2주 기간으로 다녀온다. 한 도시에 적어도 열흘은 머물라. 일주일 미만은 값비싼 시차 적응 훈련에 불과하다. 현지인과 깊이 동감하면 작은 인상이 수백 가지나 떠오르고 영원한 친구를 몇 명 사귀게 된다. 하나님이 주시는 기도의 권위는 누적되면서 형성될지도 모른다. 기도를 오래 할수록 더 많이 듣고 더 깊이 느낀다. 하나님이 보내신 목적을 이루라. 어떤 기도 여행은 몇 달 동안 계속하지만 대부분은 짧은 시간 안에 마칠 수 있다.

다른 여행을 갈 때도 땅밟기 기도를 할 수 있을까? 휴가나 출장과 같이 다른 목적으로 여행을 갈 때도 땅밟기 기도를 할 수 있다. 기존의 단기 선교 여행도 훌륭한 땅밟기 기도 여행이 될 수 있다.

땅밟기 기도를 다른 활동과 병행할 때는 하나님의 마음을 품고 하나님의 인도를 구하는 것이 바람직하다. 기도는 힘차게 한다. 땅밟기 기도는 시간을 충분히 들인다. 한 번 할 때 하루 종일 하는 것이 좋다. 좋은 성과를 거두려면 아침이나 오후에는 땅밟기 기도에만 전념한다.

**체력을 기른다.** 기도 여행을 떠나려면 현지에 도착하기 오래전부터 영적 훈련에 힘써야 한다. 또한 몸이 튼튼해야 하므로 체력을 길러야 한다. 땅밟기 기도를 오래 하면 영혼과 몸은 자연히 단련된다.

기도의 근력도 길러야 한다. 평소에 기도를 오래 하지 않는 사람은 2시간 동안 치열하게 기도하고 나면 탈진한다. 하루에 6-8시간은 거뜬히 기도할 수 있어야 한다. 때때로 기도가 더 길어질 때도 있다. 기도를 오래 하는 법을 배우려면 다른 사람과 함께 기도하는 수밖에 없다. 땅밟기 기도팀이 땅밟기 기도를 준비하는 데 땅밟기 기도만큼 좋은 훈련은 없다. 해외에 나가기 전에 팀원들은 의무적으로 자기 마을에서 몇 시간씩 땅밟기 기도를 해야 한다.

금식도 좋은 운동이다. 어떤 땅밟기 기도자들은 땅밟기 기도와 금식을 병행한다. 어떤 사람들은 기도 여행을 떠나기 전에 며칠 또는 몇 주 동안 금식하면서 몸의 겸손을 훈련한다. 금식을 하고 나면 몸은 생기를 얻고 내면은 튼튼해져서 땅밟기 기도를 시작할 준비를 갖춘다.

### 여행하는 동안에는 기도하라

훌륭한 기도 여행은 통찰력과 융통성이 조화를 이룬다. 기도 계획을 세우고 가장 좋은 계획을 위해 계속 기도하라. 기본적인 금언은 다음과 같다. 계획을 세우고 성령의 인도를 받아 고쳐 나가라.

**전략적인 첫걸음.** 첫인상에 위압을 느낄지도 모른다. 고층 건물은 끝없이 이어지고 옷차림이 다른 수많은 사람은 이동하면서 뜻 모를 말들을 한다. 만일 고대부터 바뀌지 않고 내려오는 관습이라도 있으면 도시와 시민들은 변하지 않을 것이라고 지레 낙담하게 된다. 영적 부흥의 비전은 수백 년 뒤로 밀려난다.

우리의 믿음을 갉아먹는 첫인상에 속지 마라. 도시 사역에는 결점을 보완하는 역설이 있다. 도시의 일부를 깊이 알수록 도시는 작아진다.

첫째날은 간단하지만 의미 있게 기도하라. 어디서 시작해야 할지 모르면 눈에 띄는 장소나 관광지로 가서 조용히 기도하라. 조를 나눠 30분에서 1시간 정도 짧게 땅밟기 기도를 하고 약속 장소에 다시 모인다.

또 높은 곳에 올라가서 사방을 보며 기도한다. 첫날에는 우상숭배지를 피하는 것이 좋다. 높은 빌딩의 꼭대기 층이나 옥상은 예상 외로 어렵지 않게 들어갈 수가 있다.

**도시 밟기.** 기도할 때는 하나님의 목적을 분별한다. 마을을 돌거나 크게 지그재그로 지나가는 식으로 체계를 갖춰 땅을 밟아야 할 때가 있다. 모든 구역을 다 밟는 대신 어떤 이웃이나 계층을 정해서 집중하라.

통행이 어렵긴 하지만 도시의 외곽도 한 가지 경로다. 대도시는 흔히 확장되기 때문에 도시의 외곽은 길이 험하다. 도로는 바깥으로 돌지 않고 도시 중앙으로 이어진다.

만일 도시 전체를 구역별로 나누어 땅밟기 기도를 하려면 큰 지도를 구해서 적당한 크기로 나눈다. 땅밟기 기도자들이 목적지로 신속히 이동할 수 있도록 대중교통을 정확히 파악한다. 도심에서 시작하여 도시 전체로 퍼질 경우에는 대중교통을 이용하면 하루 만에 땅밟기 기도를 마칠 수 있다.

관광객들이 찾는 장소는 대부분 그리 넓지 않아서 관광객이 다른 관광객을 끌어들인다. 우리가 누구며, 어디로 가고, 무엇을 하는지, 대답할 준비를 하라.

외지고 주택이 밀집된 가난한 동네나 우범지대에서는 이방인이 경계의 대상이다. 이때는 오랫동안 그곳에 거주한 주민을 친구로 사귀면 자주 방문할 수 있다. 이러한 지역에서 사귄 친구는 기도에 도움이 되기도 하고 방해가 되기도 한다.

우리 마을에서는 어디로 가는지, 무엇을 하는지 물어보는 것이 관습이고 심지어 같이 동행하기도 한다. 새로운 친구들을 예수님께 소개하려고 여기에 왔기 때문에 우리는 보통 이러한 친교를 고맙게 여긴다. 하지만 우리는 매주 아무런 방해를 받지 않고 집중해서 중보 기도를 해야 했다. 사람들의 눈에 띄지 않고 땅밟기 기도를 할 수 있는 시간은 새벽 시간밖에 없었다. 그래도 몇 사람은 우리 보고 무엇 때문에 새벽부터 돌아다니는지 캐묻는다. 물론 우리는 지혜롭게 대답한다. 하지만 땅밟기 기도는 새벽잠을 마다할 만큼 우리 사역에서 중요한 활동이다.

**빌 제임슨과 돌로리스 제임슨**, 세계에서 가장 큰 도시의 빈민가에서 사역하는 선교사 부부.

경찰, 관청, 군대 근처를 지날 때는 무척 조심해야 한다. 법을 어기고도 어겼는지 모르는 경우 뒤늦게 후회를 해도 소용이 없다.

우리는 방송국을 위해 기도하고 싶었다. 이 나라에는 방송국이 하나밖에 없는데 거리 곳곳에 참호를 만들어 기관총을 설치해 놓은 모습을 보니 적군의 표적 시설이라는 생각이 들었다. 우리는 그곳을 두어 차례 지나갔지만 멀리서 축복하는 것이 현명한 행동이었다.

**팀 존슨**, 오하이오 주에서 사역하는 목사. 정치 상황이 불안한 나라에서 기도할 때 겪는 어려운 점이 무엇인지 말한다.

하루 일과를 정한다. 일과표를 만들고 적어도 두세 가지 일과는 시간을 고정해서 여행 기간 내내 지킨다. 일과를 정해 두면 성령이 계획을 바꾸실 때 금방 감지할 수 있다. 아래의 일과표에는 낮잠과 오후 휴식을 넣어서 일정을 짰다.

| | | |
|---|---|---|
| 오전 | 8:00 이전 | 아침 식사, 개인 시간 |
| | 8:00-8:30 | 예배 |
| | 8:30-8:45 | 보고 |
| | 8:45-10:30 | 땅밟기 기도 |
| | 10:30-11:00 | 휴식 |

|        | 11:00-1:00  | 땅밟기 기도        |
|--------|-------------|------------------|
| 오후   | 1:00-2:00   | 점심 식사, 휴식    |
|        | 2:00-4:30   | 휴식              |
|        | 4:30-6:30   | 땅밟기 기도        |
|        | 6:30-7:30   | 저녁 식사, 휴식    |
|        | 7:30-8:00   | 보고 또는 예배    |
|        | 8:00 이후   | 개인 시간          |

시간표를 좀 더 확장할 수도 있다. 아침 잠이 없는 사람들은 서늘한 아침 시간을 활용하여 다음과 같이 일과표를 세운다.

| 오전   | 7:00 이전    | 아침 식사, 개인 시간    |
|--------|--------------|----------------------|
|        | 7:00-7:30    | 예배와 보고           |
|        | 7:30-10:00   | 땅밟기 기도           |
|        | 10:00-10:30  | 휴식                 |
|        | 10:30-12:00  | 땅밟기 기도           |
| 오후   | 12:00-1:00   | 점심 식사, 휴식       |
|        | 1:00-3:00    | 땅밟기 기도(전망대)   |
|        | 3:00-7:00    | 휴식, 개인 시간       |
|        | 7:00-9:00    | 땅밟기 기도(특별한 장소) |
|        | 9:00 이후    | 개인 시간            |

낮 시간을 이용하면 땅밟기 기도의 가장 중요한 요소인 비전이 강화된다. 어떤 마을에는 밤에만 드러나는 특징이 있다는 사실을 기억하라. 야간 통행을 금지하는 관습이나 통금이 있을 경우 땅밟기 기도자는 해가 지면 움직이지 못한다.

현지 문화의 영적인 일과에 대응해 기도할 때는 지혜롭게 계획을 세워야 한다. 땅밟기 기도자들은 오랫동안 회교도의 기도 일과에 맞추어 기도를 시작하고 마쳤다. 하지만 우상숭배나 격렬한 영적 활동 시간에 기도 대결을 벌이기 전에는 하늘의 허락을 먼저 받아야 한다.

**일과의 균형을 잡고 인내한다.** 기도는 꾸준히 실천하기가 가장 어렵다. 의욕적인 중보 기도자는 기도 여행을 할 때 바로 이 점에서 중요한 실수를 한다. 그들은 제대로 쉬지도 않고 며칠 동안 기도에 전념한다. 결국 마음, 몸, 영혼의 탈진은 위험 수위에 이른다. 기도는 장기적인 사역이다. 그리스도 안에 머물러야 영혼과 감정이 재충전된다.

하루 일과에는 우리의 유익을 위해서 반드시 지켜야 할 네 가지 활동이 있다. 이 활동을 정기적으로 실천하여 급한 일 때문에 중요한 일을 미루는 잘못을 범하지 않도록 한다.

**예배** 홀로 또 같이 하나님을 즐거워하는 시간을 보낸다. 예수님이 제자들의 마음을 돌려놓으신 것처럼, 우리 마음은 하나님의 자녀가 된 것과 이름이 하늘에 기록된 것에 기뻐한다. 영적 전쟁을 할 시간은 얼마든지 있다. 성소에서 하나님을 기뻐해야 거리에서도 온 힘을 다해 기도할 수 있다. 우리는 흔히 원수에 대한 승리를 노래한다. 이 노래들을 불러야 할 때가 있지만 예배 시간에는 한 가지 주제에 치우치지 않도록 주의한다.

**휴식** 적당한 휴식은 그저 단체 행동의 의무에서 벗어나는 시간이 아니다. 정신없는 관광은 영혼을 소생시키지 못한다. 레크리에이션은 기분 전환에 별 도움이 되지 않는다. 물론 잠을 푹 자야 한다. 하지만 매일 낮 시간에도 훈련된 '안식'을 취하는 것이 좋다.

**글쓰기와 성찰** 진리를 새로이 섭취하지 않으면 기도는 동이 난다. 자기만의 방식으로 글을 쓰거나 성찰하는 시간이 있어야 한다. 기도를 알차게 하려면 성경 묵상은 필수다.

**소통** 매일 할 필요는 없지만 친구들과 가족과 소통하는 시간이 있어야 한다. 어떤 도시에서는 예약을 해야 엽서, 팩스, 전화를 쓸 수 있다. 하지만 절차가 그리 복잡하지는 않다. 주요 후원자들에게는 감사와 새 소식을 전해야 한다.

**보고한다.** 매일 보고와 시작 모임을 연다. 만일 자세한 보고 시간(또는 경우에 따라 관계 회복 시간)이 저녁에 잡혀 있으면 팀원의 긴장을 풀고 계획을 수정하기가 쉬워진다.

특히 일반적인 지침을 잘 따른다면 땅밟기 기도 보고 모임은 가장 좋은 시간이다. 억측과 과장은 피한다. 실제로 일어난 사건과 자기가 느낀 점을 솔직히 말한다. 사실, 보고할 때 어떤 부분은 개인적인 관점임을 밝히면 좋다. 기도가 문제를 해결했다고 말하기보다는 하나님께 바라는 점을 말한다. 예를 들어 "우리는 이 도시의 기만의 영을 끊었다"라고 말하는 대신 "우리는 이 도시의 기만의 영에 관해 기도했고 하나님께 진리를 보여 달라고 구했다"라고 말한다.

담당자를 정해서 보고서를 보관하거나 기도 소식지를 만들어서 팀원의 책임 의식을 높인다.

공책을 사서 매일 기도 시간에 활용한 일은 정말 잘한 일이었다. 모든 사람이 하루 동안 느낀 점을 쓰고 나서야 땅밟기 기도를 마쳤다. 우리는 두세 사람씩 조를 지어 기도했는데 보통 조원 한 사람이 1시간 가량 일지를 써서 다른 조와 나누어 읽었다. 하루를 마감할 때면 모든 사람은 자기가 통찰한 것을 기록한다. 하루가 지나면 기억은 희미해진다. 계획을 세우고, 도시의 영적 활동에 관해 보고서를 쓸 때 기도일지가 크게 도움이 되었다.

**케이티 왓슨**, 콜로라도 주 덴버에 사는 왓슨은 아시아와 중동에서 여러 기도 여행을 도왔다.

**관계를 돌본다.** 여행을 하면서 힘든 일을 함께 겪다 보면 보기 드문 동지애가 싹튼다. 함께 힘을 다해 기도하다 보면 영원한 우정이 움튼다. 반면 불화로 관계가 깨지고 팀의 성과가 무산되기도 한다.

교회가 없는 도시에서 주님의 나라가 임하길 합심하여 기도하는데 아침에 화장실 쓰는 일로 다투고 속으로 분을 삭이지 못하고 있다면 얼마나 어리석은 일인가. 사람들 사이에는 별 일이 다 생긴다. 우리는 관계를 바로잡아야 거리에서도 강하게 기도할 수 있음을 배웠다. 우리는 심지어 용서하지 못하는 사람이 있으면 땅밟기 기도에서 제외하고 본부에 남겨 두었다.

**티모시 영거**, 텍사스 주 오스틴에 사는 그는 아시아에서 여러 기도 여행팀을 지도했다.

## 여행하고 나서는 보고하라

**비전을 나눈다.** 기도 여행을 떠나기 전에 친구들과 소집단에서 짧게 보고할 시간을 미리 정한다. 이러한 보고 시간을 몇 달 전에 정하면 사람들은 기대감이 상승하고 당신이 여행하는 내내 흥미가 뒤따를 공산이 크다. 1분 정도 짧게 보고할 수 있는 이야기를 준비하라. 기도 여행에서 돌아오면 다녀온 도시가 고향보다 더 친숙하고 자기가 보고 경험한 일을 다 설명할 수 없을 것만 같은 느낌이 든다. 하지만 우리의 목표는 우리가 만나고 온 사람들을 위해서 지인들이 짧은 기도 모임 시간에 기도할 수 있도록 돕는 것이다. 다정하게 그러나 끈질기게 우리가 방문한 도시의 주민들을 위해서 기도 후원자를 일으키라.

팀원들이 하나님께 받은 통찰을 지혜롭게 나눈다. 내용을 다 나눌 필요는 없지만 어떤 내용은 현지 교회 사역자들과 선교사들의 믿음을 위로하고, 분명히 고향 신자들의 믿음에도 도움이 될 것이다. 막연한 느낌을 확인된 사실이나 목격한 사실로 둔갑시키면 안 된다. 항상 하나님이 특별한 방법으로 일하시는 것을 느꼈을 때나 어떤 약속이나 예언적 행동에 힘을 얻었을 때 기도하듯이 그렇게 보고한다.

**땅밟기 기도를 계속한다.** 놀랍게도 기도 여행을 다녀와서 땅밟기 기도를 하지 않는 사람이 많다. 단체 훈련도 없고 하루 일과도 변하지만, 평소에 현장에서 중보하는 시간을 마련하라. 몇 사람과 함께 이웃 마을에서 땅밟기 기도를 하며 어떤 결과가 생기는지 기다려 보면 어떤가?

오스틴보다 몇 배나 큰 중동의 어느 도시에서 두 달 동안 치열하게 땅밟기 기도를 하고 나서 오스틴에 돌아와 보니 멀리 있는 도시가 고향보다 더 친숙하게 느껴졌다. 그 도시의 돌길을 밟으며 수많은 사람들 틈에서 기도를 했기 때문이다. 그때 나는 항상 내가 목회하는 교회를 통해서만 오스틴을 보았다는 사실을 깨달았다. 나는 오스틴을 우리 교회 교인들이 될 사람들의 집단으로만 인식했다. 하나님의 눈으로 오스틴을 보지 못했다. 오스틴에 돌아와서는 아내와 함께 땅밟기 기도를 시작했다. 거룩한 충동을 느끼며 땅을 밟았다. 우리는 전혀 다른 사람이 되었다. 교회도 완전히 달라졌다.

**댄 데이비스**, 텍사스 주 오스틴의 호프 채플(Hope Chapel) 목사.

# 13 영토를 가로지르는 원정 기도

▌오늘날 땅밟기 기도자들은 영토를 가로질러 행하는 원정 기도라고 부르는 장거리 땅밟기 기도를 한다. 그들은 영적 전쟁을 하고, 전지역을 축복한다.

원정 기도는 형태와 목표가 매우 다양하지만 대개 앞에서 설명한 기도 여행의 기본 지침을 따르면 된다.

### 원정 기도의 형태

크게 네 가지 형태가 있다.

**1. 지점을 잇는 원정 기도** 대개 의미 있는 경로를 밟으며 기도한다. 이러한 경로는 때때로 역사적 의미를 띤다.

나는 런던에서 베를린까지 두 나라를 잇는 예언적 땅밟기 기도를 마치고 난 직후에 브란덴부르크 문에 서서 독일인들도 이곳에서 모스크바까지 화해를 이어갈 수 있다고 느꼈다. 독일 사역자들은 이 제안을 받아들여 올 여름에 제2차 세계대전 때 독일이 폴란드를 침공한 날짜에 맞추어 폴란드 국경을 지나기로 계획을 세웠다. 우리는 되도록 독일군이 폴란드와 러시아를 침공할 때 지나간 길을 따라 걷기로 했다. 예언적 행동을 실천할 계획이었다. 독일인들은 열다섯 지방의 국기를 들고 가서 폴란드 국경과 러시아 국경을 넘을 때 자만과 민족주의를 꺾는다는 의미로 국기를 낮추기로 했다.

**존 프레스디**, 런던의 익투스 크리스천 펠로우십.

남아프리카 출신의 데이브 케이프는 그가 아프리카를 횡단하면서 실천했던 섬김을 강조했다. 그는 가는 곳마다 대야를 들고 다니며 사람들의 발을 씻었다. 그는 커다란 십자가에 대야를 묶었다. 그는 이렇게 말했다. "어느 날 기도하는데 주님이 이렇게 생긴 십자가와 대야를 보여 주셨습니다. 사람들이 내 행동을 오해하지 않도록 대야를 십자가에 묶어 놓았습니다." 데이브는 잠비아의 빅토리아 폭포에서 수도 루사카까지 500km를 횡단하며 땅밟기 기도를 했다. 그는 빅토리아에서 케이프타운까지 4,800km를 걸었다. 그는 또한 걸프전이 일어나는 동안에 이라크 국경을 걸으면서 땅밟기 기도를 했다.

**2. 경계를 잇는 원정 기도** 지역 전체의 영적 각성을 목표로 삼는다. 지역 전체를 감싸는 경로를 따라 영토를 횡단한다. 대개 중요한 지점을 통과하기도 하지만 기도로 지리적 극단을 잇는 것이 가장 중요한 특징이다.

1991년 우리는 처음으로 영국의 최북단과 최남단을 잇는 땅밟기 기도를 했다. 이듬해에는 국토를 동서로 가로질렀다. 이것은 예언적 상징이었다. 두 번에 걸친 땅밟기 기도는 십자가를 나타낸다. 우리는 물리적이고 영적인 방식으로 예수님의 십자가가 영국을 다스려야 한다고 선언했다. 1992년에 지나간 경로와 만나는 중간 지점에 도착했을 때 십자가 모양의 거푸집에 쇳물이 떨어지는 환상을 보았다. 아주 단단하고 빛나는 금속 십자가였다. 우리는 덧없는 이동이나 신비한 행진을 한 것이 아니라 하늘에 무언가를 새겼다. 우리는 하나님이 그 일을 완성하시리라 믿는다. 또한 이 땅밟기 기도를 통해 기도를 해야겠다는 자극을 많이 받았다.

**존 호튼**, 영국 헤일셤의 헤일셤 크리스천 펠로우쉽 담임목사.

1992년 8월 말 위민스 어글로우 펠로우쉽 Women's Aglow Fellowship 은 '기도의 그물을 던져라'라는 표어로 집중 기도 사역을 했다. 어글로우 여성 지도자 수백 명은 기도로 미국을 덮었다. 각 주州에서는 정해진 지역을 위해 창의적인 방법을 동원해 사흘 동안 기도했다. 하늘과 땅과 바다로 경로가 지나갔다. 거리는 멀고 시간은 짧았기 때문에 기도팀 대다수는 차를 타고 다니면서 기도했지만 중요한 경로에서는 직접 땅을 밟은 사람이 많았다. 알래스카의 맥킨리 산에서 뉴저지의 대서양에 이르기까지 사람들은 그리스도의 사랑을 상징하는 노란 리본을 자동차에 달거나 팔에 완장을 둘렀다.

그들은 예언적 행동으로 기도를 마쳤다. 어글로우 중보부 부회장 도리스 이커 Doris Eaker 는 "우리는 각 주의 기도 담당 간사에게 마지막 날에는 팀과 함께 주도에서 기도하라고 말했다. 그리고 합법적인 방법으로 신중하게 여호수아 1장 3절을 의회 의사당 터에 묻으라고 말했다"라고 말했다. 수많은 여자들이 기도의 그물을 넓게 던졌고, 자기 백성이 발로 밟는 모든 곳을 주시겠다는 하나님의 말씀으로 인봉했다.

**3. 국토 원정 기도** 한 지역이나 나라의 둘레를 걷는다.

우리 교인들은 그 이야기밖에 하지 않는다. 새신자가 오면 교인들은 그 행진에 관해 말해 준다. 그 일은 우리 교회 사역의 초점이 되었다.

**짐 파일스**, 아칸소 주 포트 스미스, 윈저파크 침례교회(Winder Park Baptist Church) 목사. 1년에 한 번 이 교회는 일주일 동안 포트 스미스 주위로 약 80km를 걷는 '여리고 행진'을 한다. 오전 9시에서 오후 4시 30분 사이에는 기도하고 예배하며 행진하고, 밤에는 야영을 한다. 그들은 1년에 한 번씩 7년 동안 도시 주위를 행진하기로 결정하고 1990년에 이 행진을 시작했다. 지금은 여러 교회가 참여하며 적게는 50명에서 많게는 200명까지 모인다.

베레나 버클러라는 젊은 여성은 스위스의 모든 국경 지방에서 땅밟기 기도를 시작했다. 그들은 토요일 오전에 기도 세미나를 열어서 현지 교인들이 하루나 이틀 정도 땅밟기 기도에 참여하도록 유도했다. 스위스 대학생선교회의 피터 혼은 이렇게 말했다. "몇 사람을 중심으로 우리는 내내 행진했고 도중에 여러 그리스도인들이 동참했는데 교단 수만 열일곱이었다. 때때로 50명이 모이기도 했지만 평균 8명이 함께 행진했다. 이 행진은 현재 진행되는 기도 운동의 작은 계기였다. 우리는 스위스의 도시 곳곳에서 기도 운동을 일으키려고 한다."

**4. 릴레이 원정 기도** 땅밟기 기도자들이 교대로 기도하는 것이 주된 특징이다. 릴레이 원정 기도에서는 땅밟기 기도자들이 일정한 거리를 맡아서 기도하고 다음 기도팀에 상징적으로 기도의 책무를 넘겨준다.

가장 유명한 릴레이 원정 기도는 성화 봉송 Torch Run이다. 이 성화 봉송은 예수전도단에서 시작했지만 수많은 선교단체와 교회가 참여했다. 최초의 성화는 1988년 부활절 아침에 승천 산에서 점화되었다. 이 불꽃은 다른 성화봉으로 계속 옮겨 붙었고, 모든 대륙의 달리기 주자와 땅밟기 기도자들은 조직적인 릴레이 형식으로 이 불꽃을 운반했다. 사실 이 최초의 불꽃에서 이어진 성화는 오늘도 전세계 수많은 곳에서 정성껏 운반되고 있다.

노스캐롤라이나 주 샬롯에 사는 메리 랜스 시스크는 여러 중보 기도 활동에 지도력을 발휘했다. 메리는 이렇게 말한다.

내가 미국 루디아 기도회에서 실무자로 일할 때 우리는 열일곱 개의 기도팀을 조직해서 동해안 지역의 남쪽과 북쪽을 잇는 1번 고속도로를 따라 기도한 적이 있다. 우리는 걷기도 했지만 주로 차를 타고 플로리다 주 키 웨스트에서 출발해서 메인 주를 지나 캐나다 국경까지 갔다. 우리는 중보하고 기도하고 선포했다. 큰 돌멩이에 페인트로 십계명을 썼다. 첫 번째 팀은 플로리다의 섬에서 출발했다. 차를 타고 정해진 지점에서 다음 팀에게 십계명 돌멩이를 건넸다. 우리는 그곳에서 함께 기도했다. 각 팀은 자기가 통과할 지역을 공부하고 적절한 기도 계획을 세웠다. 그렇게 캐나다까지 달렸다.

## 원정하기 전에는 준비하라

원정 기도는 기도 여행보다 더 복잡하다. 그렇기 때문에 준비를 더욱 철저히 해야 한다.

**시기와 방법은 하나님께 맡긴다.** 원정 기도는 땅밟기 기도의 다양한 형태 중에서 하나님의 인도를 가장 많이 받아야 한다. 모든 영역이 그렇지만, 특히 시기를 정할 때 하나님의 인도를 구해야 한다.

한동안 우리는 십자군이 진군했던 길을 따라 땅밟기 기도를 하려는 비전이 있었다. 하지만 영혼에 아직 확신이 없다. 하나님의 때가 온전히 이르면 우리는 곧장 출발할 것이다. 이 일은 두어 해 안에 이루어질 수도 있고 훨씬 더 나중에 이루어질 수도 있다. 정치적인 문제로 어떤 지역은 국경을 넘을 수 없기 때문에 주님이 길을 준비해 주셔야 한다. 우리는 주님의 계획표에 맞춰 움직이고 싶다. 주님의 축복과 때를 구하지 않고 일을 엉망으로 만들고 싶지 않다.

**듀안 블랙번**, 선교사 훈련을 받은 미국 목사. 듀안은 터키의 이스탄불에서 예루살렘까지 십자군이 진군했던 길을 따라 회개의 영을 품고 원정 기도를 할 날을 꿈꾸고 있다.

전통적인 원정 기도 방법은 처음부터 끝까지 길을 걷는 것이다. 길을 걸을 때 주위 환경은 모든 감각을 자극한다. 이때 성령의 도움을 받아 원정 기도의 중요한 열쇠를 예리하게 인식할 수 있다.

가능하면 실제로 걸으라. 시간과 지리의 제약 때문에 차량을 이용하고 싶을지도 모른다. 어떻게 이동할지 하나님께 여쭤 보라. 중보자들은 흔히 하나님의 인도로 배와 비행기에서, 또는 총알처럼 달리는 자동차나 기차에서 기도한다.

먼 길을 실제로 걷는 것이 눈에 띄는 유익을 가져오는 것은 아니다. 어떤 지점을 밟기 위해 반드시 고속도로를 통과해야 한다면, 차와 나란히 달려도 상관없다. 먼 거리를 행진하는 이점은 금식의 이점에 견줄 수 있다. 힘들게 금식을 한다 해서 당장 눈에 보이는 유익이 있는 것은 아니지만 오래 지속하면 무형의 효과를 거둘 수 있다. 금식을 단식 농성 삼아 아무리 계속한다 해도 하나님의 마음을 바꾸지 못한다. 그 대신 금식을 하면 하나님을 찾는 기도자가 정결하게 바뀐다. 금식을 오래 하면 가장 기본적인 육체의 욕구에서부터 가장 고귀한 사고의 흐름까지 한 사람의 전 인격이 영향을 받는다. 일상의 생명과 영양의 주기는 끊어지고 하나님을 찾고 하나님이 주시는 기도의 권위를 받기 위해 특별한 시간이 마련된다. 이와 마찬가지로 원정 기도를 오래 하면 전 인격이 영향을 받는다. 가장 노련한 장거리 땅밟기 기도자들은 걷는 것이 실제로 크게 유익하다고 말한다. 오랜 금식과 마찬가지로 이것도 하나님의 인도와 지도자들의 지혜를 구해야 한다.

**하나님의 지도력을 구한다.** 영과 육의 어려움에 대처하려면 견고한 지도력과 목회자의 감독이 필요하다. 원정 기도는 재정과 노력이 많이 들기 때문에 훌륭한 행정력의 뒷받침도 있어야 한다.

모든 일은 순조롭게 진행되었다. 주님이 축복을 내려주셨고 우리가 미리 준비했기 때문이다.

**댄 볼,** 오하이오 주 애쉬타불라에 있는 제일 하나님의 성회(First Assembly of GOD) 목사. 그는 애쉬타불라 지역을 도는 원정 기도를 석 달 전부터 준비했다. 50개의 참가 교회는 전체 240km를 4.8km씩 나누어 맡아서 같은 날 동시에 땅밟기 기도를 했다. 그날 350명이 모인 가장 큰 집단은 경찰의 경호를 받았다.

**건강한 사람을 뽑는다.** 오래 걸으면 체력이 크게 소모되므로 건강한 사람을 뽑아야 한다. 몸이 허약하다면 영혼이라도 성숙해야 한다. 여행하는 내내 몸이 아프다고 불평하는 사람과 함께 다니면 원수가 틈타서 팀 전체의 건강마저 위협을 받게 된다. 그러나 허약한 사람을 차단하는 불필요한 규정은 정하지 않도록 한다.

국적과 언어가 다른 사람들과 함께 기도하는 즐거움은 말로 표현할 수가 없다. 성령이 우리의 기도에 인을 치신다.

**찰스 심슨,** 익투스 크리스천 펠로우십. 1992년 찰스는 런던에서 베를린까지 1,000km가 넘는 길을 5주 동안 끝까지 걸었다. 그때 찰스는 일흔여덟 살이었다.

**현지인과 협력한다.** 대부분의 경우 현지 교회의 협조를 받아야 한다. 그들을 통해 현지의 영적 상황을 알게 된다. 어떤 원정 기도팀은 길을 따라 여러 마을에서 야간 집회를 열었다. 이 경우에는 집회가 순조롭게 진행되었지만 이러한 집회를 항상 열어야 하거나 여는 것이 좋다고 생각해서는 안 된다. 놀라운 후원을 받을 수 있을지는 모르지만 이러한 집회를 열려면 많은 노력이 필요하고, 그만큼 팀의 체력은 고갈된다.

**홍보와 보안.** 어떤 원정 기도는 기독교에 매우 호의적인 지역에서 진행된다. 원정 기도의 목적과 목적지를 버스에 붙이고 다녀도 문제가 없다. 이런 식으로 표현할 수 있을 때는 주저하지 말고 선포하라!

어떤 나라에서는 공공연한 홍보를 해서는 안 된다. 이때는 사람들의 이목을 끌지 않는 것이 현명하다. 기도와 홍보의 경중을 잘 따져 보아야 한다. 우리가 지나가는 곳에서 포스터, 티셔츠, 깃발은 하나님의 사랑을 얼마나 잘 나타내는가? 현지 사역자들에게 조언을 구하라.

사람들은 흔히 커다란 십자가와 같은 기독교 상징물을 중요하게 여기며, 경우에 따라 정말로 크게 도움이 된다. 하지만 어떤 나라에서는 이러한 상징물을 십자군의 침략이나 정복의 상징물로 인식해서 역효과가 생기기도 한다.

기독교에 호의적인 곳에서도 언론 노출에 대비해야 한다. 원정 기도에 관해 간단히 설명하는 보도 자료를 미리 준비하라. 인터뷰를 할 사람도 미리 정하라.

**경로를 정한다.** 매일 행진할 거리를 염두에 두고 경로를 정한다. 이 말은 중요한 장소를 정하고 10km씩 구역을 나눈다는 뜻만이 아니다. 교통과 숙박 문제를 해결해야 한다. 현지 교회의 도움을 받을 경우에는 현지 교회의 일정과 한계를 배려하라.

미리 경로 답사를 해서 거리를 정확하게 측정하라. 지도를 보고 대충 거리를 파악하면 어떤 날은 팀원들이 녹초가 되기도 한다. 어떤 땅밟기 기도자들은 하루에 30km 이상은 걷지 않는다. 어떤 땅밟기 기도자들은 15-25km 사이에서 거리를 조절한다.

다양한 릴레이 방법을 시도하라. 한 팀을 둘로 나누어 두 구간을 이어서 걷게 하면 팀별 할당 거리를 두 배로 늘릴 수 있다. 여러 팀이 한 지역을 둘러싸고 동시에 출발하는 방법도 있다.

경로를 정할 때 현지 경찰의 협조를 구해야 할지도 모른다. 어디로 가든지 되도록 큰 길의 차량과 소음을 피하라. 좁고 구부러진 길도 조심해야 한다. 이따금 차량 통행이 없는 시골 길이나 기찻길을 걷는 것도 기분 전환에 도움이 된다.

**병참 계획을 세운다.** 떠나기 전 실질적인 문제를 예상하라. 준비를 철저히 마친 팀들도 융통성이 무엇인지 새롭게 배워야 한다. 원정 기도는 멀리서 관리할 수 없다. 고향에 있는 지원팀과 연락을 할 수는 있지만 현장에서 이루어지는 행정이 반드시 필요하다. 팀장을 정해서 숙소, 예산, 일정, 행군 속도의 진행을 맡기라.

최선을 다해 숙박 계획과 예산을 세우라. 호텔, 민박, 이동 주택, 천막 등 무엇이든 이용할 수 있다. 때때로 현지 교인들에게 도움을 받기도 한다. 도움을 받을 때는 필요한 내용을 정확하게 전달하라(예를 들어 음식, 목욕, 세탁, 침구, 개인 공간, 교통, 체류 기간, 일과). 민폐를 끼치지 않도록 비용은 따로 준비하라.

음식 문제는 되도록 각 팀에게 맡긴다. 하지만 이런 방법은 계획을 미리 세울 수 없는 해외에서는 현실과 동떨어진 소리다. 어떤 지역에서는 깨끗한 식수를 확보하는 일이 매우 어렵다. 원정 기도처럼 체력 소모가 많은 일을 할 때는 반드시 음식과 물을 적절히 섭취해야 한다. 비용이 더 들더라도 팀원의 건강을 위해서는 잘 먹어야 한다.

대체로 원정 기도는 장거리 하이킹에 필요한 장비, 의상, 의약품이 동일하게 필요하다. 서점에 들러 도움이 될 만한 관련 서적을 참고한다. 가장 유용한 장비는 지원 차량이다. 어떤 원정 기도에서는 땅밟기 기도자 스무 명당 차량 세 대가 따라다녔다.

어떤 원정 기도팀은 라디오를 가지고 다니며 즐겼다. 현지에서는 라디오 소지가 법에 저촉되는지 확인하라. 라디오를 가지고 다니면 외국 첩보원으로 의심하는 곳도 있다!

## 원정하는 동안에는 기도하라

하루 일과는 단체 행동의 힘을 나타내는 방법이다. 원정 기도팀은 대부분 이른 아침에 보고를 하고 예배 모임을 짧게 연 후에 곧장 땅밟기 기도를 시작한다. 해지기 전에 땅밟기 기도를 마친다. 밤에 고속도로를 따라 땅밟기 기도를 해서는 절대 안 된다. 하지만 저녁에 가끔씩 정해진 장소에서 중보 기도를 충분히 하도록 한다. 되도록 보고 모임은 저녁에 하는 것이 좋다. 어떤 원정 기도는 저녁에 기도 집회를 연다. 이때는 참석 인원을 조절해 교대로 쉴 수 있도록 배려한다. 사실 하루 종일 쉬는 날을 따로 정해 두는 것이 현명하다.

## 원정하고 나서는 잔치를 벌여라

원정 기도는 마지막 장소를 잘 선택해야 한다. 어딘가에 도착하는 것에 그치면 안 된다. 원정 기도는 잔치로 마감해야 한다. 독자적으로 잔치를 벌이기보다는 어떤 대회나 축제에 참가하라. 예수 행진에 참가한 원정 기도팀은 언제나 행사를 훌륭히 마쳤다. 성화가 봉송된 여러 장소 가운데는 1989년 여름 제2차 로잔대회가 열린 필리핀 마닐라가 있다. 세계 각국에서 수천 명에 달하는 선교단체 및 교회 지도자들이 모였다. 사람들이 모인 장소에 성화가 들어오자 그들은 예루살렘에서부터 줄곧 기도하며 달려온 모든 주자들의 발걸음을 따뜻하게 환대했다.

> 우리는 땅밟기 기도를 마치고 나서 마지막 예배와 기도 집회를 열었다. 약 1,500명이 참석했다. 땅밟기 기도에 참석한 사람들보다 더 많은 숫자였다. 모두 합쳐 50여 교회가 참여했다.
>
> **댄 볼**, 오하이오 주 애쉬타불라의 제일 하나님의 성회 목사.

> 마치 우리가 그리스도의 다리가 되어 주님을 대신해 걷는 것 같았다. 마지막 날 독일 전역에서 모인 참가자 5,000명이 지켜보는 가운데 독일 목회자들이 우리의 발을 씻었을 때 그 민족의 자만심이 꺾이는 것 같았다. 하지만 그리스도의 몸은 높임을 받았다.
>
> **존 프레스디**, 영국 런던 익투스 크리스천 펠로우십. 1992년 여름 런던과 베를린을 이은 땅밟기 기도의 마지막 행사에 관해 말한다. 이 원정 기도는 영국, 미국, 프랑스, 독일에서 돌아온 땅밟기 기도팀들이 베를린에 도착한 다음날 독일인 60,000명이 운집한 예수 행진 집회에 참석할 수 있도록 일정을 맞추었다.

# 14 "모든 곳에서 기도하기를"

▎바울은 교회의 최우선순위를 실천하라고 권한다. 우리는 전세계의 모든 사람을 위해 기도해야 한다.

> 그러므로 내가 첫째로 권하노니 모든 사람을 위하여 간구와 기도와 도고와 감사를 하되 임금들과 높은 지위에 있는 모든 사람을 위하여 하라 이는 우리가 모든 경건과 단정함으로 고요하고 평안한 생활을 하려 함이라 이것이 우리 구주 하나님 앞에 선하고 받으실 만한 것이니 하나님은 모든 사람이 구원을 받으며 진리를 아는 데에 이르기를 원하시느니라(딤전 2:1-4).

바울은 교회가 왜 '무엇보다도 먼저' 절박하게 모든 사람을 위해 기도해야 하는지 두 가지 이유를 제시한다. 첫째, 하나님은 모든 사람이 구원받기를 바라시기 때문이다. 모든 사람을 위해서 포괄적이고 체계적으로 기도해야 바다처럼 넓은 하나님의 바람을 채울 수 있다.

지구적으로 기도해야 하는 두 번째 이유는 가장 중요하다. 하나님이 기뻐하시기 때문이다. 포괄적인 기도가 응답될수록 교회는 하나님의 성품인 경건과 품위를 온 세상에 드러낸다.<sup>딤전 2:2 참조</sup> 바울은 하나님의 영광의 성품이 온 세상에 드러나는 일은 "하나님 앞에 선하고 받으실 만한 것이니"<sup>딤전 2:3</sup>라고 선언한다.

### 모든 사람을 위한 기도

"호주에 사는 사람들을 지켜 주세요"와 같이 일반적이고 피상적인 기도는 제대로 된 중보가 아니다. 바울은 세상을 위해 적절히 기도할 수 있는 기도의 구체적인 종류를 나열한다. 곧 "간구와 기도와 도고와 감사"<sup>딤전 2:1</sup>다.

바울은 모든 인류를 위해서 이러한 기도를 어떻게 하려고 했을까? '모든 사람'을 위해 이렇게 자세히 기도하려면 모든 나라, 가족, 마을을 다 포함해야 한다. 바울은 간단히 그리스도인들이 '모든 곳에서 기도하기를' 요청했다.

> 그러므로 나는, 남자들이 화를 내거나 말다툼을 하는 일이 없이, 모든 곳에서 거룩한 손을 들고 기도하기를 바랍니다(딤전 2:8, 표준새번역).

### 모든 곳에서 하는 기도

모든 사람을 위한 기도는 모든 곳에서 해야 한다. 디모데전서 2장 1절의 명령은 8절의 방법으로 이루어진다.

8절은 우리에게 사회 밖으로 관심을 돌리라고 직접 명령하지는 않지만 지리의 범위는 명백하다. 바울은 이 책에서 설명한 내용과 일치하는 땅밟기 기도를 말하고 있지 않을지는 몰라도 그 시대에 해외 여행은 소수만이 누렸던 사치였다. 바울은 머지않아 기도를 열심히 하는 그리스도인 가정이 온 세상에 생기리라는 소망을 품고 이러한 비전을 보았을 것이다. 오늘날 비싼 돈을 치르지 않아도 해외 여행을 할 수 있다는 말은 그리스도를 믿는 가정이 없는 도시나 마을에 가서 구체적인 현장 기도를 할 수 있다는 뜻이다.

**모든 사람을 위한 절박한 기도**

하나님은 한 분이시요 또 하나님과 사람 사이에 중보자도 한 분이시니 곧 사람이신 그리스도 예수라 그가 모든 사람을 위하여 자기를 대속물로 주셨으니 기약이 이르러 주신 증거니라(딤전 2:5-6).

그리스도는 하나님과 사람 사이의 단절을 영원히 중보하신다. 하지만 단절된 곳이 하나 더 있다. 하나님은 사람들이 자기를 알기를 바라시지만 수많은 사람은 아직도 '진리' 딤전 2:4를 모른다.

하나님은 이 단절을 메우시려고 '적절한 때'에 사자들을 보내 한 분 중보자의 '증거'를 전하게 하신다. 복음은 '제때'에 전해진다(원어를 그대로 옮겼다). 이 '때'란 단어는 그리스어 카이로스 kairos의 복수형으로 '결정적인 순간' 또는 기회의 창을 뜻한다. 시계가 가리키는 시간은 아니다.

바울은, 하나님의 말씀은 하나님이 정하신 때에 따라 전세계에 전해진다는 사실을 알았다. 이 특별한 때를 위해 바울은 사자로, 교회 개척자로, 제자 양육자로 임명을 받았다(그가 말한 "선포자와 사도로…교사" [딤전 2:7, 현대어로 바꾸었다]. 보통 하나님은 이러한 임무를 여러 사람에게 나누어 주시기 때문에 바울은 하나님이 자기에게 이 모든 임무를 다 맡기셨다는 사실이 믿기지 않았다. 그래서 그는 "나는 참말을 하지, 거짓말을 하지 않습니다"라고 강조한다). 하지만 바울은 이 모든 일을 혼자서 다 할 수 없다는 것을 알았다. 하나님이 정하신 때는 왔지만 선교사의 수는 턱없이 부족하니 하나님의 백성은 기회가 생겨도 잡을 수가 없었다. 어떻게 해야 하는가? 바울은 그때가 성경의 역사를 통틀어 가장 포괄적인 기도를 해야 할 때임을 알았다. "그러므로 나는, 남자들이…모든 사람을 위해서…모든 곳에서…기도하기를 바랍니다." 딤전 2:8, 표준새번역

사람들은 하나님이 극히 드물게 정하신 세계 복음화를 완성할 '카이로스'의 때가 바로 지금이라고 믿는다. 만일 우리가 바울과 생각이 같다면 적절한 때와 선교사의 수는 여전히 부족하다. 때를 놓치지 않으려면 하나님의 모든 백성이 모든 곳에 있는 모든 사람을 위해서 기도해야 한다.

### "온 세상을 위해 거룩한 손을 들어" 딤전 2:8

바울은 하나님 백성의 행진하는 발이 아닌 손에 주목한다. 거룩한 손을 드는 행동은 분명히 예배와 중보의 몸짓이다. 바울은 교회에 오기 전에 손을 깨끗이 씻는 좋은 습관을 말하고 있지 않다. 거룩한 손은 제사장의 정결한 손이다. 모든 신자는 하나님의 '제사장 나라'에서 기도하는 자리가 있다(출 19: 6은 벧전 2:5-9, 계 1:6에서 반복된다).

성경의 제사장들은 그들의 손을 채워 대하 29:31 참조 의식을 끝낸 뒤에 일을 시작했다. 손에는 말 그대로 하나님께 드리는 제물이 가득했고, 은유법으로 말하면 기도로 섬기기 위해 구별되고 정결했다. 하나님은 최초의 제사장들에게 "그들에게 기름을 부어서 제사장으로 세우고, 그들의 손을 채우고 그들을 거룩히 구별하여, 나를 섬기게 하여라" 출 28:41.

^저자 사역^ 하고 말씀하셨다. 손을 채우는 것과 기름을 붓고 거룩히 구별하여 하나님을 기도로 섬기는 것의 관련성에 주목하라. 보통 '손을 채운다'는 히브리어 표현은 '위임하다' 또는 '봉헌하다'로 번역한다. 첫 번째 제물 "위임식의 숫양"(사역하면 '채움의 숫양')은 의식에 따라 "아론과 그의 아들들의 손바닥 위에" 올라갔다.^레 8:22-27, 8:33, 16:32; 출 29:24-25, 29:9, 29, 33, 35, 32:29; 민 3:3; 대하 29:31 참조^

다윗은 온 회중에게 성전을 지어 하나님을 섬기자고 "오늘 누가 즐거이 손에 채워 여호와께 드리겠느냐"^대상 29:5^ 하고 말했다. 모든 가문의 지도자들은 "즐거이"^대상 29:6^ 드렸다. 성전을 완성하자 솔로몬은 잔치를 열고 가장 기본적인 제사장의 기도 몸짓을 했다. "솔로몬이 여호와의 제단 앞에서 이스라엘의 모든 회중과 마주 서서…하늘을 향하여 손을 펴고."^대하 6:12-13^

제사장의 손은 두 가지 목적을 위해 '거룩한 손'으로 구별된다. 첫째, 백성이 바친 제물을 하나님께 성실히 드리기 위해서,^레 1-3장 참조^ 둘째, 양팔을 들어 하나님의 복을 힘차게 빌기 위해서다.^레 9:22 참조^

바울은 모든 믿음의 가정이 하나님 앞과 열방 가운데서 거룩한 손을 높이 드는 이 풍성한 유산을 받았다는 것을 알았다. 바울은 디모데전서 2장 8-10절에서 교회가 예수님을 공경하고 세상을 위해 기도하는 마음으로 사회에 나가기를 하나님이 바라신다는 점을 명확히 밝힌다.

모든 사람을 위한 기도의 목적은 교회가 착한 행실로 세상에 빛이 되어^딤전 2:2, 10 참조^ 모든 사람이 진리를 알게 되기를 하나님이 바라신다는 것에 있다.^딤전 2:4-7 참조^

**'무엇보다도'는 '당장'을 뜻한다**

만일 모든 사람을 위한 기도가 '무엇보다도' 먼저 해야 할 일이면 정말로 미루면 안 된다. 우리는 수백 년간 모든 사람에게 복음을 전했다. 모든 사람은 복음을 들어야 한다. 바울은 세계 복음화를 완성하는 더 중요한 방법을 알려 준다. 온 세상의 모든 사람을 위해 기도하면 된다.

살아 있는 모든 사람이 제사장의 축복을 매일같이 받고 있는 세상을 보실 때 하나님이 얼마나 기뻐하실지 상상해 보라. 우리의 발로는 온 땅을 정복하고 채우면서, 모든 가정, 남성과 여성, 어린이를 대신해 모든 사회 가운데서 제사장답게 거룩한 손을 들어 중보와 예배를 드리자.

부록 1

# 땅밟기 기도 속성 과정

전세계에 걸쳐 수많은 도시에서는 평범한 신자들이 자기 마을의 거리를 다니며 땅밟기 기도를 하고 있다. 그들은 두 눈을 열어 하나님이 주시는 영적 부흥을 바라고 땅을 밟으며 기도한다.

땅밟기 기도는 '현장에서 통찰하는 기도'다. 정해진 형식이나 입증된 공식은 없다. 땅밟기 기도자들은 상상력을 동원해 여러 가지 방법으로 기도한다. 발걸음에 무슨 효력이 있는 것은 아니다. 우리가 스스로 나서서 기도 응답을 받고 싶은 장소에서 꾸준히 기도하도록 성령이 도우실 따름이다. 우리는 본능적으로 우리가 기도하는 사람들에게 끌린다.

가까이에서 마을을 보면 기도에 초점이 생긴다. 어떤 대상에 집중하면 기도는 날카로워진다. 하지만 우리는 하나님의 치유의 손이 우리 사회 전체에도 임하길 간구한다.

조용한 땅밟기 기도는 공공연한 예배 행진과 기도 집회를 보완한다. 예배와 영적 전쟁은 중보 기도와 짝을 이루어 도시 전체가 그리스도를 영접하게 돕는다.

땅밟기 기도는 꾸준히 기도로 거리를 채워 나가는 손쉬운 방법이다.

땅밟기 기도자들은 흔히 두세 사람씩 규칙적으로 마을 곳곳을 밟으면서도 도시를 위해서 기도한다. 따라서 그들은 복음과 섬김으로 이웃을 가까이 하고 도시에 영향을 준다. 하나님이 하루하루 한 집 한 집 도시를 바꾸실수록 승리가 조용히 뒤따른다.

### 땅밟기 기도의 방법

**동행을 구한다.** 믿음의 사람들과 함께 대화식으로 기도한다. 때때로 대집단은 개인의 참여도를 낮춘다. 두 명 또는 세 명이 가장 좋다.

**시간을 정한다.** 한두 시간은 확보해야 짧게나마 준비하고 마무리하는 모임을 열 수 있다.

**지역을 택한다.** 하나님께 인도를 받는다. 자기 마을에서보다는 낯선 마을에서 땅밟기 기도의 즐거움을 배우는 것이 제일 좋다. 그 다음 새로운 안목으로 곧장 자기 마을로 돌아온다. 상업과 종교의 중심지는 매력이 있지만 주택가의 가족, 학교, 교회를 위해 기도하는 것이 더할 나위 없이 좋다. 높은 곳에 올라가 사방을 보면서 기도한다. 중요하다고 생각하는 장소에 머문다.

**통찰하며 기도한다.** 사람들을 관찰하며 기도한다. 이때 성령은 우리 마음의 초점을 조절하신다. 미리 연구 통찰을 얻어서 이러한 관찰 통찰을 보강하라. 과거의 사건과 현재의 추세를 파악해서 중보 기도의 질을 높인다. 무엇보다도 성경으로 기도하라. 기도가 나오지 않을 때에는 성경의 기도를 임의로 선택한다. 기도가 자연스럽게 이어진다.

**하나님께 집중한다.** 기도의 초점은 사탄의 계략보다 하나님의 약속에 둔다. 때때로 악한 세력을 분별하더라도 하나님이 지시하지 않으시면 직접 대적하지 않는다. 마귀의 세력과 거리에서 싸우기 전에 먼저 하나님의 보좌에 직접 호소한다. 하나님의 백성이 도시를 축복하도록 하늘에서 악을 제압해 달라고 구한다.

**다시 모여 보고한다.** 자기가 경험한 사건과 기도한 내용을 나눈다. 통찰과 믿음을 나누면 서로 힘을 얻는다. 다음 땅밟기 기도 모임 시간을 의논한다.

**다른 기도의 용사들을 초대해 특별한 지역에서 땅밟기 기도를 한다.** 지도력을 발휘해 기도팀을 구성한다. 땅밟기 기도를 한 지역과 기도 내용을 기록해서 보관하라. 모두의 통찰을 검토해서 하나님이 반복해서 지적하시는 부분은 없는지 확인한다. 하나님이 특별히 말씀하지 않으시면 마을이나 도시 전체를 목표로 삼는다.

## 땅밟기 기도의 주제

기도는 언제나 자신이 지나가는 마을에 집중해야 한다. 그러면 기도는 자연히 나라와 세계로 흐른다.

성경 본문의 주제를 이용하라. 하나님이 따로 주시는 본문이 없으면 디모데전서 2장 1-10절을 사용하라. 이 본문은 땅밟기 기도를 시작할 때 유익하다. 특히 8절은 기도의 중요한 지리적 범위를 만인을 구원하시려는 하나님의 바람과 연결한다. "그러므로 나는, 남자들이 화를 내거나 말다툼을 하는 일이 없이, 모든 곳에서 거룩한 손을 들고 기도하기를 바랍니다." 딤전 2:8, 표준새번역 땅밟기 기도를 하면서 이 본문을 손쉽게 여러 번 크게 읽을 수 있도록 따로 적어 두라. 이 본문에서 아래의 기도 제목들이 하나씩 이어진다.

**그리스도.** 주님을 유일한 중보자와 만인의 대속물로 새롭게 선포하라. 예수님을 마을과 주민들의 주님으로 높여 드리라.

**권위자.** 교사, 경찰, 공무원, 부모 등 모든 권위자들을 위해 기도하라.

**평화.** 하나님의 백성이 경건하고 거룩하게 평화를 누리도록 외치라. 새로운 교회가 개척되기를 기도하라.

**진리.** 유일하신 하나님이 살아 계신다는 진리를 마음껏 선포하라. 평범한 사람을 통해 주님의 진리가 만인에게 온전히 계시되는 것을 기뻐하라.<sup>딤전 2:8 참조</sup> 사탄이 가린 마음의 눈이 열려 진리를 알도록 기도하라.

**복음.** 만인이 구원받기를 바라시는 하나님을 찬양하라. 올 한 해가 그리스도의 '증거'가 힘 있게 전파되는 그 '적절한 때'가 되기를 간구하라.<sup>딤전 2:6 참조</sup> 전도할 사람의 이름을 부르며 기도하라.

**하나님의 축복.** 모든 사람을 대신해 감사 기도를 드리라. 자신이 지나는 집을 대신해 그들에게 한결같은 은혜를 베푸시는 하나님께 감사하라. 하나님이 도시에서 기뻐하시고 슬퍼하시는 것은 무엇인지 살펴 주님의 눈으로 도시를 바라보라. 지속적인 영적 부흥을 간구하라.

**교회.** 하나님의 백성 사이에 원한과 불화가 없도록 관계의 치유를 간구하라. 하나님과의 정결한 관계가 예배 가운데 나타나도록 구하라. 사회에 본이 되는 신앙이 깊은 이들의 성실한 능력이 예배 가운데 나타나도록 기도하라.

스티브 호돈과 그래함 켄드릭의 《그리스도인의 땅밟기 기도》에서 인용.

※ 이 내용은 땅밟기 기도 입문 자료로, 복사하여 배포할 수 있습니다.

부록 2

# 기도와 영적 전쟁 분야 추천 도서

이 책은 현장 중보 기도에 초점을 맞추고 있기 때문에 기도에 관한 여러 훌륭한 문헌들을 읽고 경험과 사고에 너비와 깊이를 더하는 것이 유익하다. 추천 도서 목록은 여러모로 부족한 점이 많다. 소개한 책들 외에도 훌륭한 책이 많기 때문이다. 그리스도인들은 영적 전쟁 분야를 열정적으로 탐구하기 때문에 항상 새로운 논의가 활발하다. 관점은 달라도 하나님은 우리가 그리스도와 함께 영적 전쟁에서 승리했다는 사실을 명확히 말씀하신다는 점은 분명하다. 추천 도서의 관점이 이 책과 반드시 일치하지는 않는다.

### 기도에 관한 비전

David Bryant, *Concert of Prayer* (Regal Books, Ventura, Calif., 1984).《기도합주회》(죠이선교회출판부 역간)
사회의 모든 영역에 하나님을 구하는 기도의 비전을 제시한다. 여러 교회가 함께 땅밟기 기도를 할 경우 도움이 될 만한 유익한 내용이 많다.

David Bryant, *In the Gap* (Regal Books, Ventura, Calif., 1984).
온 세상을 향한 하나님의 목적을 품고 성장하도록 도우며 통찰 기도의 실제적 토대를 마련한다.

Graham Kendrick, *Learning to Worship as a Way of Life* (Bethany House, Minneapolis, Minn., 1984).

심오하고 실제적인 예배의 비전을 소개한다.

Graham Kendrick, *Public Praise* (Creation House, Orland, Fla., 1992; published outside the United States under the title *Shine, Jesus, Shine,* Word Books, 1993).

공개 예배 운동인 예수 행진이 어떻게 시작되었는지 소개한다. 거리를 찬양으로 채우는 도시 축제의 놀라운 성경적 기쁨을 폭넓게 탐구한다.

John Dawson, *Taking Our Cities for God* (Creation House, Orlando, Fla., 1989).《하나님을 위하여 도시를 점령하라》(예수전도단 역간).

도시를 구원하는 하나님의 놀라운 비전을 소개한다. 그 진가가 입증된 책으로 다른 어떤 책보다 땅밟기 기도를 널리 소개했다.

Patrick Johnstone, *Operation World* (OMLOT Publishing, Waynesboro, Ga., fourth edition, 1986).《세계기도 정보》(죠이선교회출판부 역간).

모든 나라의 정보를 요약해 기도에 활용할 수 있도록 편집했다. 공들여 조사한 자료와 유익한 정보, 수준 높은 제안은 땅밟기 기도자들로 나라를 향한 기도에 집중할 수 있게 한다.

## 실제적인 땅밟기 기도

Graham Kendrick and John Houghton, *Prayerwalking* (Kingsway Publication, Eastbourne, U.K., 1990).

간결하고 명확한 땅밟기 기도 입문서다. 장거리 땅밟기 기도나 즉각적인 기도에 관한 실제적인 제안과 유익한 내용이 풍부하게 담겨 있다.

John Huffman, *Manual of Participatory Missionary Prayer* (Latin America Mission, P.O. Box 52-7900, Miami, FL 33152).

마을을 대상으로 교회 개척과 전도 사역의 첫 단계에 활용할 수 있는 14, 10, 7일 단위의 현장 중보 기도 계획을 간단히 설명한다.

## 영적 전쟁

Cindy Jacobs, *Possessing the Gates of the Enemy* (Baker Book House/Revell, Grand Rapids, Mich., reprinted 1991).《대적의 문을 취하라》(죠이선교회출판부 역간).

C. Peter Wagner, *Engaging the Enemy* (Regal Books, Ventura, Calif., 1991).

C. Peter Wagner, *The Prayer Warrior Series* (Regal Books, Ventura, Calif., 1992 and 1993). 《기도용사 시리즈》(서로사랑 역간).
　Book I. *Warfare Prayer*《기도는 전투다》
　Book II: *Prayer Shield*《방패기도》
　Book III: *Breaking Strongholds in Your City*《지역사회에서 마귀의 진을 헐라》
　Book IV: *Churches That Pray*《기도하는 교회들만이 성장한다》

Clinton E. Arnold, *Powers of Darkness* (InterVarsity Press, Downers Grove, Ill., 1992).

Dean Sherman, *Spiritual Warfare for Every Christian* (Frontline Communications, Seattle, Wash., 1990).《모든 그리스도인을 위한 영적 전쟁》(예수전도단 역간).

Dick Eastman, *The School of Victorious Warfare* (Every Home for Christ, P.O. Box 35930, Colorado Springs, CO 80935, 1993).

Gorge Otis Jr., *The Last of the Giants* (Chosen Books, Tarrytown, N.Y., 1991).

Greg Mira, *Victor or Victim* (Grace! Publishing, 12416 Grandview Rd., Grandview, MO 64030, 1992).

Tom White, *The Believer's Guide to Spiritual Warfare* (Vine Books, Ann Arbor, Mich., 1990).

## 해외 선교

Steve Hawthorne, Tim Gibson, Richard Krekel and Ken Moy, *Stepping Out* (YWAM Publishing, P.O. Box 55787, Seattle, Wash. 98155, 1992).

부록 3

# 땅밟기 기도와 예수 행진

예수 행진은 대중적으로 널리 알려진 기독교의 생생한 표현이다. 세계 곳곳에서 국적, 배경, 문화가 다른 그리스도인들이 함께 모여 예수님을 아낌없이 찬양한다.

예수 행진은 시위 행렬이 아니며 정치적 이해 관계를 대변하지 않는다. 그 목적은 단순히 하늘과 땅을 두고 공개적으로 예수님께 영광을 돌리는 것이다. 예수 행진은 복음 전도의 토양을 일구고, 교회의 화해와 일치를 돕는다.

1987년 영국 런던에서는 그리스도인 만 오천 명이 예수 행진을 벌였으며 1990년과 1991년에는 각각 오만 오천 명과 이십만 명이 행진에 참가했다. 예수 행진은 영국 교회가 새 힘을 얻고 전도와 교회 개척의 토양을 마련하는 계기가 되었다. 1991년 3월 텍사스 주 오스틴과 휴스턴에서 차례로 열린 행진에는 이만 명 이상이 참가했고 그 뒤 미국에서 예수 행진이 시작되었다.

1992년 5월 23일 미국의 142개 도시에서 모인 그리스도인 삼십만 명과 유럽의 25개가 넘는 도시에서 모인 그리스도인 삼십만 명은 동시에 자기 도시에서 그리스도를 높이며 찬양하고 기도했다. 이로써 예수 행진은 처음 국제적으로 연결되었다.

예수 행진은 기독교에 대한 세상 사람들의 오해를 해소하고, 적절한 시대적 메시지와 함께 교회의 생명력과 다양함, 즐거운 친교의 모습 등을 새로이 소개했다.

1993년 6월 12일에는 전세계에 걸쳐 백만 명이 넘는 사람들이 모여 즐겁게 "땅과 거기에 충만한 것과 세계와 그 가운데에 사는 자들은 다 여호와의 것이로다"시 24:1 하고 외쳤다.

1994년 6월 25일에는 지구의 수많은 대도시에서 각 시간대별로 그리스도인들이 찬양하며 행진하는 예수 행진을 했다. 이때는 온세계에서 예수님을 따르는 사람들이 끊이지 않고 찬양하며 기도했다.

### 땅밟기 기도와 예수 행진의 관계

땅밟기 기도와 예수 행진은 비슷하면서도 다르다. 이 두 활동은 함께 보조를 맞출 때 효과가 크지만 각각 고유한 면이 있다.

#### 공동 임무

두 가지 활동의 핵심은 기도다. 땅밟기 기도와 예수 행진은 악한 세력을 제압하고 더 많은 사람을 구원해 달라고 하나님께 호소한다. 둘 다 하나님의 진리를 공공연하게 찬양하고 선포한다. 둘 다 도시와 나라 전체에 은혜를 한없이 주시길 바라며 하나님의 얼굴을 구한다.

### 상호 보완

두 활동은 짝을 지어 서로 뒷받침한다. 땅밟기 기도는 찬양 행렬의 길을 마련한다. 반면 예수 행진은 교인들이 거리에서 발휘할 수 있는 기도의 힘을 소개한다. 예수 행진은 수많은 잠재적 땅밟기 기도자를 마을로 재파송한다. 그들은 하나님의 임박한 임재를 새로이 인식한다.

### 다른 모습

땅밟기 기도는 예수 행진 행사에 비해 좀 더 유연하고 행동 반경이 넓다. 땅밟기 기도는 각종 현장 중보 기도를 모두 포함한다. 땅밟기 기도자는 대부분 인식하지 않아도 언제 어디서나 다양한 형태의 찬양이 충만한 중보 기도를 한다.

예수 행진은 땅밟기 기도보다 훨씬 더 강하게 집중해야 하는 공개 집회다. 예수 행진은 땅밟기 기도와 달리 유연하지 않다. 예수 운동이 자리를 잡고, 한 도시나 나라의 그리스도인 공동체 전체를 하나로 일치시키려면 예수님을 예배하는 일에 온전히 집중해야 한다. 공개 예배를 통해 예수님이 영광을 받으셔야 하나님의 백성은 기독교의 역사와 성경의 본질을 누리고 일치의 기쁨을 만끽할 수 있다. 그리스도인들은 예수님과 함께 행진할 때 흔히 자기가 하나님의 종으로서 도시를 섬긴다는 사실을 깨닫는다.

### 다른 방향

성경적으로 정의하면 예수 행진은 예루살렘으로 향하는 행렬이다. 여러 종족에서 하나님의 백성이 함께 모여 하나님이 계시는 곳으로 나아가며 특별한 축제를 즐긴다. 그들은 주님께 합당한 영광을 돌린다. 절박하게 기도하며 통회자복한다. 하나님의 진리를 선포할 때는 하나님이 베푸신 은혜를 생각하며 진심으로 감사한다. 이스라엘의 옛 축제와 마찬가지로 예수 행진도 도래할 그 나라의 성회를 연습하는 것처럼 진실한 기대가 넘친다.

반면 땅밟기 기도는 성경적으로 정의하면 예루살렘을 향한 행진이 아니라 여리고 성을 도는 행렬이다. 땅밟기 기도자는 자기 마을에서 영적 싸움을 싸우며 이웃들이 하나님의 가족이 되기를 기도한다. 신자들은 땅밟기 기도를 하면서 사회를 위해 하나님이 주시는 치유와 섬김의 자리로 들어간다. 그리스도인들은 자기 도시를 섬기면서, 하나님이 자기 백성에게 땅과 가족을 유산으로 주시겠다는 약속을 성취한다. 따라서 땅밟기 기도는, 하나님이 그리스도인들에게 주시는 거주지이자 유산인 집과 가족을 바라며 기다리는 일정한 체류다.

두 가지 모두 필요하다. 예수 행진을 즐겁게 떠날 수 있는 까닭은 부지런한 땅밟기 기도자들이 미리 어떤 영적 싸움을 치르고 이겼기 때문인지도 모른다. 따라서 예수 행진에서는 영적 전쟁에 중심을 두지 않고서도 기뻐할 수 있다. 우리는 그리스도의 영광과 주권에만 집중한다. 출애굽기 15장과 시편 68편에 기록된 하나님의 크신 구원에 초점을 맞추고 행진하면 원수는 혼비백산한다. 이것은 사소한 약탈이 아니다. 하나님이 행렬 가운데서 당당하게 일어나실 때 원수는 완전히 퇴각한다.

그래함 켄드릭은《공개 예배》*Public Praise*에서 성경을 바탕으로 예수 행진의 비전을 자세히 설명했다.

## 그리스도인의 땅밟기 기도

**지은이** 스티브 호돈 & 그래함 켄드릭
**옮긴이** 최요한

2008년 10월 20일 1판 1쇄 펴냄
2011년 7월 26일 1판 5쇄 펴냄

**펴낸이** 이창기
**펴낸곳** 도서출판 예수전도단
**출판 등록** 1989년 2월 24일(제2-761호)
**주소** 경기도 고양시 일산동구 백석2동 1329 성지 밀레니엄리젠시 301호
**전화** 031-901-9812 · 팩스 031-901-9851
**전자우편** publ@ywam.co.kr
**홈페이지** www.ywam.kr

**조판출력** 소다프린트
**인쇄** 서정문화인쇄사
**주문** 전화 031-908-9987 · 팩스 031-908-9986

ISBN 978-89-5536-296-1
책값은 뒤표지에 있습니다.

본 저작물의 한국어판 소유권은 도서출판 예수전도단에 있습니다.
잘못된 책은 바꾸어 드립니다.